EM COSTAS NEGRAS

MANOLO FLORENTINO

EM COSTAS NEGRAS

UMA HISTÓRIA DO TRÁFICO DE ESCRAVOS ENTRE A ÁFRICA E O RIO DE JANEIRO
(SÉCULOS XVIII E XIX)

editora
unesp

© 2014 Editora UNESP

Direitos de publicação reservados à:
Fundação Editora da UNESP (FEU)

Praça da Sé, 108
01001-900 – São Paulo – SP
Tel.: (0xx11) 3242-7171
Fax: (0xx11) 3242-7172
www.editoraunesp.com.br
feu@editora.unesp.br

CIP – BRASIL. Catalogação na publicação
Sindicato Nacional dos Editores de Livros, RJ

F655e

Florentino, Manolo, 1958-
    Em costas negras: uma história do tráfico negreiro de escravos entre a
África e o Rio de Janeiro (séculos XVIII e XIX) / Manolo Florentino. São Paulo:
Editora Unesp, 2014.

    ISBN 978-85-393-0557-5

    1. Escravos – Tráfico – Rio de Janeiro (RJ) – História – Séc. XVIII. 2. Escravos
– Tráfico – Rio de Janeiro (RJ) – História – Séc. XIX. 3. Escravos – Tráfico
– África – História – Séc. XVIII. 4. Escravos – Tráfico – África – História –
Séc. XIX. I. Título.

14-18399   CDD: 380.144098153
                                                                        CDU: 94(815.31)

Editora afiliada:

Asociación de Editoriales Universitarias
de América Latina y el Caribe

Associação Brasileira de
Editoras Universitárias

*Este trabalho é dedicado a
Conceição Moratti Florentino,
minha mãe.*

Sumário

Apresentação

And the difference between these is only an issue of whether the demons work from the inside out or from the outside in: the one theological question

Robert Bringhurst, *Essay on Adam*

Este livro resultou menos de exigências institucionais ou de hipóteses claramente formuladas do que de uma antiga e modesta intuição: a de que não eram suficientes as explicações disponíveis sobre a enorme migração compulsória que, por mais de três séculos, uniu a África e o Brasil. Com o tempo, cada janela aberta por uma curiosidade de certo modo ingênua passou a descortinar estranhamentos. Ao final, a paisagem do comércio de almas assumiu contornos definitivamente paradoxais, estando fora de lugar muito mais do que se poderia esperar.

Um primeiro paradoxo: seja em termos de extensão cronológica, seja com relação ao volume absoluto de importações, nenhuma outra região americana esteve tão ligada à África por meio do tráfico como o Brasil. Embora flagrante, alguns dos maiores clássicos da historiografia brasileira silenciavam ou pouco falavam sobre a "terra dos etíopes". Aspecto ainda mais desapontador quando se sabe que, por séculos a fio, os milhões de cativos importados eram escravizados por africanos

– ou seja, a sua "produção" na África estava longe de constituir-se em fenômeno episódico ou de reduzir-se a uma crueldade inaudita.

Mais um paradoxo: afirmava-se que a instauração da migração compulsória teve por origem vicissitudes próprias a um projeto colonizador calcado na hegemonia do capital mercantil europeu. Este organizaria e controlaria a circulação dos cativos através do oceano, dela retirando os maiores benefícios – políticos e econômicos. Ora: é natural supor que, quando não mais interessasse, o mesmo capital poderia facilmente pôr termo à migração. Contudo, por quase meio século (*grosso modo,* de 1810 a 1850) as elites brasileiras puderam resistir às poderosas pressões econômicas, políticas e militares da onipresente Albion.

O primeiro paradoxo indicava que, na África, o comércio negreiro não poderia reduzir-se a uma mera indução exterior. Ali, ele certamente deveria desempenhar um importante papel nos processos de constituição e reconstituição das relações sociais. O segundo paradoxo apontava para o fato de que tão ou mais importante do que desvendar as razões da resistência das elites brasileiras era saber *como* o Davi tropical logrou um êxito ao menos parcial contra o Golias britânico. Algo mais orgânico deveria unir não uma indeterminada "economia escravista", mas sim os traficantes, ao Estado e à sociedade coloniais. Passei a intuir que, para o esclarecimento desta possível organicidade, pouco contribuía tomar o comércio negreiro como um mero atavismo. Em se tratando de um negócio, valeria mais a pena buscar desvendar a sua lógica empresarial para, a partir dela, tentar detectar os nexos de seus agentes propulsores (os traficantes de almas) com a sociedade, a economia e o Estado. A feliz coincidência entre a existência de tipos múltiplos e ricos de fontes e um suporte espacial privilegiado permitiu aferir estas intuições a partir do tráfico para o Rio de Janeiro desde o século XVIII até 1830 – sobretudo durante a fase crítica de 1790 a 1830.

Os tratamentos específicos dados às diferentes fontes utilizadas neste livro obedeceram às necessidades de cada momento da análise. Por isso, os diversos métodos empregados foram explicitados na medida exata em que a argumentação se constituía. Na verdade, muito mais do que discutir as condições de produção das fontes empregadas (algumas delas já utilizadas em uns poucos trabalhos, publicados ou não), creio ser mais importante, por ora, apenas informar sobre suas estruturas internas e, pois, sobre as suas potencialidades enquanto instrumentos de pesquisa e reflexão.

Sabe-se que as opções metodológicas e o manejo de determinados tipos de fontes devem ser caudatários de hipóteses bem definidas. Até certo ponto a elaboração desta obra não fugiu a tal norma, e a construção das hipóteses de trabalho, por sua vez, foi em grande medida condicionada pelos cortes com que o tráfico foi apreendido, a saber: a. enquanto mecanismo portador de um duplo papel estrutural, diferenciado até geograficamente; b. como negócio marcado por estruturação e dinâmica empresarial próprias, porém ligadas ao cálculo econômico da empresa mercantil colonial.

Quanto ao primeiro corte, a ideia mais geral é a de que o comércio atlântico de almas exercia uma dupla função estrutural (isto é, recorrente no tempo). No Brasil era o principal instrumento viabilizador da reprodução física dos escravos – aspecto de resto salientado pela historiografia –, especialmente em áreas intimamente ligadas ao mercado internacional em expansão. Por outro lado, perspectiva quase não abordada pelos historiadores nacionais, tal viabilização era necessariamente precedida pela produção social do cativo na África, processo marcado por duas dimensões. A primeira, de conteúdo político-social, tinha por móvel a cristalização da hierarquia social e das relações de poder nas regiões africanas mais ligadas à exportação de homens. A segunda, econômica *stricto sensu*, está relacionada à forma pela qual se dava essa produção (a violência), que permitia ao fluxo de mão de obra realizar-se a baixos custos. Desse último aspecto derivava, na esfera da demanda brasileira, a disseminação tanto da propriedade escrava quanto do exercício de uma lógica empresarial em princípio bastante reificadora.

Quanto ao tráfico como um negócio, partiu-se do princípio de que ele se inseria no quadro geral dos empreendimentos econômicos coloniais: isto é, constituía-se em um poderoso circuito endógeno de acumulação (cujos maiores benefícios permaneciam no Brasil), e se estruturava de acordo com os padrões vigentes no mercado colonial.

Em outras palavras, indiquei aqui o controle do tráfico carioca pelo capital estabelecido na praça mercantil do Rio de Janeiro, seja mediante a montagem das expedições negreiras, seja, sobretudo, por meio do adiantamento de recursos a outros atores do comércio de almas – o que significa apontar para um negócio marcado por características não capitalistas, e fundado em uma forte autonomia frente ao capital internacional. Na verdade, os lucros dele derivados permitiam aos traficantes desfrutarem de um papel ímpar na hierarquia socioeconômica colonial, com os mercadores de almas configurando a própria elite colonial, o que, por sua vez, lhes propiciava influenciar decisivamente os destinos das políticas interna e externa do Estado.

De fato, as formas específicas de reprodução do negócio guardavam profundas ligações com a própria lógica de reprodução da economia regional. Por exemplo, o capital necessário à montagem da empresa traficante – a "acumulação primitiva" do tráfico – provinha fundamentalmente de atividades especulativas e rentistas, como a compra e venda de imóveis urbanos, hegemônicas no mercado carioca mais amplo. Uma vez estruturada a empresa, o risco e os grandes investimentos requeridos para a montagem de cada expedição negreira faziam do mercado de homens um setor altamente concentrado, ensejando a imbricação entre os grandes traficantes e a elite mercantil do Rio de Janeiro – vale dizer, do Brasil de então. A lógica de investimento do empresário traficante, por seu turno, se caracterizava pela diversificação, buscando, ao mesmo tempo, segurança e maiores taxas de lucro. Prova disso é que logo após o fim oficial do tráfico (1830), grande parte dos recursos antes nele investidos retornaram ao tradicional e seguro circuito hegemônico da especulação e da atividade rentista. Na verdade, concentração, especulação e diversificação caracterizavam o mercado da praça do Rio de Janeiro entre fins do século XVIII e a primeira metade do seguinte.

Passando mais diretamente ao problema das fontes, busquei aferir as ideias anteriormente expostas sobretudo a partir do manejo de documentação cartorária manuscrita propícia à quantificação. Na medida em que esse tipo de material inexistisse, ou que a reflexão não demandasse medição, lancei mão de manuscritos de base qualitativa.

Tanto em um caso quanto no outro, procurei complementar a análise mediante o uso de fontes primárias impressas e de trabalhos de segunda mão. Estes últimos foram especialmente importantes para a montagem do quadro geral da face africana do tráfico, para a qual procurei trabalhar com as vertentes mais recentes e consistentes da historiografia africanista. Os trabalhos secundários foram também importantes para a comparação de certos aspectos do tráfico carioca (como as taxas de mortalidade e de lucratividade) com outros tráficos internacionais, especialmente com os casos inglês, francês e holandês.

Por sua estrutura interna – de formato praticamente invariável no tempo –, pela abrangência das informações que se reiteram e que permitem tanto a abordagem demográfica quanto a econômico-social e, em particular, por abarcarem os agentes socioeconômicos em uma quantidade ímpar, privilegiei o manejo de três grandes corpos documentais próprios a serem quantificados: as listagens de entradas de navios negreiros no porto do Rio de Janeiro, os inventários *post-mortem* fluminenses e as escrituras públicas de compra e venda registradas no Rio de Janeiro.

Com o primeiro deles pude estabelecer o ponto de partida da reflexão: as flutuações do comércio atlântico de almas entre a África e o porto do Rio de Janeiro. Trata-se de procedimento importante, pois a partir dele fui capaz de determinar os movimentos dos negócios negreiros e do fluxo demográfico. Como se não bastasse, a posição de grande centro redistribuidor de mão de obra, desfrutada pelo porto carioca, possibilitou-me tomar os movimentos de expansão e retração das importações de negros como sólidos índices das próprias flutuações da economia do Sudeste brasileiro, sobretudo de seu núcleo dinâmico – a economia do Rio de Janeiro. Além disso, sendo o tráfico carioca, como se verá, o mais importante fluxo de cativos de todo o planeta entre 1790 e 1830 (sobretudo durante as duas últimas décadas desse período), seus movimentos puderam indicar algo de seu impacto regional na África.

As listas de entradas de negreiros no porto do Rio de Janeiro eram periodicamente impressas nos jornais da Corte entre 1811 e 1830. Com elas visava-se informar aos compradores da praça carioca sobre o movimento preciso do mercado dos "escravos novos" (africanos recém-chegados), objetivo que as torna bastante confiáveis. A busca de precisão se traduziu na produção de um tipo de informação com estrutura mais ou menos estável: à notificação da chegada se seguiam – com maior ou menor frequência, de acordo com a época – o nome e o tipo de embarcação, seu porto africano de embarque, o nome do capitão, o nome do comerciante do Rio a quem os escravos estavam consignados, a duração da viagem em dias, o número de cativos embarcados na costa africana e o de perecidos durante a travessia oceânica.

Os registros impressos de entradas de negreiros foram inicialmente utilizados por Herbert Klein (1973; 1978c) que, trabalhando com o *Diário do Rio de Janeiro* e o *Jornal do Commércio,* analisou o período 1825-1830. Dois motivos me levaram a rever seus trabalhos. Em primeiro lugar, parece ter havido omissões no levantamento dos dados utilizados pelo autor e, em segundo lugar, não são apenas esses os periódicos que trazem listas de chegadas de navios, as quais, na verdade, constam, desde 1811, de diversos outros jornais cariocas. Até 1821, quando passam a incluir com maior acuidade dados relativos ao número de africanos embarcados e à mortalidade em alto-mar, sua estrutura se mantém razoavelmente homogênea. Tendo em vista tais observações e, além disso, detectando que em um mesmo período um jornal podia registrar chegadas de negreiros que eram omitidas por outros, procurei cobrir o movimento de negreiros no porto do Rio para o intervalo 1811-1830 a partir do cruzamento dos seguintes periódicos, todos eles encontrados na Biblioteca Nacional: *Gazeta do Rio de Janeiro, Espelho, Volantim, Diário do Governo, Diário do Rio de Janeiro, Jornal do Commércio* e *Diário Fluminense.*

Para o período anterior a 1811, a única série existente de entradas de negreiros provenientes da África está catalogada sob o códice 242 no Arquivo Nacional. Esse material, que oferece o movimento de negreiros desde meados de 1795 até maio de 1811, também foi inicialmente levantado e processado por Klein (1978b). Mas, em vista dos problemas por mim detectados em seu levantamento das listagens de navios nos periódicos da década de 1820, refiz toda a coleta e processamento dos dados constantes do códice 242. Todos os dados publicados por aquele autor foram confirmados. Essas listas navais foram produzidas sob inspiração do Alvará de 13 de março de 1770, pelo qual a Coroa portuguesa ordenava a seus funcionários verificar se o número de pessoas desembarcadas era realmente aquele que constava nos registros de bordo. No caso dos navios negreiros, cada documento indica a data de chegada, o nome e tipo de embarcação, o capitão, o porto africano de procedência, o número de escravos embarcados (especificando, algumas vezes, se se tratava de adultos ou de crianças) e o número de mortos durante a travessia marítima. Na verdade, tudo leva a crer que os funcionários que aferiam o número de escravos desembarcados e montavam as listas navais eram os mesmos que, a partir de 1811, forneciam aos jornais as informações sobre as chegadas de negreiros.

A existência de informações outras além da própria chegada de mais de 1.500 negreiros permitiram aprofundar outras questões. Por exemplo, o trabalho estatístico com os nomes dos consignatários da mercadoria humana deu-me a oportunidade de traçar o perfil da concentração do negócio, do mesmo modo que a explicitação do porto africano de embarque dos cativos tornou possível observar as principais regiões abastecedoras. Variáveis centrais para a determinação da lógica da empresa traficante, as flutuações da duração das viagens e os índices de mortalidade a bordo (ambos por região africana de embarque), também puderam ser aferidos.

O segundo mais importante corpo documental é formado por 1.070 inventários *post-mortem* rurais e urbanos, dos quais apenas 16% não ofereciam informações sobre os cativos, seja por tratar-se de fortunas sem escravos, seja por serem incompletos.[1] Trabalhando com uma

---

1 Os inventários eram originários das seguintes localidades (os nomes são os atuais): São João da Barra, Campos, Santo Antônio, Macaé, Rio das Ostras, Cabo Frio, Maricá, Itaipu, Pendotiba, Niterói, São Gonçalo, Itaboraí, Magé, Rio de Janeiro, Inhomirim, Três Rios, Valença, Rezende, Nova Iguaçu, Guaratiba, Itaguaí, Mangaratiba, Ilha Grande, Mambucaba e Parati. Os inventários urbanos dizem respeito fundamentalmente à cidade do Rio de Janeiro – ver os apêndices 25.1 e 25.2.

fonte homogênea, maciça e reiterativa no tempo – logo, propícia à quantificação –, pude aferir algumas questões fundamentais, em particular no campo da demografia e da estruturação das fortunas escravistas. Os inventários *post-mortem* de alguns dos mais importantes traficantes cariocas, conseguidos a partir dos nomes dos consignatários nas listas navais, permitiram-me estabelecer o padrão geral da composição das fortunas dos traficantes cariocas, o qual pôde ser comparado com o padrão mais amplo das fortunas cariocas, montado por Fragoso (1992).

O terceiro mais importante corpo documental quantificável é formado pelas escrituras públicas de compra e venda, que se encontram no acervo do Primeiro Ofício de Notas do Arquivo Nacional. Trata-se do registro de parte substancial das operações mercantis ocorridas no Rio de Janeiro entre 1798 e 1835, e se prestaram a diversas abordagens. Em termos gerais, além da data da transação, cada registro oferece os nomes dos respectivos compradores e vendedores, o bem transacionado, seu valor monetário e, com menor frequência, as condições em que a operação se efetuava. Com todo esse material busquei obter o perfil do mercado em movimento, o que foi feito por meio da agregação das diversas transações em grandes setores, tanto por meio da frequência de escrituras quanto do valor manejado. Tal procedimento possibilitou detectar serem aqueles ramos ligados às atividades rentistas e especulativas os que mais mobilizavam os agentes econômicos e os valores transacionados. Por outro lado, o cruzamento entre as faixas de fortunas estabelecidas a partir dos inventários *post-mortem* e esse material, de acordo com a metodologia que se explicitará no seu devido tempo, permitiu-me medir o nível de concentração (alto) desse mercado (Fragoso; Florentino, 1990, p.93ss).

As mesmas escrituras públicas de compra e venda ensejaram a detecção da hegemonia do capital mercantil no contexto geral da praça do Rio de Janeiro. Para tanto, trabalhei com as variáveis "profissão" e "valores" transacionados pelos diversos compradores (aqueles que de fato acumulavam). Concluí então não apenas pela existência de um mercado cujos ritmos eram determinados pelas camadas mais abastadas, como também pela hegemonia do capital comercial (Fragoso; Florentino, 1990; Fragoso, 1992). Montado o quadro geral do mercado, passei à análise da inserção, nele, daqueles empresários ligados ao tráfico. Nesse ponto, o cruzamento com a listagem de traficantes que atuaram entre 1811 e 1830 possibilitou-me apreender os principais eixos de atuação dos mercadores de almas antes, durante e depois de se tornarem traficantes. Tal procedimento me fez reafirmar algumas conclusões obtidas tanto com os inventários quanto com as escrituras. Detectei serem os setores especulativos e rentistas os campos fundamentais da origem do capital investido no tráfico, apontei para a natureza multifacetada dos investimentos dos traficantes e, pelo menos nos cinco primeiros anos da abolição oficial, mostrei o retorno dos lucros auferidos com o comércio atlântico de homens às tradicionais atividades de cunho especulativo. Tratava-se, efetivamente, de uma lógica econômica não capitalista em pleno *take-off* industrial inglês.

Por fim, ainda dentro do grupo das fontes quantificáveis, lancei mão dos registros de saídas de tropas com escravos do mercado carioca para diversas regiões interioranas entre 1822 e 1833, das listagens de entradas de todos os navios em geral – e não apenas de negreiros – no porto do Rio de Janeiro em 1812 e 1817, além dos almanaques comerciais da Corte. A estrutura dos registros de tropas (o nome do tropeiro ou do organizador da tropa, a data da saída, a quantidade de escravos – por vezes as suas características demográficas – e o destino da escravaria) tornou possível abordar, em especial, os padrões de redistribuição, seja do ponto de vista das flutuações do mercado interno de cativos, seja em termos empresariais.

Com o objetivo de verificar o peso dos traficantes no comércio marítimo em geral, levantei no jornal *Gazeta do Rio de Janeiro* todas as entradas de navios em um ano de expansão (1812) e em outro de retração econômica (1817). Uma vez que cada entrada oferecia o nome do consignatário, a procedência da nau e sua carga, pude (a partir do cruzamento desses dados com a listagem de traficantes anteriormente obtida) analisar as ramificações da atuação dos traficantes nos mercados interno e externo em diferentes conjunturas. Por fim, buscando observar o peso desses mesmos traficantes na comunidade mercantil carioca como um todo, cruzei seus nomes com os constantes em diversas listagens de negociantes estabelecidos no Rio de Janeiro.

Utilizei ainda documentos primários de natureza qualitativa, como correspondências oficiais, alvarás, decretos e ordens régias, graças honoríficas, crônicas manuscritas e impressas, além de memórias e reflexões dos agentes coevos. Merece particular destaque o levantamento e a análise de todo o acervo da Junta do Comércio (Arquivo Nacional) entre 1808 e 1830. Tal acervo, composto pelos mais diversos tipos de processos comerciais, correspondência mercantil, portarias e balanços de pagamentos, permitiu abordar tópicos como os meios pelos quais se exercitava o controle do comércio negreiro pelo capital comercial do Rio de Janeiro, e a rentabilidade da empresa negreira.

Este livro, originalmente parte de uma tese de doutorado, contou com o indispensável apoio financeiro da Capes, CNPq, Ipea e Faperj. Maria Júlia Barbosa Ferreira deu a ideia do título e Jorge Zilberberg corrigiu o material que pôde. Auxiliaram na pesquisa, levantando e processando milhares de dados, Ana Paula Goulart Ribeiro, Christiane Pacheco, Edval de Souza Barros, Ivana Stotz, Luciana Penna, Luiz Eduardo Mendonça e Nely Feitoza Arrais. A mesma paciência e profissionalismo tiveram os funcionários do Arquivo Nacional e da Biblioteca Nacional. Foram ainda enormes as dicas e sugestões sobre métodos, fontes e bibliografia capturadas em conversas com Mary Karasch e Elaine Rosa. Da maior importância foi o apoio de Maria Conceição Góes, de José Roberto e René Góes, de Ilo de Siqueira, Sheila Maria Ferraz Mendonça de Souza e Alfredo Castro Mendonça de Souza, e, mais recentemente, de Elio Gaspari, Roberto Pompeu de Toledo e Cuca Machado. Generosa e fraterna foi a participação de João Fragoso. Serena, carinhosa e rica de ensinamentos foi a ação de Ciro Cardoso, tal como estimulantes foram os comentários de Maria Yedda Linhares, Eulália Lobo, Nancy Naro e Alcir Lenharo.

Parte I
DO TRÁFICO DE ALMAS PARA O BRASIL

Entre os séculos XVI e XIX, 40% dos quase 10 milhões de africanos importados pelas Américas desembarcaram em portos brasileiros. A segunda maior área receptora, as colônias britânicas no Caribe, conheceu pouco menos da metade dessa cifra (Curtin, 1969, p.268). Esses números sugerem uma organicidade ímpar entre o Brasil e a África, pois, entre nós, mais do que em qualquer outra parte, possuir escravos significava basicamente conviver com africanos. Por outro lado, a reiteração temporal da reprodução física da escravaria por meio do mercado poderia ter levado à adoção de uma mentalidade radicalmente reificadora por parte da classe senhorial. Traduzida em cálculo econômico, ela certamente seria uma das molas-mestras da ação empresarial, com resultados devastadores para a demografia escrava.

Mas o tráfico era também um negócio, um tipo de empresa com lógica de funcionamento e estruturação próprias. Mais uma vez o volume das importações do Brasil o singularizava, posto que, por causa do vulto dos recursos mobilizados para realizá-lo, o comércio de homens – na genial intuição de Celso Furtado (1967, p.54) – acabou por tornar-se o item de maior peso nas importações coloniais. Justifica-se, portanto, indagar sobre como, do ponto de vista empresarial, se organizava esse peculiar comércio para, posteriormente, buscar os nexos estruturais que ligavam o empresário traficante à economia e à sociedade escravistas.

O comércio negreiro e os historiadores

Em que pese a importância de trabalhos como, por exemplo, os de Taunay (1941), Goulart (1975), Verger (1987), Klein (1978a; 1978b; 1978c), Conrad (1985), Alencastro (1985-6) e Tavares (1988), escassos são os estudos dedicados exclusivamente ao tráfico atlântico para o Brasil. Há, entretanto, obras clássicas nas quais o comércio negreiro dilui-se no esforço de explicitar os traços característicos da sociedade e da economia escravistas. Por ser tomado como variável central para a permanência do sistema, mesmo os principais modelos explicativos da economia colonial compartilham, implícita ou explicitamente, a ideia de que à perenidade da escravidão tornava-se imprescindível a existência de um fluxo externo, contínuo e economicamente viável de mão de obra para o Brasil. É necessário, portanto, um balanço inicial – isto é, sumário – de como o comércio negreiro se insere nesses clássicos modelos.

É certo que a inserção do comércio de almas no funcionamento da economia e da sociedade brasileiras guarda importantes diferenças em se tratando de autores como Caio Prado Jr., Celso Furtado, Fernando Novais, Ciro Cardoso e Jacob Gorender.[1] São, porém, marcantes os pontos de confluência. Assim, merecendo maior ou menor ênfase de acordo com o autor, três são os grandes eixos a partir dos quais o tráfico é tratado: como variável do cálculo econômico da empresa escravista colonial, enquanto fluxo demográfico e como um negócio.

Se a reprodução física dos homens corresponde, no plano econômico, à reprodução da força de trabalho, então o comércio negreiro internacional era um elemento central para o cálculo econômico escravista, dele dependendo a própria reprodução da empresa colonial. Além disso, por ser extensivo, o crescimento dessa empresa necessariamente significava a incorporação de braços nos momentos de expansão: ao aumento do volume das exportações de produtos tropicais correspondia o da importação de mercadorias muito especiais – os homens

---

1 Para uma síntese das ideias destes autores acerca do funcionamento da economia colonial, ver Fragoso e Florentino (1990).

(Prado Jr., 1977, p.29 e 31-32; Furtado, 1967, p.53-54 e 125-127; Novais, 1983, p.96 e 105; Gorender, 1978, p.89, 99-106, 138, 194, 255 e 321; Cardoso, 1983, p.45-46). O inverso, porém, não é considerado por nenhum de nossos clássicos. Jamais imagina-se que em uma fase B (de retração) do mercado internacional se pudesse incrementar as exportações de produtos tradicionais e, portanto, aumentar o próprio volume dos desembarques de africanos no Brasil. Descarta-se, enfim, a análise das potencialidades do mercado atlântico de cativos para o enfrentamento das conjunturas de baixa.

Por outro lado, nossos clássicos modelos explicativos, ao se sucederem no tempo, oferecem espaços sempre maiores às relações entre o tráfico e a lógica demográfica das empresas escravistas. Se para Caio Prado (1977, p.277) o comércio de homens reproduzia a força de trabalho, e sua perenidade implicava crueldade e desprezo para com as condições de vida da escravaria, partindo dos mesmos supostos Celso Furtado (1967, p.53 e 125-127) acaba por detectar uma muito consciente "visão de curto prazo" nos empresários que podiam contar com um fluxo externo e barato de mão de obra. Embora afirme que a escravidão travasse a velocidade da rotação do capital – já que implicava o desembolso de recursos para a compra do cativo antes que este começasse a produzir –, Fernando Novais (1983, p.100), por seu turno, não se dá conta de que o próprio tráfico podia minorar o problema. No final da cadeia de explicações, Jacob Gorender (1978, p.195-197 e p.321-322) consegue integrar estruturalmente o maior ou menor desgaste dos escravos à vigência do comércio de africanos. Ao baratear a mão de obra, o tráfico permitia superexplorar o escravo e imediatamente substituí-lo, diminuindo o intervalo entre o desembolso da compra e o seu reembolso. O resultado era que na fase A (de expansão) da economia se incrementava a velocidade da rotação do capital inicial investido na aquisição do cativo. Mas a alta mortalidade escrava daí derivada tramaria para a constância da incapacidade colonial em suprir internamente de braços as empresas exportadoras. Desse ponto de vista, a perenidade do comércio de almas deveria remeter, paradoxalmente, ao próprio tráfico.

Em todos esses autores, a necessidade do fluxo populacional externo adquire motivações distintas de acordo com o momento que se considere. Ao analisarem a escravidão já plenamente constituída, eles descobrem que o exercício da lógica empresarial implicava um aparente desperdício de força de trabalho, o que tornava o tráfico um elemento estrutural. Contudo, quando tomam a gênese do tráfico atlântico, no século XVI, a escassez de braços de nativos na escala exigida pela produção é fator determinante firmemente acentuado por Caio Prado (1978, p.36), Celso Furtado (1967, p.13) e Ciro Cardoso (1987, p.12), reticentemente assumido por Jacob Gorender (1978, p.138 e 194) e enfaticamente negado por Fernando Novais. Se para os três primeiros essa escassez – ou, no caso de Gorender, o "nível das forças produtivas" – levaria à adoção da escravidão mercantil, é evidente que para todos eles a demanda precederia a oferta de braços. Já para Novais (1983, p.105), isso somente seria verdadeiro enquanto se referisse ao comércio de aborígenes. Quando se passasse ao tráfico de africanos, ver-se-ia que a alta lucratividade dessa atividade é que levaria à utilização dos negros pelas empresas escravistas coloniais, com o comércio atlântico de almas firmando-se como um dos mais importantes setores de acumulação para o capital comercial europeu.

Não deixa de ser curioso observar que, embora pensem o tráfico como um fluxo contínuo e barato, esses autores não questionam as motivações que teriam levado o continente negro a oferecer escravos durante uma longuíssima duração e a custos tão baixos. A exceção é Ciro Cardoso, que muito sumariamente toma a África como um *locus* social e economicamente heterogêneo, e a violência e apropriação de trabalho alheio como elementos fundamentais para a continuidade do comércio atlântico (Cardoso; Brignoli, 1983, p.51-56; Cardoso, 1975a, p.72ss; 1975b, p.90ss). Gorender (1978, p.133-137), por sua vez, é o que mais longamente se refere ao continente negro. Suas conclusões tendem a assumir que, vítima passiva da fome de braços da empresa colonial americana, a África estaria perfeitamente integrada aos desígnios do mercado europeu. Não há dúvida de que ele reconhece ter sido a realidade africana extremamente heterogênea. Entretanto, sem um maior aprofundamento, o continente negro aparece em seu raciocínio como portador de uma oferta elástica e pouco custosa de trabalho, cuja realização por meio do tráfico permitiria à empresa escravista adotar uma lógica microeconômica altamente rentável e reificadora.

Outro ponto comum, insinuado por Caio Prado e Furtado e explicitado por Novais e Gorender, refere-se ao caráter metropolitano dos negócios negreiros, estruturados e funcionando em prol do capital comercial europeu. A reprodução física dos cativos e, portanto, do próprio sistema escravista brasileiro, se daria externamente à Colônia, não somente porque de fora dela viria o agente produtivo maior, mas também e principalmente porque estariam fora dela os recursos e as frações econômicas viabilizadoras do comércio de almas. Na verdade, essa situação seria uma consequência lógica em modelos que assumem terem estado os plantadores no topo da hierarquia da sociedade colonial, com a mais completa atrofia dos setores mercantis nativos ou residentes. Mesmo quando se aponta para a possibilidade de parcos níveis de acumulações endógenas, se exclui o setor mercantil. Do ponto de vista teórico, essa necessidade estrutural de financiamento exterior, sobretudo no que se refere ao tráfico, impossibilitaria pensar na existência de um verdadeiro sistema escravista no Brasil. Além disso, em termos macroeconômicos, a reprodução externa da escravidão funcionaria como um potente mecanismo de desacumulação, com profundas e negativas consequências para o desenvolvimento do país (Gorender, 1978, p.120, 208-211 e 544; Novais, 1983, p.104-105).[2]

Uma sociedade dependente da importação de homens: Rio de Janeiro, c.1790-c.1830

A perfeita aferição da pertinência das ideias dos clássicos acerca do comércio negreiro deveria, é óbvio, tomar como objeto uma área integrada o mais possível ao circuito atlântico de homens. E, de fato,

---

2 Aos que defendem a especificidade histórica do escravismo brasileiro, João Manuel Cardoso de Mello (1982, p.42), dando como certo que o tráfico atlântico se tratasse de uma empresa constituída e subordinada ao capital comercial metropolitano, pergunta: "[...] que modo de produção é este que não se reproduz [internamente]?".

o Rio de Janeiro, entre 1790 e 1830, apresentava características que o definem como um *locus* ímpar para o estudo do comércio de africanos – ou seja, ali se encontrava uma escravaria social e demograficamente disseminada, as *plantations* estavam em plena expansão, e inúmeros pequenos e médios estabelecimentos regionalizadamente se dedicavam à agricultura escravista de alimentos. Além disso, o tráfico atlântico constituía-se em variável fundamental para a reprodução física da mão de obra cativa (Fragoso; Florentino, 1990, p.20-34).

Gráfico 1 – Flutuações (%) dos proprietários de escravos entre os inventariados do Rio de Janeiro, meios urbano e rural, 1790-1835

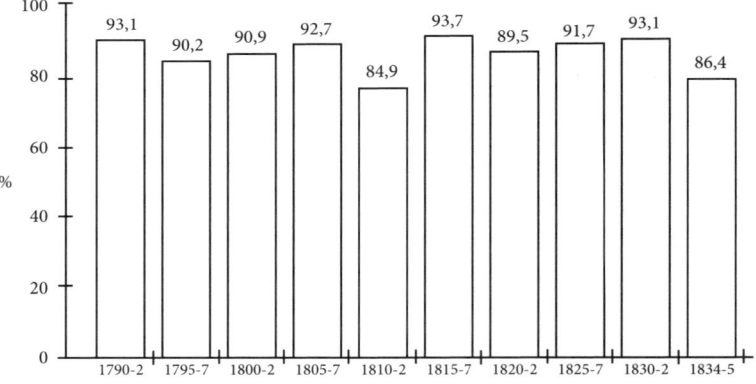

Fonte: Apêndice 1

Em 1789, quando do outro lado do Atlântico se assistia ao início da definitiva destruição do feudalismo europeu, a população do Rio de Janeiro chegava a quase 170 mil habitantes, metade dos quais escravos. Embora em 1823 estes últimos perfizessem um terço da população total, ainda assim a população cativa havia quase dobrado, alcançando então 150 mil pessoas (Nunes, 1884, p.29; IBGE, 1986, p.30). Por outro lado, era amplamente disseminada a propriedade escrava pela capitania. Considerando as porcentagens de indivíduos que, ao morrerem, possuíam ao menos um escravo, nunca menos de 85% dos inventariados eram possuidores de escravos (vejam o gráfico 1). Mesmo levando em consideração os problemas metodológicos inerentes ao estudo das fortunas a partir de inventários *post-mortem* – que em princípio não abarcariam a totalidade dos agentes socioeconômicos, pois nem todos os falecidos tinham bens a inventariar –, era patente o contexto marcadamente escravista.

Com relação às *plantations*, sabe-se que em fins da década de 1770 a capitania do Rio de Janeiro possuía 323 engenhos de açúcar, detentores de mais de 11 mil cativos, que produziam quase 200 mil arrobas do produto por ano (Santos, 1981, p.47). Em 1778 o relatório do marquês do Lavradio informava que os engenhos com mais de 41 escravos detinham 55% dos escravos rurais. Embora o número médio de cativos do agro açucareiro fluminense fosse, por então, inferior ao das áreas congêneres da Bahia, tratava-se de um panorama bem mais concentrado do que o de qualquer outra zona produtora de açúcar (Costa, 1980, p.133).

Gráfico 2 – Flutuações (%) da concentração de escravos por faixas de tamanho de plantel, meio rural do Rio de Janeiro, 1790-1835

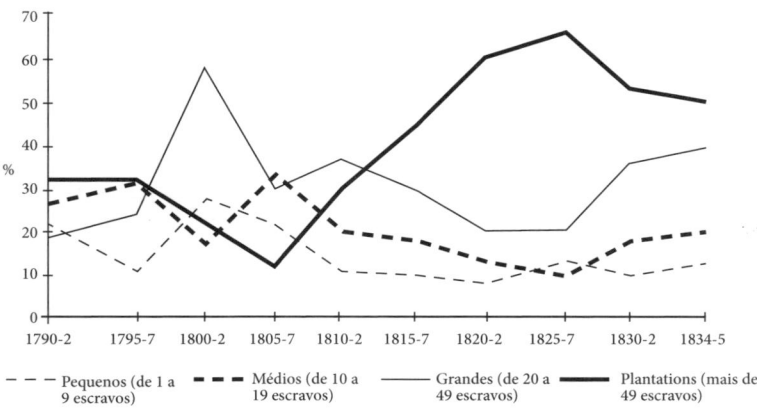

Fonte: Apêndice 2

Entre 1790 e 1835 as propriedades rurais com mais de cinquenta escravos, a *plantation* propriamente dita, concentravam entre um e dois terços dos escravos. Tais cifras reforçam a ideia de sua continuidade no tempo. E mais: era contundente a tendência à concentração da escravaria, tanto nos grandes plantéis (aqueles que possuíam entre 20 e 49 escravos) quanto na *plantation*, sempre em detrimento dos médios e pequenos estabelecimentos (vejam o gráfico 2). O cruzamento dessas tendências com as variações dos percentuais de proprietários classificados de acordo com o tamanho do plantel (gráfico 3) torna patente a expansão física da grande propriedade exportadora. Assim, quanto aos escravos possuídos, a participação da faixa de mais de cinquenta cativos passou de algo em torno de 33% na década de 1790, para 46% no início dos anos 30 do século seguinte, tendo chegado a concentrar 63% de todos os cativos inventariados no período 1825-1827. Perante os outros proprietários rurais, a quantidade de proprietários de *plantations* passou de cerca de 7% na última década do século XVIII para uma média de 16% durante a década de 1820.

Gráfico 3 – Flutuações (%) dos proprietários de escravos por faixas de tamanho de plantel, meio rural do Rio de Janeiro, 1790-1835

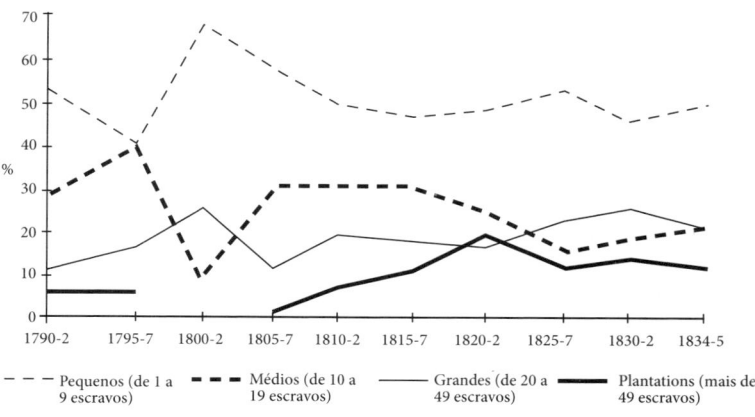

— — — Pequenos (de 1 a 9 escravos)   ▬ ▬ ▬ Médios (de 10 a 19 escravos)   ——— Grandes (de 20 a 49 escravos)   ▬▬▬ Plantations (mais de 49 escravos)

Fonte: Apêndice 3

A expansão da agroexportação açucareira fluminense também pode ser atestada pelo desempenho da região de Campos dos Goitacazes. Em 1735, 34 engenhos pagavam direitos ao visconde de Asseca, donatário da área. Em 1769 havia quinze grandes engenhos, 49 engenhocas de açúcar e nove de aguardente (Lara, 1988, p.130-131). Dez anos depois, Campos possuía 52% dos 323 engenhos e 44% dos 11.623 escravos discriminados pelo relatório do marquês do Lavradio para toda a capitania (Santos, 1981, p.47). Era, por então, a principal área agroexportadora do Rio de Janeiro, posição que no futuro se consolidou, pois entre 1750 e 1777 seu número de engenhos mais do que duplicou (de 50 para 113), e a produção de açúcar cresceu 235%. Em 1783, os proprietários campistas vinculados à grande produção açucareira chegavam a 278, passando para 324 em 1800, 400 em 1810 e 700 em 1828 (Cleveland, 1973, p.21). Em conclusão, mesmo quando se aceite que a agroexportação fluminense tenha crescido substancialmente a partir da última década do século XVIII – por causa da Guerra de Independência dos Estados Unidos, da Revolução Francesa e seus efeitos e da destruição do sistema açucareiro haitiano, como quer Furtado (1967, p.100) –, sua expansão remonta pelo menos à primeira metade daquele século.

A natureza exportadora do escravismo fluminense se vê ratificada quando da análise do lugar ocupado por essa região no quadro geral do comércio dentro do império colonial português, o que pode ser aferido a partir das exportações coloniais de açúcar branco entre 1796 e 1811. Foi quando do porto do Rio saíam cerca de um terço das exportações do produto, o que o caracterizava como o principal polo exportador da colônia. Entre 1796 e 1807, antes da invasão de Portugal por tropas francesas, portanto, coube ao Rio de Janeiro a preponderância tanto das importações quanto das exportações coloniais. Comparando-se com a Bahia, por então o Rio detinha 38% das importações e 34% das exportações brasileiras, enquanto aquela região registrava 27% e 26%, respectivamente. Do ponto de vista econômico, era, pois, ímpar a posição da cidade do Rio de Janeiro no contexto colonial, especialmente depois de 1760 (Arruda, 1980, p.136, 154-155 e p.360-361; Lobo, 1978).

Até aqui demonstrou-se a disseminação da propriedade escravista por todo o tecido social fluminense, além da existência de um núcleo dinâmico, as grandes propriedades agroexportadoras em plena expansão física – ou seja, multiplicando seu número e concentrando cada vez mais escravos. Cabe agora provar que os escravos, e com eles o eixo central da economia e da própria hierarquia social, dependiam do tráfico negreiro para lograr o fundamental de sua reprodução física. Seria necessário demonstrar que a população cativa não era capaz de responder, em escala, à crescente demanda da empresa escravista fluminense. Outra opção, porém, seria mostrar que, do ponto de vista demográfico, tal população era marcada por um caráter recessivo, ou seja, por uma tendência à diminuição absoluta ao longo do tempo. Nesse caso, o comércio atlântico surgiria como fator de reversão, pelo que o passo seguinte de reflexão deveria ser, logicamente, provar que o tráfico atlântico supria as necessidades de braços do Rio de Janeiro.

Tabela 1 – Flutuações (%) das taxas de infantes (0 a 14 anos), adultos (15 a 49 anos) e idosos (50 anos ou mais) entre os escravos do Rio de Janeiro, 1790-1835

Período	Infantes	Adultos	Idosos	Total de escravos
1790-2	32	53	15	326
1795-7	24	61	15	818
1800-2	34	52	14	309
1805-7	26	61	13	846
1810-2	18	69	13	778
1815-7	20	65	15	1.036
1820-2	22	66	12	1.402
1825-7	24	64	12	1.185
1830-2	23	65	12	1.996
1834-5	23	61	16	655

Fontes: Inventários post-mortem, 1790-1835 (Arquivo Nacional)

E, realmente, considerando o Rio de Janeiro como um todo (o agro e o meio urbano), o predomínio dos escravos adultos entre os cativos era absoluto: eles nunca perfaziam menos da metade de todos os escravos, chegando mesmo a constituir um contingente cerca de três vezes maior do que o de crianças (vejam a tabela 1). Supondo, erroneamente, como se verá, que essa população dependesse somente de si própria para a realização de sua reposição física, e que, além disso, houvesse um equilíbrio entre os sexos em todas as faixas etárias, chegar-se-ia às seguintes conclusões: a. era alta a mortalidade, visto que poucos indivíduos alcançavam mais de cinquenta anos; b. era baixíssima a fecundidade, pois os adultos, embora majoritários, não conseguiam se autorrepor adequadamente; c. era alta a idade mediana; d. era baixa a razão de dependência (o quociente entre a população economicamente dependente – os idosos e os infantes – e a população economicamente ativa, ou seja, os adultos).

Dos itens *a* e *b* se infere uma população em declínio rápido e marcante, tendência que, ao se perpetuar – como de fato se perpetuou durante todo o período 1790-1830 –, redundaria em declínio absoluto. Paradoxalmente, porém, os dados acerca da evolução da população escrava fluminense mostram ter ela crescido em termos absolutos: em 1789 a capitania possuía 82.448 cativos, chegou a 146.060 trinta anos depois, e a 150.549 em 1823 (Lobo, 1978, p.135; IBGE, 1986, p.29; Nunes, 1884, p.27-29; Balhana, 1986, p.31-38). A única resposta para esse fenômeno é que o Rio de Janeiro contava com um poderoso fluxo externo e contínuo para a reposição de sua escravaria, representado pelo tráfico atlântico de africanos.

Parte II

DA DEMANDA E OFERTA: DIMENSÕES E DINÂMICA INTERNA

1
Sobre quem procura...

Acompanhando o aumento da demanda de negros para a extração de ouro nas Gerais, o comércio carioca de africanos tornou-se uma atividade verdadeiramente importante durante as primeiras décadas do século XVIII. Entre 1715 e 1727, do Rio de Janeiro para as Gerais saíam anualmente cerca de 2.300 cativos. Pode-se pensar que, nessa época, por causa do débil desenvolvimento da agricultura fluminense e da espantosa alta dos preços dos escravos ocasionada pela descoberta do ouro, a capitania do Rio de Janeiro consumisse, quando muito, uns mil africanos por ano. Importando, pois, 3.300 escravos/ano, o porto carioca talvez retivesse, se tanto, 20% dos 15 mil africanos anualmente recebidos pela colônia entre 1721 e 1730 (Goulart, 1975, p.154-155; Curtin, 1969, p.207).

Todavia, a partir de 1730 essa relativa estabilidade bruscamente se rompeu. Durante os cinco primeiros anos da década, o porto recebeu 7.400 escravos/ano, 65% dos quais desembarcados diretamente da África. Houve, portanto, em relação às décadas de 1710 e 1720, um aumento de quase 50% no volume das importações através do Rio de Janeiro. Sabendo-se que na década de 1730 a colônia importou anualmente 16.600 africanos, pode ser que a participação do porto do Rio tenha chegado a um terço do movimento médio anual de africanos para o Brasil.

Do lado africano, ao crescimento das importações cariocas correspondia o das exportações da zona congo-angolana, que suplantou as da Costa da Mina na década de 1730. Sabe-se, por exemplo, que entre 1723 e 1771, do maior porto negreiro africano ao sul do Equador (Luanda), foram exportados 203.904 escravos, metade dos quais para o Rio de Janeiro. Diante desses números, não seria de todo absurdo pensar que o porto carioca tenha absorvido no mínimo 50% do total de exportações de africanos para o Brasil durante o século XVIII, ou seja, mais ou menos 850 mil indivíduos (Klein, 1978a, p.32 e 253; Curtin, 1969, p.207).

Passando à distribuição dos africanos a partir do Rio, comprova-se o papel central do porto carioca para a reprodução do escravismo no Sudeste, e mesmo na região Sul. Ao menos no que se refere ao século XIX, há sólidas indicações de que o Rio provia por via marítima boa parte dos africanos importados pelo Rio Grande do Sul, Santa Catarina, Paraná e São Paulo. De acordo com a *Gazeta do Rio de Janeiro*, três entre cada vinte embarcações que em 1812 (um ano de expansão econômica, como se verá adiante) saíam do porto carioca para o Rio Grande do Sul, o faziam carregadas com escravos, cifra que nos casos dos que partiam para Santa Catarina, São Paulo, Espírito Santo e Norte Fluminense chegava, respectivamente, a 12%, 9%, 2% e 10%. A mesma fonte indica que em 1817 (época de retração da economia), das naus de diversos tipos que se destinavam ao Norte Fluminense, cerca de 2% partiam com escravos, enquanto para o Rio Grande do Sul e Santa Catarina essa cifra alcançava, respectivamente, quase 3% e 5% (Fragoso; Florentino, 1990, p.53-54).

Com relação à distribuição terrestre de africanos entre a segunda metade da década de 1820 e a primeira da seguinte, Minas Gerais, com sua economia voltada para o abastecimento (isto é, com a predominância de camponeses donos de pequenos plantéis de cativos), aparecia como polo de absorção de 40% a 60% dos escravos que saíam do Rio de Janeiro. Os registros de saídas de escravos também mostram terem sido expressivas as demandas da área exportadora de Campos e do Sul Fluminense – esta última uma região voltada para o abastecimento interno (Fragoso; Florentino, 1990, p.61). O desempenho da economia mineira a transformava em um dos grandes polos de demanda por africanos desembarcados no porto do Rio, o que contraria clássicos como Roberto Simonsen e outros. Não obstante a queda de 60% no total das exportações brasileiras entre 1760 e 1776, apontada por Lockhart e Schwartz, pesquisas mais recentes têm demonstrado que à crise da mineração, definitiva a partir de meados do século XVIII, não se seguiu a decadência generalizada da região Sudeste, e menos ainda a da economia de Minas Gerais. Daí que aquilo que se chamou de "falsa euforia" – um intervalo positivo que despontava em fins do século XVIII, em meio à recessão generalizada – tenha se constituído, para a região, numa tendência que não mudará até um ponto bem adiantado do século seguinte (Lockhart; Schwartz, 1985, p.394; Furtado, 1967, p.112ss; Simonsen, 1978, p.294).

Ao que tudo indica, com a crise do ouro e dos diamantes a economia das Gerais reorientou-se para o suprimento da cidade do Rio de Janeiro, cujo crescimento demográfico foi notável a partir de 1760. Estruturou-se ao sul de Minas um verdadeiro complexo agropecuário. A comarca de Rio das Mortes, por exemplo, a mais importante da capitania, passou de aproximadamente 83 mil habitantes em 1776 para cerca de 214 mil em 1821 (de 20% para mais de 40% da população da capitania). Entre esses dois anos, a população das Gerais cresceu 61%, enquanto naquela comarca tal índice alcançou 158%, dados que indicam tanto o deslocamento demográfico das antigas áreas de mineração para o Sul como também o incremento das importações de escravos. Por isso, o número de negros e mulatos em Rio das Mortes passou de um quinto para mais de um terço de sua população total entre 1776 e 1821, ano em que concentrava quase metade (84.995 cativos) de todos os escravos das Gerais (Maxwell, 1977, p.300-301; Guimarães; Reis, 1986).

O vigor da economia de abastecimento do sul de Minas pode ser avaliado por suas exportações de reses, toucinho e carne salgada. A soma dessas saídas aumentou 170% entre 1818 e 1828 (Fragoso, 1988, p.26). Entre 1824 e 1830, a saída de porcos do sul de Minas cresceu a uma taxa anual de 17%, superior portanto às exportações de café, que no mesmo período cresceram anualmente 12% (Fragoso; Florentino, 1990, p.57; IBGE, 1986, p.312; Lenharo, 1979, p.101-102). Sem dúvida, devia-se em grande parte a essa pujança da economia de abastecimento mineira o fato de a capitania deter, em 1819, a maior parte da população escrava do Brasil, superando áreas tradicionalmente agroexportadoras, como o Rio de Janeiro e sobretudo a Bahia (IBGE, 1986, p.30; Balhana, 1986, p.36).

Situavam-se no Rio de Janeiro os outros três mais importantes núcleos de demanda por africanos do Sudeste. Ali, de início, havia o complexo açucareiro, onde já indiquei destacar-se a área de Campos dos Goitacazes (Cleveland, 1973; Nunes, 1966, p.201). Mas não só de açúcar vivia a região, onde também se destacavam atividades ligadas ao abastecimento, como a pecuária, por exemplo. De qualquer modo, o crescimento implicava o aumento da população escrava. Em fins do século XVIII, a vila campista de São Salvador, por exemplo, possuía o terceiro maior contingente de cativos da capitania, perdendo apenas para a capital e seu recôncavo. Em termos relativos, os 59% de escravos no total de seus habitantes possivelmente conformavam a maior porcentagem de escravos de todo o Rio de Janeiro. Nessa época, os cativos talvez alcançassem cerca de metade da população campista, sendo certo que em 1816 eles constituíssem quase 55% dos habitantes da região (Lara, 1988, p.134-139).

Designado pelas fontes coevas por "praça mercantil do Rio de Janeiro", o centro mercantil formado pela capital e por sua periferia imediata constituía-se em outro grande polo de demanda por negros. Entre 1760 e 1780, sua população cresceu 29%; índice ainda maior ocorreu entre 1799 e 1821, quando chegou a 160%. Observando a província como um todo, nota-se que sua população passou de 169 mil habitantes em 1789 para 591 mil em 1830, um crescimento de 250%. Por certo o próprio tráfico contribuiu para esse aumento. Assim, não é impossível que em 1830 os escravos representassem mais de 40% da população provincial e que superassem os homens e mulheres livres na Corte – nesta, segundo Mary Karasch, em 1834 os escravos talvez constituíssem cerca de 57% da população (Johnson, 1973, p.246; Lobo,

1978, p.135; IBGE, 1986, p.29; Nunes, 1884, p.27-29; Balhana, 1986, p.31-38; Karasch, 1987, p.61).

O último polo de demanda por escravos concentrava-se, já no século XIX, na expansão da cultura cafeeira no Vale do Paraíba. Em determinadas áreas dessa zona a população passou de 292 habitantes em 1789 para 15.700 em 1840, caracterizando um crescimento de cerca de 5.300%! Na base dessa explosão ocorria o vertiginoso aumento da produção de café fluminense, cujas exportações passaram de 160 arrobas em 1792 para 318 mil em 1817, 539 mil em 1820, 1.304.450 em 1826, quase 2 milhões em 1830 e 3.237.190 em 1835 (Fragoso, 1983; Stein, 1957, p.53).

Como prova final do processo de expansão, grande parte da zona correspondente ao atual Sul/Sudeste (Minas Gerais, Rio de Janeiro, Espírito Santo, São Paulo, Paraná, Santa Catarina e Rio Grande do Sul) conheceu um enorme incremento demográfico. Assim, de uma população global de 750 mil habitantes em 1790, passou-se para aproximadamente 2,5 milhões em 1830, ou seja, +233% (IBGE, 1986, p.29). Destacavam-se na região os quatro polos de demanda por negros já mencionados, situados em Minas Gerais e no Rio de Janeiro, cujo porto, de natureza cosmopolita, integrava uma amplíssima rede comercial antes mesmo da chegada da família real em 1808.

Entretanto, a demanda brasileira não se alimentava somente da expansão econômica. A esta, pano de fundo do crescimento das importações de africanos, acrescentou-se, por um curto período – a segunda metade da década de 1820 –, o impacto das pressões inglesas pela abolição do tráfico atlântico. Afirma-se que, para além de razões humanitárias, interesses econômicos compeliam o governo britânico a pressionar para que os outros países seguissem seu exemplo (a abolição do tráfico inglês data de 1807). Depois de privar os plantadores das Antilhas Britânicas de seu suprimento regular de mão de obra, seria importante neutralizar as vantagens dos fazendeiros de açúcar do Brasil e de Cuba no mercado mundial, o que se lograria cortando o suprimento de africanos para essas regiões. Além disso, de acordo com a curiosa tese de Leslie Bethell, já então se manifestariam os interesses ingleses pelo mercado consumidor de manufaturados na África (Bethell, 1976, p.7-8).[1]

As circunstâncias favoreceram enormemente os objetivos ingleses. A invasão de Portugal, obrigando a transferência da Corte lisboeta para o Brasil em 1808, já havia colocado o governo português sob a integral dependência da armada britânica, seja para defender Portugal das tropas francesas, seja para proteger o Brasil e as outras colônias lusitanas. Aproveitando-se da conjuntura, Londres extraiu do regente d. João, em 1810, a promessa de colaborar com a Inglaterra no intuito de promover a gradual abolição do tráfico, proibindo-se que tal comércio fosse realizado fora dos domínios portugueses na África.

É possível que o Alvará de 24 de novembro de 1813 fizesse parte das respostas portuguesas às pressões britânicas. Ali se limitava a cinco escravos por tonelada o total de escravos que um negreiro podia carregar, além de ordenar a implementação de medidas relativas à higiene e alimentação dos cativos em trânsito. De qualquer modo, em uma prova de que os resultados práticos do tratado haviam sido ínfimos, o tráfico voltou novamente à mesa de discussões durante o Congresso de Viena (1815). Capitaneada por Castlereagh, representante inglês, a causa abolicionista extraiu dos portugueses, por meio de tratado assinado em 22 de janeiro de 1815, a abolição do tráfico ao norte do Equador, em troca do perdão de cerca de 300 mil libras, restantes de empréstimo efetuado por Londres a Lisboa em 1809. Antes disso, pela Convenção de 21 de janeiro de 1815, a Grã-Bretanha concordava em pagar a Portugal outras 300 mil libras, com o que os ingleses se viam desobrigados de atender a todas as reclamações referentes à detenção ilegal de navios portugueses antes de junho de 1814 (Pinto, 1864, p.124-137). De resto, mantinham-se as prescrições de 1810, com os portugueses traficando apenas em seu território e, além disso, reiterando o compromisso de colaborar para a gradual extinção do comércio negreiro. Com uma importante diferença: o governo luso comprometia-se a negociar, separadamente

---

1 A exposição que se segue está baseada em Bethell (1976) e em Manchester (1973).

com a Inglaterra, um outro tratado, onde se fixaria a data em que o tráfico deveria ter fim.

A independência brasileira em 1822 criou um novo conjunto de circunstâncias favoráveis ao aumento das pressões inglesas contra o tráfico. Do ponto de vista jurídico, nada interditava a nova nação de participar do comércio negreiro, ao norte ou ao sul do Equador. Contudo, tendo em vista a necessidade premente do governo brasileiro de obter o reconhecimento internacional, o que certamente passaria pelas considerações inglesas, a posição dos traficantes sediados no Brasil ficara insustentável. Percebendo o dilema da nova nação, George Canning, secretário do Exterior britânico, instruiu seus subordinados a não reconhecerem nenhum dos países do Novo Mundo que estivessem envolvidos no tráfico de africanos.

E, realmente, nas negociações entre brasileiros e ingleses para o reconhecimento, iniciadas ainda em 1822, assistiu-se à Inglaterra condicionar a legitimação internacional do novo país à abolição do tráfico. Ante a dimensão do problema, e temeroso de criar antagonismos com os principais grupos econômicos do Brasil, d. Pedro I resolveu, em 1823, não tomar qualquer decisão sobre a abolição antes que a Assembleia Nacional Constituinte se reunisse. A posição do governo brasileiro descartava por completo a imediata supressão do tráfico, o que arruinaria o país, além de converter-se em verdadeiro suicídio político. No mesmo ano de 1823, José Bonifácio informara ao representante britânico no Brasil, Chamberlain, que o país observaria os tratados de 1815 e 1817. Ao mesmo tempo, as discussões na Assembleia Constituinte evoluíam no sentido de abolir o tráfico em um prazo mínimo de quatro anos.

Após marchas e contramarchas entre 1824 e 1826, um tratado antitráfico foi finalmente assinado em 23 de novembro de 1826. O artigo primeiro afirmava que, no fim de três anos, contados a partir da ratificação do documento pelo governo inglês (o que ocorreu em 13 de março de 1827), o tráfico seria considerado ilegal para os súditos do imperador brasileiro, sendo tomado a partir de então como ato de pirataria, tanto pelo governo brasileiro como pelas autoridades britânicas. Estas cederam em um ponto apenas: a partir da ilegalidade do tráfico, em 13 de março de 1830, os negreiros brasileiros que por acaso estivessem atuando no litoral africano teriam seis meses para regressar definitivamente ao Brasil.

Depois de receber de 100 a 1.200 escravos por ano entre 1831 e 1834, o Brasil conheceu desembarques anuais de mais de 40 mil africanos em 1838 e 1839, cifra que oscilou de 14 mil a 23 mil anuais durante a primeira metade da década de 1840. Chegou-se a uma média anual de quase 50 mil africanos desembarcados entre 1846 e 1850 (Bethell, 1976, p.366-373). Pautados nesses números, poder-se-ia considerar o fim do tráfico em 1830 como mero engodo. Tratar-se-ia, enfim, de uma "lei para inglês ver". Em outras palavras, pode-se pensar que o tratado de 1827, o prazo por ele estipulado e o próprio fim do tráfico em inícios de 1830 teriam sido meros subterfúgios da classe escravista brasileira para enganar o governo britânico. Talvez isso se passasse na mente dos negociadores brasileiros entre 1822 e 1826. Mas os dados de que disponho sugerem claramente que os compradores de africanos acreditavam no fim próximo e definitivo do comércio negreiro, e que tal crença se refletiu no mercado de africanos entre 1826 e 1830. É o que se observará adiante. Por ora, basta ressaltar que, acompanhando o evolver das negociações, as camadas escravistas brasileiras passaram, a partir de 1826, à compra desenfreada de africanos. Um dado político, portanto, conformava um núcleo importante de crescimento da demanda no final do período ora enfocado.

Quantos?

Nunca se saberá exatamente quantos africanos teriam desembarcado no porto do Rio de Janeiro, em resposta à demanda em expansão antes detectada. A falta de fontes o explica. Daí que, a partir de indicações fragmentárias – muitas vezes mediante aferições indiretas ou mesmo meras conjecturas –, os autores que se dedicaram ao tema, ora estabeleceram estimativas gerais, ora detectaram os desembarques em um pequeno número de anos.

Maurício Goulart, por exemplo, profundo conhecedor das lacunas documentais, buscou cruzar dados originários da Alfândega carioca, dos registros das importações de escravos provenientes de Angola e Benguela (coligidos em arquivos portugueses por Edmundo Correia Lopes), além de indicações de desembarques feitas por viajantes como Humboldt e Walsh, passando até pelas estimativas realizadas por Taunay a partir da relação sacas de café produzidas/quantidade de africanos empregados. Matizado tudo isso, Goulart calculou que o porto carioca conhecera o desembarque de 570 mil africanos entre 1801 e 1839, a maior parte ocorrida entre 1801 e 1820 e, em particular, entre 1821 e 1830, por causa do primeiro grande surto cafeeiro (Goulart, 1975, p.266-272).

Mary Karasch, por seu turno, afirma serem no mínimo 602.747 os africanos desembarcados no porto do Rio e adjacências, assim subdivididos: 225.047 entre 1800 e 1816, e 377.700 entre 1817 e 1843. Suas fontes são os trabalhos do próprio Maurício Goulart, de Alan Manchester, de Herbert Klein e de Philip Curtin, que se baseou nas estatísticas sobre o tráfico organizadas pelo *Foreign Office* britânico. Além disso, a autora lança mão dos números constantes de escritos de viajantes e eruditos coevos, mapas comerciais e correspondências (Karasch, 1987, p.29).

Por fim, uma recente estimativa geral para os desembarques ocorridos ao sul da Bahia (exclusive), onde o principal ponto de recepção era o Rio de Janeiro, foi montada por Eltis (1987a, p.114-115), a partir da revisão da mesma documentação do *Foreign Office* trabalhada por Curtin. Seus dados, para o período 1811-1830, chegam a 470.600 desembarques, e a 57.800 para o intervalo 1831-1835.

Diante de tantas dificuldades para a aferição do total de desembarcados, optei por detectar as flutuações do tráfico a partir das *entradas de navios negreiros* provenientes da África, e não a partir das escorregadias estimativas acerca do total de escravos aportados no Rio. Somente depois de efetuado esse procedimento é que parti para a tentativa de estimar o número de africanos desembarcados.

Cruzando as informações das listas navais com as dos registros de periódicos, obtive a série de 1.563 entradas de negreiros provenientes de portos africanos entre 1796 e 1830 – em todo esse intervalo tive de estimar apenas as entradas ocorridas em 1811, utilizando métodos que se explicitarão adiante, quando da análise do volume de africanos desembarcados. Tudo isso tornou possível construir o Gráfico 4, que mostra as variações das entradas de negreiros no porto.

A tendência ao aumento do volume de entradas indica o crescimento do volume de negócios e da própria economia escravista alimentada de braços africanos através do porto do Rio. O tráfico carioca crescia ao ritmo espantoso (para a época) de 5% ao ano, o que significa que os negócios negreiros se duplicavam a cada quinze anos, o mesmo ocorrendo com a capacidade produtiva da economia do Sudeste escravista – em particular a do Rio de Janeiro.[2] Considerando-se as médias anuais de entradas de tumbeiros, dividi o período 1796-1830 em três outros intervalos, surgindo os anos de 1809 e 1826 como importantes momentos de ruptura. De fato, entre 1796 e 1830, por duas vezes o movimento de africanos através do porto se duplicou (vejam a Tabela 2).

Gráfico 4 – Flutuações das entradas de navios negreiros no porto do Rio de Janeiro, 1796-1830

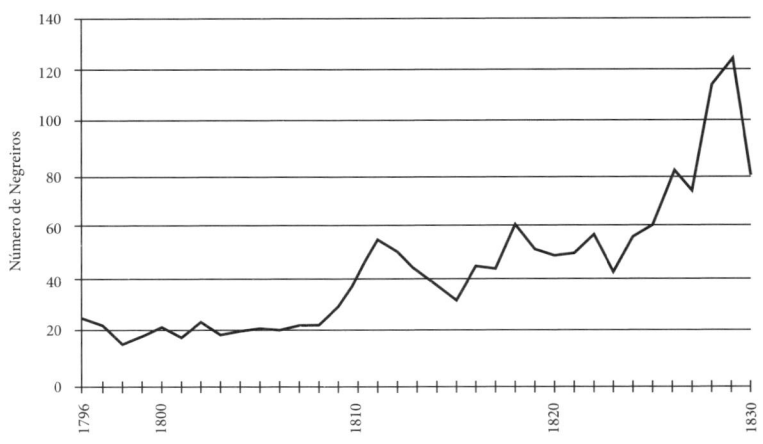

Fonte: Apêndice 3

---

2 Ver o Apêndice 3.

No primeiro intervalo (1796-1808) aportaram 278 negreiros, numa média anual de 21 embarcações, o que corresponde a um crescimento médio de 0,37% anuais. A chegada da família real e a concomitante abertura dos portos coloniais ao comércio internacional elevaram o tráfico a níveis altíssimos. Desse modo, em 1805, sob regime de monopólio, haviam aportado no Rio 810 navios portugueses, 641 em 1806 e 765 em 1808. Porém, em 1810, já sob regime de livre comércio, deram entrada 1.214 navios (Sodré, 1965, p.148). Com relação às chegadas de negreiros, o incremento foi enorme entre 1809 e 1811, no bojo da euforia que se seguiu à instalação dos Bragança. De 1812 a 1815, possivelmente por causa da saturação do mercado, o movimento de importação de negros apresentou uma acentuada queda, logo seguida pela recuperação que abarcou o período 1816-1818. Durante os anos seguintes, até 1825, a estabilidade será a tônica, exceto para 1823, em função da crise da independência. Seja como for, a média anual de entradas de negreiros para 1809-1825 foi bem maior do que a do período anterior (47), e o crescimento atingiu o nível de 2,32% ao ano.

Tabela 2 – Evolução das entradas de navios negreiros no porto do Rio de Janeiro, 1796-1830

Período	Número de entradas	Média anual	Índice
1796-1808	278	21	100
1809-25	758	47	224
1826-30	470	94	448

Obs.: Para efeito de cálculo não foi considerado o ano de 1811
Fonte: Apêndice 3

O último subperíodo se iniciou em 1826, quando o volume do tráfico passou a ser determinado sobretudo – mas não exclusivamente – pelo tortuoso processo de reconhecimento da independência brasileira sob a égide da Grã-Bretanha, que o condicionava à abolição do comércio negreiro pelo Atlântico. Vislumbrando o fim do tráfico, mas, ao mesmo tempo, demonstrando grande capacidade de arregimentação de recursos, as elites escravocratas do Sudeste passaram à compra desenfreada de africanos, antes mesmo da ratificação do tratado de reconhecimento da emancipação (13/3/1827), que estipulava o fim do tráfico para dali a três anos. Na esteira da corrida por braços então desencadeada, o comércio de homens através do porto do Rio cresceu a uma média anual de 3,6% entre 1826 e 1830, com a aportagem também média de 94 negreiros por ano.

Quando se trata de traduzir em escravos a quantidade de negreiros aportada no Rio de Janeiro entre 1790 e 1830, observa-se que o códice 242 registra o total de africanos desembarcados em cada aportagem, permitindo montar a série completa das importações ocorridas entre 5 de julho de 1795 e 18 de março de 1811. O cruzamento desse códice com as informações obtidas mediante o levantamento do movimento portuário na *Gazeta do Rio de Janeiro* permite estabelecer as entradas ocorridas durante o ano de 1811, menos para o intervalo compreendido entre 19 de março e 25 de junho. O mesmo periódico registra o total de escravos desembarcados na primeira metade do ano seguinte. Daí por diante, até 31 de dezembro de 1820, o que se possui em diversos periódicos são cifras acerca do movimento de negreiros, sem que em nenhuma das entradas se especifique o total de desembarcados. A partir de 1821, informações desse tipo começam a aparecer, sem que, contudo, até 1830, *todos* os negreiros aportados registrem o total de africanos desembarcados.[3]

Por causa dessas lacunas fui obrigado a recorrer a alguns procedimentos de tipo estatístico (forjados por mim ou por outros autores) para estimar os dados para: a. os anos de 1795, 1811 e 1812; b. o período 1813-1820; c. o período 1790-1794; e d. dos casos recorrentes de negreiros que não informem o total de africanos desembarcados.

Parti, inicialmente, para a análise da classe do negreiro (bergantim, chalupa, galera), informação registrada em quase todas as entradas. A partir daí poder-se-ia estimar sua tonelagem-padrão e, então, calcular a lotação, tomando como parâmetro cinco escravos por

---

3 Ver os apêndices 7, 8, 9 e 10, que são as bases das estimativas que se seguem.

tonelada. Todavia, para a época que interessa, não há padronização na relação classe/tonelagem. Embora cronistas coevos afirmem que, por exemplo, uma lancha teria 50 toneladas, uma sumaca 100 e um brigue 150, uma amostragem de 79 sumacas revelou imensa disparidade na capacidade (um mínimo de 32 toneladas e um máximo de 166). Outra mostra, de 43 bergantins, revelou que o maior possuía 399 toneladas e o menor, 79 (Brown, 1986, p.198).

Empreguei, então, outra metodologia, cruzando variáveis como as taxas de mortalidade durante a travessia e as médias de escravos transportados, informações oferecidas pelas próprias fontes que indicaram os totais de negreiros aportados. A esse material agreguei, para as estimativas do período 1790-1794 e para parte do ano de 1811, outras fontes de época. Comecei trabalhando com o códice 242, e, nele, pelo ano de 1795. Desde 25 de julho até o final do ano desembarcaram no porto carioca 5.318 africanos em doze navios. É possível que, apesar das variações sazonais, para todo o ano esse total tenha dobrado, o que significa, arredondando-se, 10.636 africanos transportados em 24 negreiros. Para 1811 há a dificuldade de estabelecer tanto o número de negreiros aportados quanto, por conseguinte, o de escravos desembarcados. O códice 242 indica apenas nove aportagens do início do ano até 18 de março, totalizando 3.440 africanos. Por sua vez, a *Gazeta do Rio de Janeiro* registra 24 entradas de navios para o segundo semestre (com 10.303 africanos exportados), das quais 21 redundaram no desembarque de 8.544 escravos. No total, 1.759 africanos foram exportados em três navios (dois de Cabinda e um da Ilha de São Tomé) sem registros de mortalidade. Aplicando-se a essa cifra as respectivas taxas médias de perdas no mar de negreiros provenientes desses locais no ano em questão (67 e 27 por mil, respectivamente), ter-se-á um total arredondado de 9.315 cativos desembarcados durante o segundo semestre de 1811.[4] Por outro lado, uma

---

4 Incluí aqui o negreiro *Pequena Aventura*, aportado em 26 de junho de 1811, portanto no primeiro semestre. Confira-se as taxas de mortalidade durante a travessia no item "Um negócio de alto risco", no capítulo seguinte.

representação manuscrita dos traficantes da praça do Rio de Janeiro dirigida ao Estado português, encontrada na Biblioteca Nacional, informa terem sido eles responsáveis pela importação de 13.204 africanos durante os seis primeiros meses do ano, o que significa um total arredondado de 22.520 escravos para todo o ano de 1811.[5] A proporcionalidade entre o número de escravos desembarcados e a quantidade de negreiros aportados nos respectivos semestres permite estimar em 57 o total de navios que deram entrada na baía da Guanabara neste ano.

Em 1812 entraram 52 negreiros, dos quais trinta indicavam o número de cativos embarcados nos portos africanos durante o primeiro semestre (11.712 escravos). Destes, 28 registravam um total de 9.668 africanos desembarcados vivos. Tratava-se, portanto, de estimar as importações de 24 negreiros – dois durante o primeiro semestre e 22 no segundo. Por sua vez, os cálculos referentes ao período 1813-1820 exigem que se tome em consideração a inserção desse intervalo na conjuntura maior de aceleração do tráfico depois de 1808, que se estenderá até 1825, quando conhecerá novo impulso. Feito este alerta, a média de escravos transportados por navio podia ser o ponto de partida para minhas estimativas.

Os periódicos mostram que entre 1811 e 1830 registraram-se 1187 entradas de negreiros, das quais 750 indicavam o total de escravos embarcados na África, e 663 o número de escravos desembarcados vivos no Rio. Assim, trabalhando com as médias regionais de escravos por navio no embarque, com as mortalidades regionais durante a travessia e com os totais de navios aportados anualmente, consegui estimar o volume de desembarques anuais entre 1813 e 1820.[6]

---

5 *Representação dos Proprietários, Consignatários e Armadores de Resgate de Escravos, Dirigida a S. A. R., Rio de Janeiro,* 1811 (Seção de Manuscritos da Biblioteca nacional, II-34, 26,19).

6 Estimado de acordo com a fórmula A.B-[(A.B.C)/1 000], onde: A = média anual de escravos por navio em cada uma das grandes regiões exportadoras entre 1811 e 1830; B = número de entradas de negreiros sem registros de escravos embarcados e desembarcados; C = taxa regional de mortalidade entre 1811 e 1830.

Com relação ao segundo semestre de 1812 e também para todos os casos de negreiros que a partir de 1821 não informavam os desembarques, utilizei o seguinte procedimento: inicialmente, trabalhando cada caso de aportagem (e, mais uma vez, sem levar em conta os naufrágios e roubos em geral), estabeleci a taxa anual média de mortalidade por região de embarque.[7] Esta, subtraída aos casos que somente registravam as exportações, permitiu determinar as cifras de desembarque para cada navio negreiro em cujo registro constasse o total de africanos exportados.[8]

Para as importações entre os anos de 1790 e 1794 trabalhei com os números de Rudolph Bauss, o qual, de posse do total anual dos impostos cobrados por escravo desembarcado no porto carioca, determinou, a partir de um imposto de 1$000 réis por cabeça, as flutuações das importações entre estes anos.[9] A Tabela 3 resume minhas estimativas. Ela permite postular ter o porto do Rio de Janeiro recebido 697.945 africanos entre 1790 e o fim do tráfico legal, em 1830.

---

7 Ver no capítulo seguinte o item "Um negócio de alto risco".

8 Para a estimativa dos casos restantes em cada ano (os negreiros que nada informavam sobre embarques ou desembarques) utilizei a fórmula A.B- -(A.B.C/1000), onde: A = média anual de escravos por navio em cada uma das grandes regiões exportadoras; B = número de entradas de negreiros sem registros de escravos embarcados e desembarcados; e C = taxa regional de mortalidade no ano. Aos resultados finais, somei os casos de escravos desembarcados de navios que foram vítimas de roubos ou naufrágios. Observe-se que, no caso de 1821, obtive apenas uma entrada de negreiro com registro de exportação/importação. Para esse caso, utilizei as taxas encontradas para a África Central Atlântica e para a África Oriental durante o período 1811-1830, ou seja, 57 e 133 por mil.

9 Bauss trabalhou com o *Resumo do Rendimento dos Direitos dos Escravos que Entrarão Neste Porto desde o Primeiro de Janeiro de 1790 thé a fim de dezembro de 1794 (Correspondência do Vice-Rei para a Corte*, Códice 68, v.14, fl.91, Arquivo Nacional). Encontrou aí impostos anuais de 5:740$000 réis (1790), 7:478$000réis (1791), 8:456$000réis (1792),11:096$000 réis (1793),10:225$000 réis (1794). Observe-se que Bauss assumiu terem sido africanos *todos* os escravos desembarcados no porto do Rio de Janeiro.

Tabela 3 – Estimativas do volume de escravos africanos desembarcados no porto do Rio de Janeiro, 1790-1830

Ano	Número de escravos	Ano	Número de escravos
1790	5.740	1811	22.520
1791	7.478	1812	18.270
1792	8.456	1813	17.280
1793	11.096	1814	15.300
1794	10.225	1815	13.330
1795	10.640	1816	18.140
1796	9.876	1817	17.670
1797	9.267	1818	24.500
1798	6.780	1819	20.800
1799	8.857	1820	21.140
1800	10.368	1821	20.630
1801	10.011	1822	23.280
1802	11.343	1823	19.640
1803	9.722	1824	24.620
1804	9.075	1825	26.240
1805	9.921	1826	35.540
1806	7.111	1827	28.350
1807	9.689	1828	45.390
1808	9.602	1829	47.280
1809	13.171	1830	30.920
1810	18.677		

Obs.: Totais aproximados para o zero mais próximo a partir de 1811
Fontes: Os periódicos assinalados no Apêndice 3 (material ao qual foi aplicada a metodologia explicitada no presente item); Bauss (1977, p.239 e 351-352) e Códice 242, Provedoria da Fazenda, *Termos de Contagem de Escravos Vindos da Costa da África*

A demografia do tráfico

Mostrarei agora algumas características da demografia desse enorme contingente humano, visando detectar sua importância para a conformação dos traços demográficos globais da população escrava do Rio de Janeiro. Antes de mais nada, é necessário recordar que, até fins da década de 1950, preponderava na historiografia nacional uma interpretação que relevava o caráter humanitário da escravidão colonial. Seu referencial, o antirracismo de Gilberto Freyre, tem sido frequentemente analisado, o que me dispensa de maiores comentários (Freyre, 1977; Mota, 1975; Seyferth, 1988; Stein, 1961; Araújo, 1994). Importa ressaltar, porém, que mesmo autores como Caio Prado Jr. (1977, p.119-129 e 269-273), que buscava deslocar os senhores da posição de eixo central da historiografia colonial, acabaram por aceitar o caráter "mais ameno, mais brando" das relações escravistas no Brasil. Em escala continental, tal interpretação saiu fortalecida pela obra de Frank Tannembaum (1947), que concluía ser a crueldade a característica maior das práticas dos senhores no Sul dos Estados Unidos. Criava-se assim uma antinomia que, por seu turno, ajudava a cristalizar a fronteira que separava a *lenitate* escravista ibero-americana, mas sobretudo brasileira, da *crudelitate* anglo-saxônica.

O paradigma da leniência da escravidão brasileira começou a ser desmontado a partir de 1960, quando diversos autores passaram a alertar para aquilo que, segundo eles, seria um elemento recorrente no evolver histórico da população cativa na colônia lusa: altas taxas de mortalidade e baixos índices de reprodução natural (Cardoso, 1977; Ianni, 1988). O cotejo com os Estados Unidos tornou-se cada vez mais desfavorável, em particular quando se comparavam as populações negras de pouco antes das respectivas abolições com o total de africanos importados por cada formação escravista durante os quase quatro séculos de vigência do tráfico atlântico. Desse modo, apesar de haver importado quase 4 milhões de africanos até 1850, em 1872 existia apenas 1,5 milhão de escravos no Brasil. Enquanto isso, em 1860 os Estados Unidos possuíam mais de 4 milhões de cativos, em que pese haverem conhecido o desembarque de apenas um décimo dessa cifra em africanos (Curtin, 1969, p.268; IBGE, 1986, p.29-32; Engerman; Fogel, 1974, p.20-37; Merrick; Graham, 1981, p.81). Mesmo levando em consideração os padrões diferenciados de manumissões, era evidente um crescimento natural alto da escravaria do Velho Sul, ao contrário do que ocorria no Brasil.

Ao apontar para a existência de uma dinâmica populacional devastadora entre nós, novos estudos abalavam, aparentemente de forma irreversível, um dos pilares da ideologia da democracia racial, atingindo em cheio as próprias teorias então correntes acerca da sempre referida "identidade nacional". Em muitos casos, o assumir como definitiva a constância temporal e geográfica desse padrão demográfico serviu somente para a inversão do paradigma freiriano. Com isso a discussão apenas se deslocava do falso problema da "boa escravidão" para o igualmente imaginário terreno das "más práticas escravistas". O ponto de partida continuava a ser o mesmo, o do *behaviour* enquanto síntese do "espírito" ou "gênio" nacional e/ou étnico e/ou religioso. Não surpreende, pois, que o senhor de escravos luso-brasileiro, herdeiro nos trópicos da versão mediterrânica do *pater* indo-europeu – e portanto autoritário e lascivo, mas também culposo e preso ao que o filósofo designa por uma "sórdida melancolia" –, tenha perdido seu lugar na trama. Para substituí-lo, emergia um proprietário marcado por atavismos dos mais variados tipos, sedento de sangue, "um monstro de cóleras demoníacas". O sistema escravista era, antes de tudo, uma tanatocracia.

Mas como não existe senhor sem escravo, o "pai João", passivo, simples e leal, alter ego do patriarca anterior, também perdia sua vez. Como contrapartida legítima à crueldade do novo senhor, surgia o escravo que tinha por *práxis* exclusiva a negação absoluta e inassimilável da opressão. Não é de espantar que as revoltas e formações de quilombos passassem a ser encaradas como as expressões maiores da resistência negra, e que o escravo herói/mártir (Zumbi) sintetizasse o espírito do "verdadeiro" negro.[10]

---

10 Como exemplo desse tipo de perspectiva, ver o importante trabalho de Moura (1972); ver também as críticas a essa visão contidas em Cardoso (1988) e Reis e Silva (1989). Apreendendo muito bem as consequências desse *tour* historiográfico, Sílvia Lara (1988, p.345), em trabalho bem documentado, pontualiza que "de certo modo, o discurso que enfatiza a violência acaba por igualar-se ao que insiste na tecla da coisificação do escravo. Ao conceberem a resistência escrava apenas quando ela rompe a relação de dominação, quando os escravos deixam de ser cativos, acabam também por negar-lhes, enquanto cativos, sua condição de agentes históricos. Nesse sentido, transforma lógica e linearmente a própria escravidão num resultado da ação empreendida pelos senhores, cristalizando o social como produto da vontade de apenas alguns homens de natureza dominadora e violenta".

Em outros trabalhos, porém, o assumir que a escravidão era devastadora do ponto de vista demográfico e social foi acompanhado por tentativas de superar a perspectiva meramente valorativa. Daí aparecerem autores que, com maior ou menor êxito, buscaram encontrar nas relações entre o tráfico atlântico e o cálculo econômico empresarial escravista a origem do fenômeno. É o caso de Jacob Gorender, que me servirá de interlocutor por, de certo modo, sintetizar as posições dessa vertente.

Para Gorender (1978, p.321-324), já se assinalou, o movimento tendente ao decréscimo absoluto da população escrava era o resultado demográfico esperado do exercício de uma lógica empresarial baseada na maximização dos lucros. De início, e sobretudo, essa lógica se pautaria pela preferência senhorial por cativos do sexo masculino, mais adequados às rudes tarefas exigidas pelo funcionamento da grande propriedade agroexportadora. Desse dado também derivaria a necessidade de estarem os cativos imediatamente aptos à integração no processo produtivo, pelo que eles deveriam ser adultos ou não tão jovens e/ou idosos a ponto de não poderem trabalhar. Tendo essas duas opções como eixos, o interesse secundário da empresa pela reprodução natural dos escravos e a precariedade ou inexistência de vida familiar (que inibia ainda mais a procriação) seriam consequências mais do que previsíveis, da mesma maneira que o pesado regime de trabalho e as péssimas condições de existência da escravaria nas fazendas. O panorama geral é contraditório, posto estarmos diante de uma economia que tinha na incorporação de braços a condição fundamental para o seu crescimento, mas que, ao mesmo tempo, era marcada por uma lógica de altíssimo desperdício de mão de obra cativa. É nesse momento que o tráfico atlântico se integra à análise, tornando aparente o referido paradoxo.

Em Gorender, o comércio negreiro (isto é, o mercado de braços) surge como variável central para a determinação das opções empresariais, consideradas bastante elásticas. O que estava anteriormente implícito em Caio Prado agora se explicita. Existindo a possibilidade, oferecida pelo tráfico, de substituição imediata e a baixos preços da mão de obra escrava, seria extremamente vantajosa a intensificação da jornada de trabalho do cativo, o que teria como consequências a exacerbação dos fatores demograficamente negativos já mencionados e a diminuição do tempo de vida útil do conjunto dos escravos. Para a lógica empresarial, o desperdício implícito a essa exacerbação seria apenas aparente, pois a velocidade de amortização do investimento inicial para a compra do escravo seria maior, com o benefício e o reinvestimento sendo realizados em menor tempo.[11]

Ressalte-se que, embora esse modelo geral flutuasse ao sabor das variações dos preços da produção escravista, sua vigência seria inequívoca até 1850. Somente com o aumento geral dos preços dos cativos após a abolição do tráfico de africanos é que os senhores brasileiros buscariam efetivamente prolongar a vida útil de seus escravos. E isso não propriamente mediante diminuição da carga de trabalho e da produção mercantil, mas sim por meio de certa melhoria no tratamento da escravaria, o que teria implicado a elevação dos custos do sustento da mesma (Gorender, 1978, p.323). Com o término do tráfico cessaria a contínua retroalimentação que determinava a enorme desproporção entre homens e mulheres férteis, contribuindo para estabelecer a curto e médio prazos maior equilíbrio entre os sexos (Klein, 1978d). A isso se agregaria a opção empresarial pela melhoria das condições materiais dos cativos, da qual resultariam tanto maiores índices de sobrevivência dos recém-nascidos e o prolongamento de sua vida útil quanto o aumento das suas potencialidades autorreprodutoras (Prado Jr., 1977, p.277). Tais mudanças se traduziram, por exemplo, na maior incidência de famílias escravas estáveis.

Há, porém, estudos de base arquivística e cartorária que demonstram não terem sido as famílias de escravos meros epifenômenos na ordem escravista (Fragoso; Florentino, 1987; Slenes, 1978; Rios,

---

11 Por isso, enquanto perdurou o comércio negreiro para o Brasil "[...] não havia vantagem para o plantador na redução da carga de trabalho do escravo e no prolongamento de sua vida útil [...] [pois o resultado] seria a diminuição do produto líquido. A vantagem estaria em desgastar o escravo completamente em dez anos e substituí-lo de imediato por outro escravo novo, que compraria com a amortização completada do investimento no escravo anterior" (Gorender, 1978, p.322).

1990; Góes, 1993). Pelo contrário, elas constituíam um elemento recorrente no âmbito do sistema mesmo antes da extinção do tráfico. Não é esse, tampouco, o panorama que flui dos inventários por mim analisados, os quais, advirta-se, não são o melhor corpo documental para o estudo global das relações familiares entre os escravos, visto serem a expressão do olhar dos avaliadores de escravos para o mercado. Considerando-se apenas aqueles cativos unidos por parentesco de primeiro grau sancionado pela Igreja – casais com e sem filhos e as mães solteiras e seus rebentos – em plantéis com mais de um escravo, tem-se que, *no mínimo*, de 15 a 35 entre cada cem escravos rurais e que de dez a trinta entre cada grupo de cem escravos urbanos ligavam-se por laços parentais de primeiro grau.[12] A conclusão é simples: o campo e a cidade fluminenses não desconheciam os fenômenos das famílias escravas. Estas, porém, embora recorrentes no tempo, eram marcadas por porcentagens globalmente baixas em épocas de aumento geral das importações de africanos, como entre 1790 e 1830. Poucas famílias e, em termos muito gerais, baixas taxas gerais de fecundidade, que se situavam em 91, 77 e 79 para os respectivos intervalos de 1790-1807, 1810-1825 e 1826-1830.[13]

A comprometer ainda mais as capacidades de autorreprodução da escravaria havia condicionantes como o desequilíbrio entre homens e mulheres escravos. No campo fluminense, de seis a sete entre cada dez escravos eram homens, o que significa que a relação homem/mulher girava entre 1,4 e 2,3 por 1. Em termos de razão de masculinidade (o número de homens para cada grupo de cem mulheres), no menor patamar existia um superávit de 42% de indivíduos do sexo masculino, porcentagem que chegava a 128% no período de maior

---

12 Ver o Apêndice 31.

13 Calculadas pela fórmula: *[(INF/FER) . 100]*, onde INF = número de infantes menores de dez anos e FER = número de mulheres férteis de 15 a 45 anos. Somente para efeito de comparação, Stuart Schwartz, estudando três paróquias rurais baianas no ano de 1788, encontrou para as populações escrava, livre de cor e branca taxas respectivas de 72,122 e 165 para a primeira paróquia; 49, 72 e 93 para a segunda; e 58, 86 e 59 para a terceira (ver Schwartz, 1988, p.296).

desequilíbrio (1810-1812). Para o meio urbano, os homens sempre superavam as mulheres em índices que iam de um mínimo de 1,4 para cada mulher, até quase 3,1 por 1 em 1815-1817.[14]

Mas a escravaria fluminense não era desequilibrada apenas do ponto de vista sexual. Já se viu que os cativos conformavam um contingente majoritariamente adulto, com os índices de participação dos que tinham entre 15 e 49 anos variando praticamente entre a metade e 70% dos escravos. O predomínio dos adultos implicava, naturalmente, maiores taxas de mortalidade no interior dos plantéis, e uma tendência à redução absoluta do número de indivíduos. Do ponto de vista de seu envelhecimento, já o demonstrei, tratar-se-ia de uma população em franco declínio (Berquó, 1980, p.33).

As cifras que estou expondo indicam poucas possibilidades de reprodução natural. Ao que se deve agregar as precárias condições físicas dos escravos, cujos resultados contribuíam para deteriorar ainda mais a já frágil potencialidade de reprodução interna. A análise dos inventários que trazem informações sobre o estado físico dos cativos do agro possibilitou capturar importantes informações, ainda que de caráter geral. Elas se circunscrevem a sintomas e alterações comportamentais (como, por exemplo, o alcoolismo e distúrbios mentais) nem sempre muito precisos. Isso se explica pelo fato de que tais "diagnósticos" não eram efetuados por médicos especialistas, mas sim por avaliadores que tinham por fim último determinar o valor do escravo no âmbito da fortuna inventariada. Tive, pois, de buscar estabelecer critérios que permitissem uma espécie de classificação etiológica das enfermidades e desvios encontrados.[15] Do esforço levado a cabo resultou uma amostragem na qual, em princípio, apenas 17%, em média, dos cativos se encontravam acometidos dos mais variados tipos de enfermidades. Trata-se de uma cifra pequena, que se explica em função das limitações da fonte. Documentos mais pertinentes possivelmente multiplicariam essa porcentagem por três ou

---

14 Ver os apêndices 32 e 33.

15 Sou grato ao auxílio de Sheila Ferraz Mendonça de Souza e Alfredo Castro Mendonça de Souza na seleção de critérios que permitissem a classificação das enfermidades dos escravos. Ver também Revel (1976, p.142-143).

quatro. Detectei, ademais, o predomínio relativo dos homens doentes perante as mulheres enfermas (na proporção de 2 por 1), dado que poderia estar ligado à preponderância dos homens nos plantéis, mas também à própria lógica de funcionamento da empresa escravista rural, que não somente preferia escravos do sexo masculino, como também os submetia a condições mais duras do que as mulheres.[16]

O universo dos enfermos aponta para novos elementos. Assim, tomando-se agregadamente todo o intervalo 1790-1835, era claro o predomínio das enfermidades causadas por traumas físicos.[17] Trata-se, na verdade, de um indicador importante sobre a dureza do processo de trabalho no interior das empresas escravistas. Na disponibilidade de mão de obra barata e relativamente abundante, tal como quer Gorender, pode estar a explicação para o descaso dos proprietários (expresso pelo intenso e desgastante uso da força de trabalho) para com as condições dos cativos. Mas mesmo entre os traumatizados havia uma nítida diferenciação de frequência de acordo com o sexo. Assim, dentre cada dez cativos nessa situação, oito eram homens.[18]

Embora fosse maior o número de doentes traumatizados, também se destacavam as enfermidades de tipo infectocontagioso. Ainda que não unicamente, tal fato estava sem dúvida ligado ao tráfico como movimento migratório, pois se relacionava à capacidade de reação do sistema imunológico dos indivíduos em um contexto de migração forçada. O contato entre europeus, americanos e africanos significou a imbricação de esferas microbianas diferenciadas, produzindo choques de múltiplos sentidos, nos quais os indivíduos que chegavam teriam que conviver com parasitas, vírus e bactérias para as quais, de início, não possuíam defesas (Curtin, 1968; Ladurie, 1976, p.301-415). Com relação aos escravos isso se comprova pelo fato de que não somente era alto o índice de morbidades infectocontagiosas, mas também porque essa alta incidência ocorria de maneira diferenciada

---

16 Ver o Apêndice 33.
17 Ver o Apêndice 34.
18 Inventários *post-mortem*, 1790-1835 (Arquivo Nacional).

de acordo com a naturalidade dos cativos, atingindo muito mais os nascidos na África – de cada três escravos acometidos por enfermidades desse tipo, dois eram africanos e um era crioulo.[19] A paisagem até aqui montada é caracterizada por baixos índices de reprodução biológica e de relações parentais entre os escravos. O típico cativo fluminense era, além disso, um homem adulto marcado por diversas enfermidades, especialmente as traumáticas e infectocontagiosas. Falta acrescentar ter sido esse escravo um *estrangeiro*.

A composição étnica da escravaria variava, como não poderia deixar de ser, de maneira diretamente proporcional aos movimentos das importações de africanos. Tomando-se 1810-1812 como padrão de descontinuidade, vê-se que antes desse período, marcado por menores desembarques de africanos, estes e os crioulos se equivaliam, com predominância ora de um ora de outro. Com a intensificação dos desembarques, porém, os africanos passaram a representar cerca de 60% dos cativos rurais. Na urbe o predomínio dos africanos era mais marcante: antes de 1810-1812 sua participação girou ao redor de dois terços, passando depois para cerca de três quartos da escravaria.[20]

Uma forma de avaliar o peso da participação dos africanos para os desequilíbrios sexual e etário é a análise da composição das populações africana e crioula no tocante a essas variáveis. Assim, pois, no campo as razões de masculinidade da população africana eram altíssimas, com os homens superando as mulheres numa proporção de 1,6/1 a 1,9/1 antes de 1810-1812, e de 2,2/1 a 3,3/1 daí até 1830-1832. Para a escravaria crioula essa proporção jamais ultrapassou 1,2/1 em todo o período, chegando a baixar a 0,9/1 em 1825-1827. Na urbe os desequilíbrios eram maiores: de 1,9/1 a 2,6/1 para os africanos antes de 1810-1812 (quando as proporções dos crioulos flutuaram entre 0,9/1 e 1,1/1); e de 1,8/1 a 3,5/1 até 1830-1832 (quando as proporções dos crioulos variaram de 0,8 a 1,4 homem para cada mulher).[21] A simples comparação desses índices é suficiente

---

19 Inventários *post-mortem*, 1790-1835 (Arquivo Nacional); ver também Arrais e Ribeiro (1990).
20 Ver o Apêndice 35.
21 Ver o Apêndice 35.

para demonstrar terem sido os africanos os principais responsáveis pelos desequilíbrios estruturais anteriormente indicados.

Uma demonstração final do peso do comércio negreiro para a configuração desse quadro pode ser conseguida pela análise da estrutura etária e sexual dos escravos africanos transacionados no mercado do Valongo (RJ), o principal centro de comercialização de cativos recém--desembarcados no Brasil durante a primeira metade do século XIX (Karasch, 1987). O códice 425, do acervo do Arquivo Nacional, que registra as saídas de escravos por via marítima e terrestre a partir da Corte, indica um total de 19.134 cativos levados do Valongo e do porto carioca para diversas localidades do Rio de Janeiro e outras províncias entre 1822 e 1833. Nele estão arroladas as saídas de 15.907 africanos, dos quais 2.251 (14%) já estavam adaptados ao Brasil – *ladinos* – e que, portanto, estavam sendo revendidos. Os restantes 13.656 (86%) aparecem registrados como "novos", ou seja, recém-chegados do continente negro (sendo por isso chamados *boçais).* De todos esses africanos, apenas 2.249 têm o sexo discriminado pela fonte, e entre eles detecta-se uma proporção de três homens para cada mulher. Para outros 393 africanos, a documentação fornece, além do sexo, a idade.[22]

Os cativos recém-desembarcados eram definitivamente marcados por um enorme desequilíbrio sexual e etário: cerca de 3,2 homens para cada mulher, proporção que, contados somente os adultos, chegava a 3,4/1. Estes últimos, por seu turno, chegaram a alcançar quatro quintos de toda a escravaria importada, com maior peso entre os homens. Era pequena a porcentagem de escravos com menos de 10 anos de idade: 4%. Essa cifra é equivalente àquela encontrada por Klein (1978a, p.254-256) ao estudar o tráfico dos portos de Luanda e Benguela para o Rio de Janeiro na segunda metade do século XVIII. De acordo com esse autor, o número de "crias em pé" e o de "crias de peito" chegava a 5% do total dos cativos nos negreiros.

Por outro lado, embora os infantes fossem minoritários diante do total de importados, era grande a importação de africanos entre 10 e 14 anos (o terceiro maior contingente etário se se comparam os

---

22 Ver o Apêndice 6.

intervalos de idade do total de escravos, também o terceiro relativamente aos homens, e o segundo se se comparam as intervalações etárias das mulheres). Esse último dado possibilita afirmar que de cada grupo de dez cativos transportados pelos negreiros nove tinham entre 10 e 34 anos.[23]

O quadro até aqui esboçado aponta para a constituição de uma demografia escrava estruturalmente desequilibrada, redundando em baixas taxas de reprodução endógena. O comércio atlântico de homens emergia como variável determinante para a configuração desse panorama, pelo que, *grosso modo*, as taxas de africanidade, masculinidade e de adultos entre os cativos tendiam a variar de forma diretamente proporcional às flutuações do tráfico negreiro. Em outras palavras, os desequilíbrios étnico, etário e entre os sexos tenderam a crescer durante o período considerado, variando de acordo com os movimentos de desembarques de negros no porto carioca – com as pulsações do mercado, enfim. Cabe, contudo, indagar se a demografia desequilibrada do tráfico assumia os traços já detectados em função de especificidades da etapa de produção da mercadoria humana na África, ou se, pelo contrário, era a lógica demográfica das empresas escravistas no Brasil que a determinava. Afinal, alguns autores afirmam que a dinâmica da face africana do tráfico teria um peso fundamental para o desequilíbrio das populações cativas brasileiras. Klein é um exemplo contundente dessa posição.[24]

O argumento é o de que, por ser a mulher a principal força de trabalho agrícola de grande parte da África e, ao mesmo tempo, por constituir-se em veículo primordial da reprodução física dos indivíduos, uma vez escravizada, seu preço seria superior ao do homem no mercado africano (Klein; Engerman, 1982). Naturalmente, o reflexo

---

23 Ver o Apêndice 6.

24 "As características demográficas dos recém-chegados escravos africanos, explicadas, principalmente, pela maior demanda do sexo feminino dentro da África e pelo desinteresse comercial pelo tráfico de crianças, justificam a estatística incomum, relativa ao [desequilíbrio de] sexo e idade dos africanos, tanto no primeiro censo de 1872, como nos censos regionais anteriores" (Klein, 1986, p.53).

dessa situação seria a maior cotação das escravas africanas no próprio mercado brasileiro. Entretanto, não é exatamente isso o que flui dos inventários *post-mortem* do meio rural do Rio de Janeiro entre 1790 e 1835. Observando aqueles cativos que tivessem entre 12 e 55 anos de idade, constata-se que os homens africanos tendiam a ser de 9% a 25% mais caros do que as africanas – média de 13%. Os homens cativos nascidos no Brasil também eram mais caros do que as crioulas em percentuais que variavam entre 1% e 22% (média de 15%).[25]

Esses dados sugerem ter sido a empresa o vetor determinante da configuração demográfica do tráfico. Eles demonstram a generalização (ao menos no que se refere às áreas marcadas por alto grau de integração ao mercado) de um determinado tipo de lógica demográfica empresarial que tinha no comércio negreiro o seu veículo maior. Isso significa que as empresas escravistas se beneficiavam dos baixos preços pagos pelos africanos, o que as permitia centrar suas estratégias de reprodução econômica no encurtamento do intervalo entre o dispêndio da compra do escravo e sua amortização.

Sazonalidade dos desembarques e lógica empresarial escravista

As flutuações dos desembarques dos quase 700 mil africanos obedeciam não apenas aos ritmos da demanda mas também às diferentes estações do ano. O movimento de negreiros possuía um padrão geral: tendia a atingir o pico nos meses de dezembro/janeiro, decrescendo um pouco entre fevereiro e maio; com o inverno no Hemisfério Sul, as flutuações atingiam seu nível mais baixo, só se recuperando a partir de agosto, quando a tendência ascendente se impunha, para mais uma vez atingir o pico no alto verão.[26] Contudo, considerando apenas as estações, captura-se uma importante mutação. Antes do *boom* das importações de africanos, ocasionado pela abertura dos portos, as chegadas se concentravam sobretudo no verão e na primavera.

25 Ver o Apêndice 5.
26 Ver os apêndices 11 e 12.

Depois, com o aumento da demanda, elas tenderam a se realizar especialmente no verão e no outono, permanecendo o inverno, em ambos os casos, como a época de menor movimento de entrada de negreiros (vejam o Gráfico 5).

De posse da mesma documentação que utilizei, Klein (1978a, p.57) demonstrou que a sazonalidade das importações cariocas não estava ligada a variáveis meteorológicas que, de acordo com as estações, facilitassem ou dificultassem a navegação. Tais variações podiam estar relacionadas, na esfera da demanda por escravos, ao período da colheita da cana-de-açúcar, que ia de fins de julho/inícios de agosto até maio, o que me parece correto. Mas ele não chegou às últimas consequências do problema, resumindo-se apenas a uma constatação empírica. De fato, a sazonalidade das importações de africanos estava relacionada não somente à maior necessidade de mão de obra da empresa escravista em determinadas épocas do ano: ela remetia à própria lógica de funcionamento desta empresa e à sua especificidade histórica como núcleo produtivo.

Gráfico 5 – Distribuição (%) das entradas de navios negreiros no porto do Rio de Janeiro, por estações do ano, 1796-1810 e 1812-1830

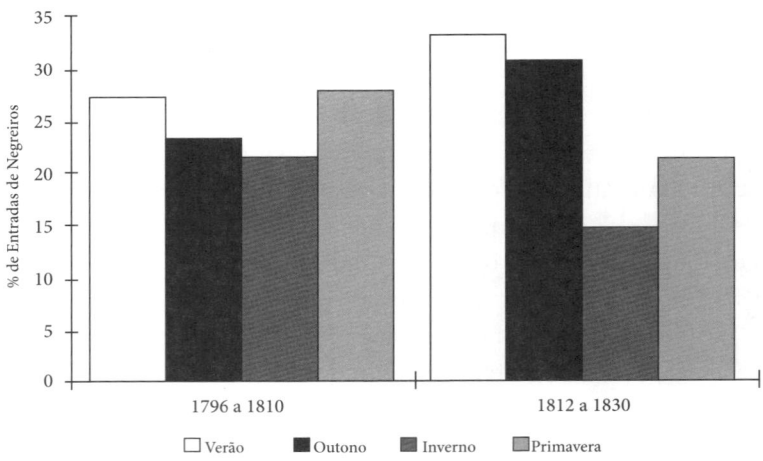

Fontes: Apêndices 11 e 12

A expansão da economia fluminense implicava a absorção contínua de novos braços, em particular pelos setores de ponta da produção açucareira e da ainda nascente *plantation* cafeeira. Por isso, do ponto de vista das variações do mercado, a empresa escravista típica do período 1790-1830 (a *plantation* agroexportadora) não enfrentava movimentos de acentuadas retrações e, portanto, não operava com margem de capacidade ociosa da força de trabalho. Porém, mesmo em uma conjuntura expansionista, o processo produtivo se defrontava com fortes variações estacionais. Tanto a produção agrícola quanto sua transformação passavam, ao longo de cada ano, por diversas fases estacionais, em que aumentava ou diminuía a quantidade de trabalho escravo requerida. É óbvio que, ao menos teoricamente, a empresa poderia enfrentar as etapas que requeriam menos trabalho vendendo parte do plantel. Mas isso redundaria em prejuízo, pois é de se supor que também os preços dos cativos caíssem nessas etapas. Daí que, considerando cada ciclo agrícola (e não a tendência geral ascendente do intervalo em estudo), a empresa escravista fluminense necessariamente se defrontasse com uma sempre repetida e conjuntural capacidade ociosa da mão de obra.

O raciocínio de Jacob Gorender (1978, p.217-223) possibilita apreender a lógica de um hipotético grande plantador escravista atuando em um contexto de expansão como o da época em questão. De início ele buscaria determinar o novo patamar do volume de açúcar, por exemplo, a ser produzido, cujo limite seria dado pelos recursos acumulados no ciclo agrícola anterior e pelas possibilidades de financiamento. Logo depois nosso plantador determinaria o tamanho do plantel de escravos a ser constituído, além da extensão da área de plantio e dos equipamentos necessários à reprodução ampliada da empresa. Sabedor de que nem todas as etapas do processo produtivo requeriam a mesma quantidade de mão de obra, ele estaria cônscio de atuar em um contexto no qual a elasticidade do mercado de trabalho dava-se em um sentido único, o da incorporação de braços. Esse último aspecto é o que mais pesaria na determinação do tamanho do plantel e, portanto, do volume de cativos a ser adquirido. Dele derivaria um critério básico: a quantidade de escravos a ser comprada deveria ser adequada ao atendimento das necessidades da empresa na fase de pico do processo produtivo.

Ora, sendo a colheita e o beneficiamento (e não apenas a primeira) as fases que mais demandavam força de trabalho para a *plantation*, é aceitável supor ter sido a quantidade de escravos disponíveis o elemento condicionador da área de plantio, e não o contrário. Por outro lado, determinado o tamanho do plantel de cativos, essas fases representariam os momentos de maior aquisição de escravos; nesse sentido, elas também funcionariam como pontos de inflexão das flutuações do tráfico atlântico. Em resumo, mais do que épocas de maior demanda por braços, a colheita e o beneficiamento serviriam como padrões para o cálculo econômico empresarial. Era durante esses intervalos que a empresa escravista determinava o grau de sua expansão, sendo este o sentido maior do crescimento dos desembarques de africanos nessas épocas.

No caso da cana-de-açúcar, colheita e beneficiamento tendiam a se processar conjuntamente, mas a primeira geralmente tinha início em agosto, enquanto a moagem se prolongava até fevereiro ou março. Isso englobava num único período tanto a primavera quanto o verão. É provável que a intensificação da produção açucareira depois da abertura dos portos tenha estendido a etapa de beneficiamento até o outono, digamos até maio, pelo menos. Aceitando-se que o plantio tinha início entre fevereiro e março, haveria uma interpenetração entre a parte final da colheita, o beneficiamento e, no mínimo, o início do plantio. É possível que tenha sido essa a razão pela qual, a partir de 1810, o outono se tenha constituído numa das estações de maior demanda por africanos.

O significado do volume

O que significam os quase 700 mil africanos importados através do porto do Rio de Janeiro no contexto geral das importações brasileiras e americanas? De acordo com Curtin (1969, p.116, 119 e 207), até 1790 o Brasil teria importado 2.073.600 africanos: 50 mil no século XVI, 560

mil durante o século seguinte e 1.463.600 entre 1701 e 1790. Aceitando-se a sugestão de Klein (1978a, p.32), de que durante o século XVIII
o porto carioca teria absorvido metade das importações brasileiras,
no Rio desembarcariam cerca de 730 mil cativos nos noventa anos
decorridos entre 1701 e 1790 – uma média anual de 8.100 escravos.
Trata-se de um número mais de duas vezes menor do que a média anual
de importações cariocas para o intervalo 1790-1830 (17.023 africanos).
Se já no século XVIII o porto do Rio de Janeiro desfrutava de um papel
privilegiado no circuito Sul-Sul do tráfico atlântico, tal posição será
reafirmada na centúria seguinte, quando ele se consolidará como o
principal centro de comércio de homens do Brasil. Comparando minhas estimativas para o Rio de Janeiro com as de Eltis (1987a, p.114)
para as importações realizadas por Salvador e pelos portos do Norte/
Nordeste (Pará, Maranhão, Pernambuco e Ceará), observa-se que, de
fato, no intervalo 1811-1820 as importações cariocas eram entre duas
e quase três vezes maiores do que as dessas regiões. Para o intervalo
1821-1830, a diferença flutuava entre quatro e cinco vezes.

A mesma comparação permite notar que somente a Bahia acusou a
limitação ao tráfico ao norte do Equador em 1815, o que se explica por
sua firme e secular ligação com a África Ocidental, em particular com a
Baía de Benin. A queda nas importações através de Salvador, também
detectada pelas listagens montadas por Verger (1987, p.651-653) para
as partidas de negreiros para a África, foi, porém, logo superada, com
o tráfico baiano retomando os níveis anteriores a 1815. Mesmo assim,
a proibição do tráfico ao norte do Equador, ainda que constantemente
burlada pelos traficantes baianos, resultou em uma competição cada
vez mais acirrada entre eles e os traficantes do Rio na esfera da oferta
congo-angolana. Entre 1678 e 1814, de acordo com Verger, apenas 39
dos 1.770 navios que, carregados com tabaco, saíram da Bahia para
a África, dirigiram-se aos portos da área congo-angolana. Todos os
outros tinham por destino os portos da Costa da Mina. Entretanto, a
partir de 1815 as expedições baianas para a África Central Atlântica
superarão em muito aquelas montadas para a África Ocidental. De
qualquer modo, a competição no mercado de almas do Congo e de
Angola pode ter contribuído ainda mais para afastar os traficantes do

Rio de Janeiro dos de Salvador, acentuando a tendência à regionalização dos negócios negreiros no Brasil. Isso talvez explique a ausência, entre os 85 navios da praça de Salvador que foram capturados por forças inglesas entre 1811 e 1830, de registros de propriedade ou de comando com nomes de consignatários e comandantes que atuavam no tráfico carioca no mesmo período.[27]

O tráfico baiano também acusou as indefinições da época da independência, caindo mais acentuadamente e por mais tempo do que no caso carioca: importou-se 7.100 africanos em 1822, cerca de 3 mil em 1823 e em 1824, 4 mil em 1825, e somente em 1826 se chegou novamente ao patamar dos 7 mil cativos (Eltis, 1987a, p.114). Isso possivelmente se deveu ao fato de que na Bahia a emancipação se deu em meio a conflitos mais fortes, chegando a assumir características de crise político-militar (Rodrigues, 1975). Curiosamente, o comércio negreiro para o Norte/Nordeste somente começou a se retrair a partir de 1824, depois de mantida uma média de desembarques que variou entre 10 e 15 mil africanos por ano entre 1817 e 1823. Por fim, também os tráficos para a Bahia e Norte/Nordeste acusaram grande incremento a partir de 1827, denotando uma corrida pela compra de cativos antes que expirasse o prazo acordado entre o Brasil e a Inglaterra para o fim do comércio de africanos (Eltis, 1987a, p.114).

A Tabela 4 mostra a participação das importações médias anuais do porto do Rio em relação às médias anuais de todo o Brasil (a coluna 3 mostra as importações brasileiras de acordo com as estimativas de Eltis, e a coluna 5 relativamente às de Curtin). Por meio dela se observa que as diferenças entre as estimativas de Eltis e Curtin são mínimas para as duas décadas finais do século XVIII (variam entre 5% e 10%), chegando a 15% a favor de Eltis para a primeira década do século XIX. A partir do intervalo 1811-1820, quando os dois autores utilizaram os dados oferecidos pelo *Foreign Office* britânico, as diferenças se acentuam (chegam a quase 25% em 1821-1830), indicando ter Curtin subestimado a potencialidade dessa documentação. Mas

---

27 Compare-se a listagem de traficantes montada por Verger (1987, p.638-642) com o Apêndice 26.

não se pode esquecer, como afirma o próprio Eltis, que até 1830 as estimativas oferecidas pelos funcionários ingleses provavelmente se baseavam nos registros de periódicos coloniais. Mostrei anteriormente que as estimativas de Klein (citado por Eltis), calcadas em jornais cariocas para determinar as importações do Rio de Janeiro entre 1825 e 1830, deixam a desejar.

Tabela 4 – Estimativas das médias anuais de escravos africanos desembarcados no porto do Rio de Janeiro e no Brasil, 1781-1830

Período	Rio de Janeiro	Brasil (Eltis)	%	Brasil (Curtin)	%
1781-1790	–	16.090	–	17.810	–
1791-1800	9.878	23.370	42,3	22.160	44,6
1801-1810	10.832	24.140	44,9	20.620	52,5
1811-1820	18.895	32.770	57,7	26.680	70,8
1821-1830	30.189	43.140	70,0	32.500	92,9

Fontes: Tabela 3, Eltis (1987b, p.243-244) e Curtin (1969, p.207 e 234)

Para evitar dúvidas, pois a polêmica continua aberta, reproduzo as estimativas das médias anuais das importações brasileiras feitas pelos dois autores. De qualquer modo, se durante a primeira década do século XIX o porto do Rio continuou a deter quase metade das importações de africanos, a partir de então sua participação subiu vertiginosamente, variando entre 70% e 90% das importações de todo o país, índice que varia de acordo com o autor adotado como parâmetro para as estimativas das importações brasileiras (ver colunas 4 e 6).

Mas o porto carioca não detinha uma posição privilegiada somente em relação a outros pontos terminais do tráfico no Brasil. Seu papel era ímpar também perante outras importantes áreas escravistas da América. É certo que, enquanto oficialmente o tráfico brasileiro só terminou em 1830, desde o início do século XIX outras sociedades escravistas americanas aboliram seu tráfico externo, passando a uma importação meramente residual. É o caso do Caribe dinamarquês que, depois da abolição, em 1805, importou menos de mil africanos. As colônias inglesas do Caribe (Jamaica, Barbados, Ilhas Virgens, Dominica, Santa Lúcia, São Vicente, Trinidad e Tobago, Granada e outras), depois de receberem 450 mil africanos entre 1781 e 1810, testemunharam o desembarque de apenas 11 mil africanos depois de 1811. O Caribe holandês, que chegou a importar 460 mil escravos entre 1701 e 1810, praticamente não conhecerá desembarques depois dessa data (Eltis, 1987a, p.136; Curtin, 1969, p.207 e 234). Fenômeno único, São Domingos, que no século XVIII recebera 60% dos 1.350.000 africanos importados pelas colônias francesas do Caribe, viu a escravidão abolida pelo governo jacobino em pleno processo revolucionário dos negros, iniciado com a insurreição de 16 de agosto de 1791. Mesmo restaurado por Napoleão, em 1802, o comércio negreiro e a escravidão se viram definitivamente derrotados pelo governo de Dessalines (1804). Para as outras colônias, a França conseguirá importar menos de 80 mil africanos entre 1811 e 1830 (Eltis, 1987a, p.136; Michel, 1968; James, 1963).

Tomando-se 1810 como marco da descontinuidade, o que se observa é que, depois desse ano, as sucessivas abolições nacionais deixaram subsistir apenas dois grandes fluxos de africanos para a América: o tráfico para o Brasil e o que se destinava a Cuba. Mesmo antes, porém, entre 1781 e 1810, os cerca de 300 mil africanos importados através do Rio de Janeiro conformaram um volume superior a todo o tráfico desse intervalo para os Estados Unidos, América espanhola e colônias holandesas e dinamarquesas do Caribe, representando ainda aproximadamente 70% do tráfico inglês e 85% do francês – sempre que, repito, se aceite que o comércio negreiro para o Rio de Janeiro concentrava metade das importações brasileiras no século XVIII (Curtin, 1969, p.216).

Depois de 1810, quando o comércio de africanos para o Rio só encontrava competidores de peso em Cuba, as médias de desembarques cariocas superaram as cubanas de duas a quase quatro vezes. Repare-se, por meio da Tabela 5, que somente na última etapa do tráfico para Cuba é que suas médias de importações superam as do Rio de Janeiro. Sabendo-se que o tráfico cubano foi oficialmente abolido em 1820, observa-se, nesse caso, o mesmo que ocorrerá no Rio de Janeiro antes de 1830, qual seja, a compra desenfreada de africanos ante o anunciado fim oficial do comércio de almas.

Tabela 5 – Estimativas das médias anuais de escravos africanos desembarcados no porto do Rio de Janeiro e em Cuba, 1811-1830

Período	Rio de Janeiro	Cuba
1811-1815	17.340	8.180
1816-1820	20.450	25.540
1821-1825	22.882	6.380
1826-1830	37.496	10.240

Fontes: Tabela 3 e Eltis (1987a, p.122-3)

Pelo que tenho demonstrado, as importações de africanos através do Rio eram as maiores de toda a América. É possível que o tráfico carioca não encontrasse congênere mesmo em escala planetária, pois seu volume era superior aos 14.500 escravos que anualmente cruzavam o Saara para os países árabes, o segundo maior fluxo de cativos do mundo no século XIX (Austen, 1979, p.66). Se o comércio negreiro se constituía em um mecanismo de reprodução econômica, então esses dados descartam categoricamente que a crise do chamado Antigo Sistema Colonial tenha assumido qualquer aspecto econômico. Ao contrário, a partir da emancipação de fato do Brasil, ocorrida em 1808 e reafirmada juridicamente em 1822, a secular economia escravista não só manteve intacto o seu mecanismo de reprodução, como também o ampliou, mesmo tendo que enfrentar todo tipo de pressão por parte da Inglaterra, a maior potência do Ocidente na época.

Mas, se se pensa que o tráfico também configurava um negócio, então o volume das importações cariocas assume um novo sentido. Tratando-se, como se verá, de um setor que operava com alta rentabilidade, seu volume expressa também a existência de um circuito de acumulação absolutamente portentoso, cuja envergadura possivelmente o singularizava, mesmo em relação à agroexportação. Daí ser fundamental descobrir se essa acumulação se direcionava a praças europeias ou se, pelo contrário, assumia um caráter endógeno à formação brasileira. Mas, antes de abordar o problema a partir dessa perspectiva, cabe indagar sobre o significado da demanda carioca para a esfera da oferta, já que ao consumo do escravo precedia um movimento típico da face africana do tráfico, o da produção social do cativo. É o que se verá a seguir.

2

... E acha

A África pré-colonial e os historiadores

Os grandes modelos explicativos da economia colonial tentam compreender as origens do tráfico de africanos, mas não aprofundam a análise das razões que teriam levado o continente negro a suprir a demanda brasileira de forma tão maciça e contínua. Em Caio Prado (1978, p.36), por exemplo, vê-se que a própria natureza do projeto colonizador ibérico, redundando na necessidade de produzir em grande escala, implicaria a disponibilidade de enormes recursos por parte daqueles que efetivamente quisessem migrar: ser grande empreendedor funcionará como atributo altamente seletivo. Como, então, enfrentar o problema da mão de obra se o parco contingente demográfico nativo obliterava a utilização satisfatória do indígena? Como responder às vicissitudes do projeto colonizador se os aborígenes – "maus trabalhadores, pouco resistentes e de eficiência mínima" – eram ralos demograficamente, estando, para completar, em processo de dizimação pela sanha destrutora dos pioneiros, ou isolados do alcance dos colonos pelas missões religiosas?

Em resposta, Caio Prado introduz a África na questão, e o tráfico atlântico surge como solução definitiva para o problema da força de trabalho. Sua adoção se basearia na experiência dos lusitanos no comércio de africanos desde meados do século XV, e no fato de Portugal se fazer presente nos territórios africanos que forneciam os escravos. Tais circunstâncias, de certo modo fortuitas, permitiriam a entrada, para Caio Prado (1978, p.36-37; 1977, p.30 e 103), de não menos que 5 ou 6 milhões de africanos no Brasil antes dos desembarques maciços do século XIX. Em nenhum momento, em parte porque não era esse o seu objetivo, ele se pergunta sobre os fatores que, por mais de três séculos, teriam levado a África a servir de reservatório de mão de obra para a colonização portuguesa. Por isso, em seu modelo, o continente negro se reduz a uma variável passiva no processo geral de colonização da Afro-América.

Seguindo as determinações gerais do modelo agroexportador, mas tentando esclarecer os efeitos desse tipo de estrutura sobre a distribuição da renda, com relação ao tráfico Celso Furtado (1967, p.13) acaba por explicitar ideias que Caio Prado apenas insinuava. Acerca das motivações que teriam impedido a adoção do colono europeu livre como força de trabalho no Brasil, não se percebe nenhuma disjunção substancial entre os dois autores: a escassez de mão de obra em Portugal, a necessidade de pagar salários demasiado altos aos possíveis imigrantes e o volume de capitais requeridos para colocar em prática a produção colonial. Mas o que em definitivo inviabilizaria essa possibilidade seriam as determinações do próprio processo colonizador: a organização dos colonos em bases de mero autoconsumo, frequente em se tratando de migrantes, "só teria sido possível se a imigração houvesse sido organizada em bases totalmente distintas" (Furtado, 1967, p.46). O escravismo surgiria então como a solução mais eficiente para o problema da mão de obra.

É a partir desse ponto que a contribuição de Furtado começa a adquirir traços mais originais. Ele insiste em que a escravização do indígena teria se constituído na viga mestra inicial para a montagem da agroexportação, quando seu tráfico serviria como atividade básica para a sobrevivência dos núcleos populacionais não dedicados às atividades exportadoras (Furtado, 1967, p.46). Na verdade, o aproveitamento do escravo indígena não pareceria ter sido ocasional, estando inscrito nos planos iniciais da colonização. Prova disso seria que, entre os privilégios recebidos pelos donatários, estava o de escravizar uma quantidade ilimitada de nativos, além de poder exportar um número restrito dos mesmos para a Metrópole. Logo, porém, os indígenas revelaram-se escassos para o atendimento do projeto agroexportador. Foi quando entraram em cena os africanos sem, no entanto, deslocar-se por completo o trabalho indígena de áreas periféricas. O autor indica também que a oferta de braços cativos seria determinada pela demanda da empresa colonial.[1] Ainda que reconheça o papel estrutural do tráfico para o Brasil, Furtado não vai mais além no que se refere à inserção da África no circuito colonial. Como Caio Prado, uma vez estabelecida a demanda por cativos, a experiência lusitana desde o século XV no lucrativo escambo com a África bastaria para fazer o fluxo demográfico funcionar a contento (Furtado, 1967, p.13 e 45).

Passando para Fernando Novais, encontra-se a afirmação de que os escravos e o tráfico atlântico seriam mais adequados aos fins últimos da acumulação primitiva europeia. Por que isso, se se tratava de um tipo de força de trabalho que travava a rotação do capital, se o cativo tinha de ser mantido e, por fim, se, ao não permitir o exercício do clássico mecanismo da dispensa do fator trabalho, a escravidão impedia o ajustamento da mão de obra às flutuações da produção (Novais, 1983, p.100)? Na resposta a essas questões, Novais, um dos poucos clássicos que dedicam um item específico (ainda que minúsculo) de seu trabalho ao tráfico atlântico, parte do suposto de que

[...] toda a estruturação das atividades econômicas coloniais, bem como a formação social a que servem de base, definem-se nas linhas de força do sistema colonial mercantilista, isto é, nas suas conexões com o capitalismo comercial [...] É esse sentido profundo que articula todas as peças do sistema. (Novais, 1983, p.97)

Portanto, o problema não seria simplesmente o de povoar o Novo Mundo. Daí que a escassez demográfica europeia (um argumento pitoresco, segundo o autor) não possa servir de explicação para a

---

1 "A mão de obra africana chegou para a expansão da empresa, que já estava instalada. É quando a rentabilidade do negócio está assegurada que entram em cena, na escala necessária, os escravos africanos: base de um sistema de produção mais eficiente e mais densamente capitalizado" (Furtado, 1967, p.46).

adoção da mão de obra escrava. Outras formas de trabalho que não a compulsória seriam inadequadas, pois não impediriam a dispersão dos recursos coloniais na produção para a subsistência, possibilidade real caso o trabalho fosse livre (do europeu ou de qualquer outro). Em suma, o produtor independente não fazia parte do projeto colonizador capitalista. O trabalho compulsório indígena teria certamente respondido ao impulso inicial da colonização. Mas a substituição pelo escravo africano não poderia ser explicada pela inadaptação daquele à lavoura, e menos ainda pela oposição jesuítica à escravização do aborígene. O que "talvez" teria ocasionado tal mutação seria a exiguidade demográfica dos nativos e as dificuldades de seu apresamento (Novais, 1983, p.98-105). Mas o que certamente determinaria essa "preferência" (aspas do autor) teria sido "[...] a engrenagem do sistema mercantilista de colonização; esta se processou, repitamo-lo tantas vezes quanto necessário, num sistema de relações tendentes a promover a acumulação primitiva na Metrópole" (Novais, 1983, p.105).

A escravidão, por ser mercantil e, portanto, reproduzir-se por meio do mercado, ampliaria todo um vasto e lucrativo ramo de comércio (o tráfico). Enquanto se tratasse de escravidão indígena, os ganhos comerciais resultantes de seu traslado permaneceriam na colônia, distorcendo o "sentido" da colonização. Com o tráfico

> [...] a acumulação gerada no comércio de africanos, entretanto, fluía para a Metrópole, realizavam-na os mercadores metropolitanos, engajados no abastecimento dessa "mercadoria". Esse talvez seja o segredo da melhor "adaptação" do negro à lavoura [...] escravista. Paradoxalmente, é a partir do tráfico negreiro que se pode entender a escravidão africana colonial, e não o contrário. (Novais, 1983, p.105)

O tráfico atlântico, um dos setores mais rentáveis do comércio colonial, determinaria não a escravidão em geral, mas sim a escravidão africana no Brasil, o que não necessariamente significa que as flutuações da demanda por africanos passassem a ser ditadas pela oferta dos mesmos. De qualquer modo, apesar do envolvimento africano no circuito atlântico assumir, no modelo de Novais, aspectos estruturais, nada se explicita sobre a dinâmica africana desse envolvimento.

É possível que para o silêncio desses autores acerca da África tenha contribuído a aceitação acrítica do discurso rousseauniano do "bom selvagem" desnaturalizado e pervertido pelo "civilizado". Herança de duas épocas distintas, seus fundamentos podem ser encontrados já nos nascentes movimentos abolicionistas de fins do século XVIII e no processo de descolonização de meados do século XX.

Já em fins do século XVIII os primeiros abolicionistas, como Benezet, insistiam, com razão, na crueldade inerente às atividades dos traficantes euro-americanos, esmerando-se na descrição das desumanas condições do apresamento e venda dos negros, além da tragédia em que se havia convertido a travessia oceânica (Benezet, 1968). Sucessivamente foram sendo produzidas e consumidas pela opinião pública, sobretudo na Inglaterra oitocentista, imagens que negavam ou, mais comumente, silenciavam acerca da participação dos africanos no tráfico (Barker, 1978, p.108-109; Duchet, 1971). Pouco a pouco tomou forma o ideário do "bom selvagem" africano, vítima de uma epopeia cujo conteúdo sádico (e real) faria inveja aos mais requintados textos do velho marquês francês. Mais tarde, já no século XX, o ideal do africano como agente essencialmente passivo na história de suas relações com o "mundo branco" ganhou terreno entre os nacionalistas que lutavam pela independência dos países africanos. Para contra-atacar os estereótipos acerca da inferioridade biológica e cultural dos negros, forjados desde a emergência de teorias ligadas ao darwinismo social e consolidados pela colonização, os nacionalistas insistiram na ideia de que somente a partir da chegada dos "estrangeiros" é que os africanos teriam conhecido as suas mais contundentes desgraças.[2]

Acerca do tráfico, negar o papel estrutural dos africanos na exportação de homens para a América pode ter contribuído para fortalecer um tipo específico de identidade cultural e histórica, o que por certo ajudou na luta anticolonial. Mas tal simplificação certamente con-

---

2 Um exemplo desse tipo de perspectiva pode ser encontrado em Bone (1971) e em determinadas passagens de Ki-Zerbo ([s.d.]) e Cissoko (1975). Em seu projeto para marcar a diáspora negra, o Ministério da Cultura e da Comunicação do governo senegalês afirma: "O projeto se inscreve numa visão de lembrança, recolhimento e de meditação, mas também de reconciliação, de perdão e de paz entre as raças e civilizações" (ver Governo do Senegal, 1990).

tribuiu para a estabilização no poder das elites africanas recentes, com o governo de partido único se transformando na tradução mais adequada do conceito de identidade cultural.[3]

Há, por outro lado, autores que, mesmo reconhecendo a participação africana no tráfico, não veem nela um elemento estrutural. É o caso de Gorender, para quem o tráfico não passava de um elemento exógeno à África. Mas como considerá-lo um dado meramente alienígena, sem nenhuma relação orgânica com as condições internas da África, se a exportação de braços para a América durou mais de três séculos sem que o apresamento fosse realizado (a não ser esporadicamente e, mesmo assim, em especial durante o século XVI) pelos traficantes euro-americanos (Suret-Canale, 1964)? Como afirmar que as estruturas africanas "permaneceram intactas, mas pervertidas" pelo incremento do tráfico, quando o próprio Gorender (1978, p.135) mostra, por exemplo, que o Estado do Daomé surgiu no bojo do desenvolvimento do comércio negreiro em pleno século XVII, fundado no monopólio estatal sobre as transações com escravos? Se o reforço do poder estatal é, em última instância, o fortalecimento de uma classe ou de um bloco no poder, e se para esse movimento estrutural o tráfico desempenhou um papel central, como considerá-lo uma simples "perversão exterior", sem efeitos revolucionários ou sem função estrutural interna à África?

Percebendo o beco sem saída para o qual o leva sua argumentação, pois ao eludir o papel estrutural do tráfico na África silencia sobre a dinâmica da formação e/ou consolidação das classes, Gorender (1978, p.133-135) apela para fatores definitivamente subjetivos. Segundo ele, depois de, a princípio, capturar diretamente os escravos, os portugueses "não demoraram a deixar semelhante tarefa aos africanos". A esse voluntarismo retracionista lusitano se sobreporia a

---

3 É o que descreve Hélé Béji: "Enquanto se trata de me defender contra a presença física do meu invasor, a força de minha identidade se deslumbra e me tranquiliza. Mas a partir do momento em que esse invasor é substituído pela própria identidade ou mesmo por minha própria efígie posta sobre o eixo da autoridade, e me envolvendo com seu cuidado, eu não deveria mais ter, logicamente, o direito de contestá-la". *Apud* Finkielkraut (1988, p.84); ver também Benot (1981).

"sedução" (termo utilizado pelo autor) que as mercadorias americanas e europeias do escambo costeiro exerceriam sobre "os africanos", categoria esta que, por seu turno, torna homogênea uma realidade que o próprio Gorender reconhece ser heterogênea.

Na verdade, como bem pontualiza Cooper (1979), todo lugar e época que conheceram a concentração de riqueza e de poder, como a África de antes do tráfico, e sobretudo depois de sua colocação em prática, também testemunharam a exploração do homem pelo homem. Recusar tamanha obviedade não contribui para que se ultrapasse a tão comum associação africano/selvagem.[4]

Os africanos são mercadorias baratas

Iniciar a análise da dinâmica de funcionamento da oferta africana requer, antes que tudo, apreender outras dimensões das importações cariocas além de seu volume. Para tanto, partirei da constatação feita anteriormente de que a propriedade escrava estava inteiramente disseminada entre as fortunas fluminenses (vejam o Gráfico 1). Afirmava, então, que quase todos os homens livres inventariados eram proprietários de pelo menos um escravo. Agora, analisando somente a concentração de cativos na faixa de 1 a 500 mil réis, a mais baixa da hierarquia de inventariados, a conclusão anterior se reafirma. Assim, entre 1790 e 1810 nunca menos de 73% dos mais pobres inventariados do agro e da urbe fluminense eram possuidores de escravos, índice que variou entre 61% e 83% de 1815 a 1830. Somente no início da década de 1830 é que essa porcentagem baixou à metade dos homens mais pobres, o que pode ser explicado pelo estupendo aumento dos preços dos africanos a partir de 1826.[5] Esses dados impõem uma conclusão:

---

4 "[...] as 'savages', the africans had been seen only as victims, never as men in command of their own destiny, having a serious role to play in their history" [enquanto "selvagens", os africanos foram vistos apenas como vítimas, nunca como homens no comando de seu destino, tendo um papel sério a desempenhar em sua história] (Curtin, 1975, p.153).

5 Eram as seguintes as porcentagens de proprietários de escravos donos de fortunas até 500$000 réis entre 1790 e 1835: 1790-1792, 85%; 1795-1797,

os escravos eram mercadorias socialmente baratas, conclusão ainda mais fortalecida pelo fato de não estar deflacionada a faixa de 1 a 500 mil réis. Ora, se esse padrão conseguiu manter-se mesmo levando em consideração os custos do apresamento, transporte e a remuneração dos traficantes, então é óbvio que residia na África o segredo da extensão social da propriedade escrava no Rio de Janeiro.

Poder-se-ia argumentar que até mesmo os mais pobres inventariados fluminenses possuíam escravos, menos por causa de seu baixo preço do que em função da força simbólica do "ser senhor de escravos" na mentalidade coeva. Tal indagação, entretanto, não resistiria a uma análise mais atenta das condições específicas em meio às quais a própria *plantation* se expandia. Já se viu que a agroexportação fluminense crescia fisicamente e concentrava cada vez mais escravos entre 1790 e 1835. Campos dos Goitacazes, por exemplo, expandia-se continuamente, apesar dos preços internacionais do açúcar conhecerem uma acentuada queda desde fins do século XVIII. Ora, de acordo com dados coligidos por Posthumus no mercado de Amsterdã, entre 1799 e 1807, os preços do açúcar despencaram a uma média anual de -14%; para o período 1813-1819, a queda chegou a -11% anuais (Posthumus, 1943). Entre 1821 e 1831, quando o ciclo econômico europeu já estava em plena depressão, que teve início em 1815, os preços internacionais do açúcar apresentaram uma queda anual de -3% (Fragoso; Florentino, 1990, p.79). Enquanto isso, recorde-se que os estabelecimentos campistas vinculados à exportação de açúcar cresceram de 324 em 1800 para 400 em 1810, chegando a 700 em 1828, ao que se deve agregar que a formação da cafeicultura no médio Vale do Paraíba do Sul também ocorreu exatamente na fase B do Kondratieff europeu, ou seja, entre 1815 e 1850 (Cleveland, 1973, p.21; Fragoso, 1988, p.25).

75%; 1800-1802, 80%; 1805-1807, 77%; 1810-1812, 75%; 1815-1817, 70%; 1820-1822, 63%; 1825-1827, 75%; 1830-1832, 86%; e 1834-1835, 50% (ver Inventários *post-mortem*, 1790-1835, AN). Reafirmando o padrão de alta disseminação da propriedade escrava, sabe-se ter sido enorme o peso dos pequenos plantéis em outras áreas exportadoras do Brasil (como no Recôncavo baiano em 1816-1817) e mesmo de outras partes das Américas – como na Louisiana de 1790 e na Jamaica em 1832 (ver Schwartz, 1988, p.374).

Havia, portanto, uma assincronia entre as flutuações internacionais e o ritmo da acumulação no âmbito do setor agroexportador fluminense. Caberia indagar por meio de que mecanismos este último conseguia expandir-se na adversidade. Gorender (1990, p.82) afirma que a queda das cotações externas era compensada pelo "tão conhecido" mecanismo da desvalorização cambial, que permitiria aos fazendeiros deter maior parcela de moeda nacional. Fragoso (1992), entretanto, demonstra em outro texto que mesmo em moeda nacional o café registrou uma queda anual de -2% entre 1821 e 1833, e de aproximadamente -1,5 % entre esse último ano e 1849.

Entre 1790 e 1830 a empresa escravista exportadora enfrentava a queda dos preços internacionais mediante a multiplicação da produção. Procurando manter ou mesmo ampliar sua capacidade de acumulação global em uma fase B internacional, o empresário colocava em prática a produção procurando compensar a diminuição do lucro por unidade produzida mediante um maior volume exportado. Naturalmente, a reiteração temporal dessa estratégia de enfrentamento da crise de preços se veria totalmente inviabilizada quando a remuneração não mais cobrisse os custos da produção. Nas condições específicas da economia escravista brasileira, esse limite era dado pelos gastos relativos à compra de escravos, o principal item da reprodução empresarial. Se durante o período que me interessa esse limite não foi atingido – o que pode ser provado pela expansão da *plantation* –, isso deveu-se ao fato de que eram baixos os preços de venda dos africanos no Rio, apesar dos gastos implícitos no transporte desde os portos da costa da África e da remuneração dos traficantes. Isso remete às características estruturais assumidas pela produção do escravo na África, que agora emergem como condições não apenas da disseminação da propriedade escrava, mas também como variável *sine qua non* para a própria viabilização da agroexportação.

Não deixa de ser curioso observar que, salvo Gorender, e mesmo assim mediante argumentos definitivamente equivocados, nenhum dos modelos explicativos da economia escravista colonial trabalha com a possibilidade do tráfico atlântico se incrementar em conjunturas de queda dos preços internacionais. Mesmo os autores que tomam o comércio negreiro não apenas como veículo da reprodução da mão de obra, mas também como meio de propiciar o consumo barato de cativos – e, portanto, como o elemento viabilizador de uma determinada lógica empresarial –, não vislumbram a possibilidade de crescimento das importações de escravos em fases B internacionais. Jacob Gorender (1978, p.195, 197 e 321-322), Ciro Cardoso (1975b), Celso Furtado (1967, p.53 e 125-127) e Robert Conrad (1985, p.15-17) admitem que a devastadora lógica demográfica da empresa escravista brasileira tinha origem nos baixos preços pagos pelos escravos na África. Implícita ou explicitamente, eles assumem que o desgaste do cativo – na verdade, a aceleração da rotação do capital – funcionava apenas como estratégia de aproveitamento dos altos preços dos produtos tropicais, mas nunca como variável que ajudasse a enfrentar a queda dos mesmos antes que eles atingissem o limite do custo da mão de obra.

De tudo o que foi dito pode-se inferir que a oferta africana de homens deveria atender não a uma demanda episódica, mas sim a uma procura que se prolongou e aumentou no tempo. Mas deveria fazê-lo de tal modo que os preços dos escravos permitissem aos empresários brasileiros enfrentar tanto as fases A quanto as fases B do mercado internacional de produtos tropicais. A oferta africana tinha, pois, de ser uma oferta elástica e barata de homens. Por isso, a dinâmica da produção do escravo teria de assumir traços que combinassem a possibilidade de uma transformação, ao mesmo tempo maciça e a custos muito baixos, do homem livre em cativo.

As fontes maiores: Congo e Angola

É possível estabelecer as principais áreas africanas provedoras de escravos para o porto do Rio de Janeiro. A esse respeito Klein (1978b) já demarcou alguns padrões para os intervalos 1795-1811 e 1825-1830, faltando, portanto, o período 1811-1825. A reavaliação de seus números, agora para todo o intervalo 1795-1830, me permitiu detectar, por meio do códice 242 e dos registros de chegadas nos periódicos, a aportagem de 1.580 negreiros, número que inclui 24 estimativas. Das 1556 aportagens realmente registradas, apenas uma deixou de especificar o porto africano de embarque dos escravos.

Ressalte-se também que em pelo menos 33 viagens os negreiros fizeram escalas em portos brasileiros e/ou africanos antes de atracarem no porto carioca. Provavelmente os navios que realizaram escalas na própria África o fizeram para completar a lotação, ou ainda para o reabastecimento de água ou alimentos. Com relação àqueles que fizeram escalas em portos brasileiros – com exceção do curioso caso do navio *Boa Armonia*, que partiu de Luanda e, antes de chegar ao Rio de Janeiro, atracou em Santa Catarina –, pode ser que a escala ocorresse para reabastecimento, ou mesmo para entregar cativos já encomendados por clientes coloniais.[6]

O Gráfico 6 resume a proveniência de 1555 expedições negreiras, e permite avaliar as flutuações da participação de cada uma das três grandes zonas africanas exportadoras de escravos para o porto carioca. Advirta-se que a participação da África Ocidental, já pequena entre 1795 e 1811 (3% do total), decresceu em termos relativos, desaparecendo por completo a partir de 1816. Outros dois aspectos importantes são a permanência da África Central Atlântica como principal exportadora de homens para o Rio (o volume de negreiros provenientes dessa região triplicou em termos absolutos depois de 1811) e o crescimento relativo e absoluto do volume de exportações dos portos da costa índica.

O mesmo Gráfico 6 mostra os resultados práticos da concordância do governo português em proibir o tráfico ao norte do Equador, seguindo as diretrizes impostas pelo Congresso de Viena. E, realmente, depois de 1815, a *Gazeta do Rio de Janeiro* registra apenas uma aportagem de negreiro proveniente da África Ocidental, um vaso que, partindo de Benin, atracou no Rio em 1816. Mesmo depois desse ano muitos cativos da África Ocidental continuaram a entrar na província, provenientes de outras áreas do Brasil (da Bahia, por exemplo) e, possivelmente, por meio de insignificante contrabando. Mas não há dúvida de que a rota África Ocidental-Rio, historicamente sem maior importância, desaparecerá depois de 1816. De qualquer modo, observe-se que, diante do fim iminente dessa rota, os traficantes que nela atuavam intensificaram suas compras, sobretudo mediante a incorporação de novas áreas ao circuito do escambo escravista. Assim, das

---

6 Ver as fontes do Apêndice 3.

doze expedições negreiras organizadas entre março de 1795 e março de 1811 (média de menos de uma por ano), passou-se para dezoito entre julho de 1811 e o ano de 1816 – quase quatro viagens anuais.[7] Nessa última etapa, ainda que menos acentuadamente, a Ilha de São Tomé seguiu mantendo a sua posição de destaque como centro reexportador de cativos do continente, vindo a seguir a Costa da Mina e Rio dos Camarões. Observe-se, no Gráfico 7, como, às vésperas do fim do tráfico para o Rio de Janeiro, foi vertiginoso o crescimento da participação do recente núcleo escravagista do Rio dos Camarões.

Gráfico 6 – Flutuações (%) da participação das áreas de procedência dos negreiros aportados no Rio de Janeiro, 1795-1830

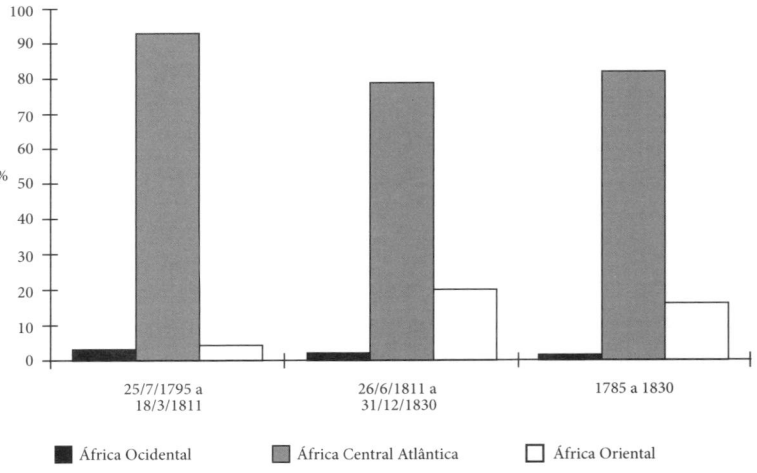

Fonte: Apêndice 13

A África Oriental se consolidou como grande fonte abastecedora do porto do Rio depois de 1811. Até então, somente a Ilha de Moçambique exportava cativos, sendo ínfima sua participação entre 1795 e 1811 (apenas 4% das entradas). Foi a abertura dos portos brasileiros que determinou o crescimento das exportações da área do Índico, as quais passaram a conhecer um ritmo de expansão muito superior ao das

---

7 Ver o Apêndice 13.

exportações dos portos da costa atlântica: de apenas quinze expedições a Moçambique entre 1795 e 1811, passou-se para 235 depois desse último ano, ou seja, um estupendo crescimento da ordem de 1.567%, contra 271% registrados para as exportações da África Ocidental.[8] No bojo desse processo consolidou-se a posição da Ilha de Moçambique e dos portos do Sul, em especial o de Quilimane, o qual, junto com a primeira, exportou mais de 93% dos escravos provenientes do Índico para o Rio de Janeiro. Ressalte-se, por fim, que o crescimento das exportações afro-orientais denotava a relativa incapacidade dos mecanismos sociais de produção de escravos da zona congo-angolana em responder de imediato à súbita alta da demanda do Sudeste brasileiro, pelo menos na proporção requerida pela nova conjuntura que se instalou depois de 1808.

Gráfico 7 – Flutuações (%) da participação dos portos e áreas de procedência dos negreiros que aportaram no Rio de Janeiro vindos da África Ocidental, 1795-1830

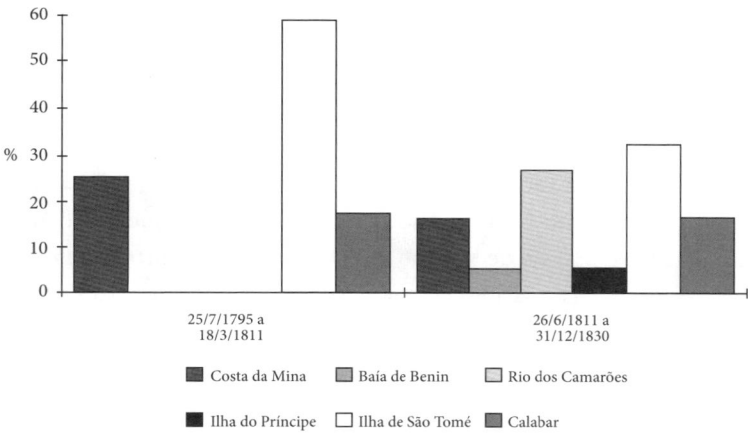

Fonte: Apêndice 13

Ainda assim, partia dos portos congo-angolanos a grande maioria dos negreiros que entravam no Rio de Janeiro – oito entre cada dez aportados, considerando-se todo o período 1795-1830. O Gráfico 9

8 Ver o Apêndice 13.

mostra que, tomando-se 1811 como ponto de descontinuidade, algumas modificações importantes se produziram nessa zona de abastecimento, das quais a principal se referiu à resolução da "Questão Norte", relativa ao domínio do escambo ao norte de Luanda por traficantes franceses, ingleses e holandeses (Birmingham, 1966, p.131-161).

Depois de haver tentado por todos os meios cortar o fluxo de escravos do interior para aquela região durante o século XVIII, o comércio escravista luso-brasileiro se viu beneficiado pela conjuntura de fins da centúria. A Guerra da Independência dos Estados Unidos e aquelas derivadas da Revolução Francesa requereram a concentração, no Hemisfério Norte, dos recursos humanos e materiais das principais potências europeias, desestruturando radicalmente, por exemplo, o poderoso tráfico francês no litoral angolano (Stein, 1979; Anstey, 1975). Além disso, os abolicionistas viram crescer sua força política nos principais centros europeus. Todo esse movimento convergiu para a progressiva retirada de traficantes de outras nações europeias da África Central Atlântica, com o que, já no início do século XIX, ganharam terreno os interesses luso-brasileiros ligados ao tráfico no litoral de Estados como Angoi, Congo, Cacongo e Loango. Portos do Centro-Sul angolano, como Luanda e Benguela, assistiram ao decréscimo (relativo no caso de Luanda, e relativo e absoluto no caso de Benguela) de sua participação no tráfico, comparativamente a portos setentrionais como Ambriz, Rio Zaire, Cacongo, Cabinda e Loango. De uma participação de 96% no movimento de negreiros para o Rio de Janeiro antes de 1811, os negreiros provenientes daqueles portos passaram a deter 48% depois desse ano.[9]

Tráfico, consolidação estatal e diferenciação social na África

Maior provedora de mão de obra cativa para o porto carioca, cabe indagar acerca dos mecanismos por meio dos quais a zona congo-angolana produziu uma oferta elástica e barata para o Sudeste brasileiro.

---

9 Ver o Apêndice 13.

Iniciarei, porém, por tentar elucidar essa questão para a África Ocidental, região que, embora insignificante para o abastecimento do Rio, exportava a maior parte dos africanos que entravam no porto de Salvador. Além disso, é acerca dessa área que se pode contar com as melhores sínteses históricas recentes, que muito ajudarão na montagem do modelo geral da produção e circulação de escravos na esfera da oferta africana como um todo.

Gráfico 8 – Flutuações (%) da participação dos portos e áreas de procedência dos negreiros que aportaram no Rio de Janeiro vindos da África Oriental, 1795-1830

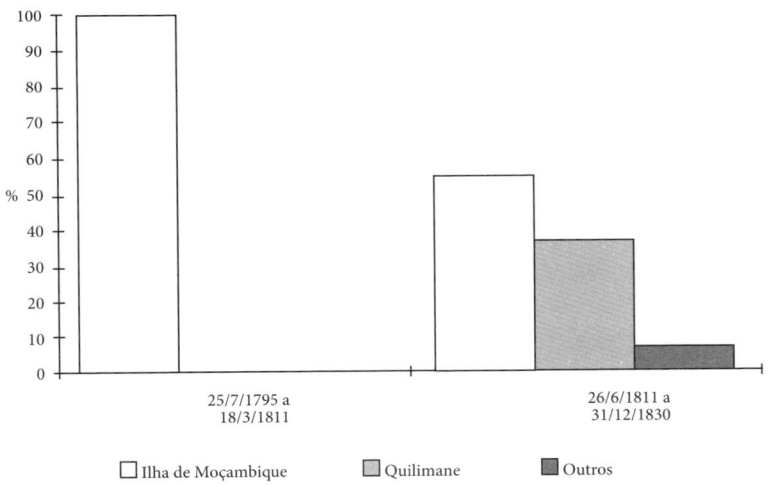

Fonte: Apêndice 13

Apreender a dinâmica da produção e circulação inicial da mercadoria humana significa, do ponto de vista formal, especificar as etapas pelas quais passava o escravo, desde sua mutação em cativo até o momento em que chegava às mãos dos traficantes europeus e americanos. Não se deve esquecer, porém, que as transformações vividas pela África depois do início do tráfico atlântico incidiram sobre essa dinâmica. A maioria dos africanos importados pela Europa, ilhas do Atlântico e América durante o século XVI parece ter se originado dos primeiros 80 quilômetros entre a costa atlântica e o interior (Curtin, 1969, p.102; Adamu, 1979, p.164). Dado que, por sua vez, mostra como era restrito o eixo inicial de ação do comércio negreiro. Outra situação, entretanto, vem demonstrar que mesmo para os traficantes o atendimento da demanda americana por homens era uma atividade secundária no século XVI: por muito tempo, os portugueses que atuavam na Costa do Ouro chegaram a comprar cativos no litoral de Benin, onde o comércio de almas era estritamente controlado pelo *Oba* por intermédio de seus agentes, para revendê-los em Elmina em troca de ouro (Barker, 1978, p.4; Curtin, 1969, p.96; Davidson, 1961, p.57; Fage, 1977, p.498). Esse tráfico interno, realizado por europeus, contribuiu substancialmente para a expansão das relações escravistas em amplas áreas do litoral do Oeste africano (Lovejoy, 1983, p.23).

Gráfico 9 – Flutuações (%) da participação dos portos e áreas de procedência dos negreiros que aportaram no Rio de Janeiro vindos da África Central Atlântica, 1795-1830

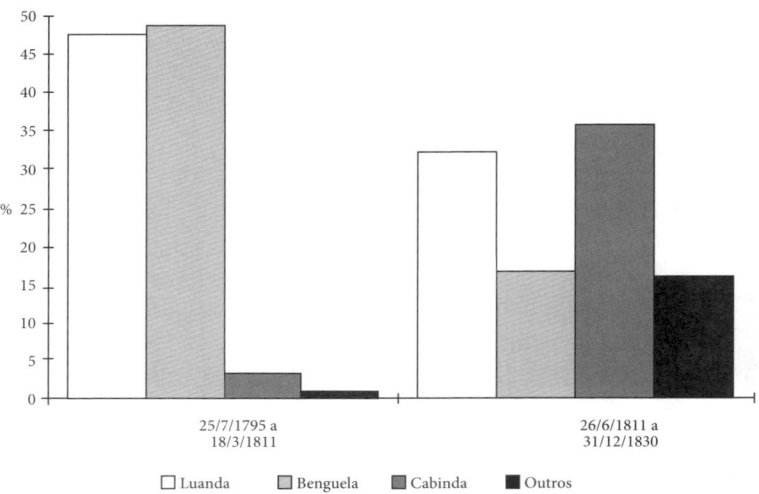

Fonte: Apêndice 13

Bem estabelecidos em seu forte de Arguim, ao norte do Rio Senegal, os lusos fizeram da Alta Guiné o mais importante núcleo de obtenção de escravos antes do século XVII. Os sequestros executados por pequenos grupos de europeus armados, que de surpresa atacavam as comunidades costeiras, eram então mais comuns do que nos tempos seguintes. Apesar disso, já estava completamente estabelecido o modelo de intercâmbio entre euro-americanos e africanos que predominou por toda a época do tráfico para a América: constituíam-se verdadeiros enclaves litorâneos, onde, a partir de alianças políticas, comerciais e militares com as autoridades nativas, trocavam-se manufaturados europeus ou tabaco e aguardente americanos por cativos.[10]

A documentação sobre as formas de produção dos escravos é escassa para o período anterior ao século XVII, sobretudo para as zonas interioranas. Não obstante, existem indicações precisas de que, desde o início, as guerras conformavam o instrumento básico por meio do qual os homens eram transformados em escravos e vendidos no litoral, o que permite a alguns estudiosos estimarem que, ao longo de toda a era do tráfico pelo Atlântico, cerca de três quartos dos africanos vendidos para as Américas resultassem de guerras (Fage, 1959, p.94). Os enfrentamentos bélicos encontravam motivações no interior das próprias estruturas econômicas e sociais vigentes em cada região, cujos elementos de conflito eram suficientemente fortes para suprir, desde a Antiguidade, e em particular desde a expansão islâmica, a demanda mediterrânica por escravos (Austen, 1979; Snowden, 1976).

Com exceção do reino de Benin e do império Jolof, grande parte da costa da África Ocidental estava ocupada por pescadores e comunidades agrícolas que desconheciam a autoridade estatal. Mais para

---

10 É o que descrevia Duarte Pacheco Pereira, no início do século XVI, acerca do tráfico português em Arguim: "E os alagarves e azenegues trazem a Arguim ouro que ali vem resgatar, e escravos negros de Jalofo e de Mandinga, e couros de anta para adagas, e goma arábica e outras cousas: e de Arguim levam panos vermelhos e azuis, de baixo preço, e lenços grossos e bordates, e mantas de pouca valia que fazem em Alentejo, e outras cousas de esta calidade" (Pereira, 1952, p.76).

leste existiam inúmeros pequenos Estados em processo de formação, cuja origem geralmente se vinculava ao desenvolvimento do comércio do ouro e de outros bens com os grandes impérios, já seculares, da savana interior (Fage, 1977, p.492-495; Lovejoy; Hogendorn, 1979, p.222; Dickson, 1969, p.57). Muitas comunidades se localizavam ao redor de rios e lagos, especialmente por serem essas as zonas mais propícias ao cultivo de plantas tradicionais e tubérculos. As áreas de transição ecológica entre a savana e o círculo da floresta equatorial também eram altamente povoadas, em virtude de multiplicarem as possibilidades de exploração associada da caça e da agricultura.

Ora, ou as guerras que produziam escravos ocorriam entre comunidades sem nenhum tipo de controle estatal, por causa, por exemplo, do rapto de mulheres, de disputas por um determinado território etc., ou se davam entre Estados já constituídos e/ou em formação. Os conflitos entre Estados já consolidados e as guerras de expansão (que no contexto pré-colonial significavam sobretudo a incorporação de povos tributários) supriam o fundamental da demanda americana. Um exemplo desta situação é dado por Curtin (1969, p.96-105), ao constatar que 80% dos escravos importados pela América espanhola no segundo quarto do século XVI eram originários da Alta Guiné, sendo os de etnia Wolof os mais numerosos. Tal fato esteve estreitamente vinculado à conjuntura específica vivida pelo império Jolof (que dominava uma ampla área desde o Rio Senegal até o Rio Gâmbia), que se desintegrava em vários pequenos reinos. Das guerras daí advindas surgiam numerosos prisioneiros, logo vendidos aos traficantes da costa.

A produção e a venda de escravos – que também ocorriam mediante a tributação em homens sobre os vencidos – possuíam aspectos decisivos para as sociedades da África Ocidental. Muitos cativos se destinavam ao consumo dos próprios africanos, com o que, dependendo da região, se instaurava ou simplesmente se acentuava a existência de relações escravistas. Era esse o movimento que ligava o tráfico atlântico ao tráfico interno africano, o que tem levado alguns autores a admitirem que a viabilização do primeiro não pode ser entendida sem a existência do segundo (Klein; Lovejoy, 1979, p.181; Lovejoy, 1983).[11] Por outro lado, o padrão de consumo nativo era especialmente importante, já que a venda de escravos permitia aos africanos o acesso a manufaturados europeus e americanos, em particular a pólvora e armas de fogo, além de cavalos, meios de guerra por excelência (Pereira, 1952, p.89ss; Martin, 1948, p.3).

Os cavalos – cuja eficácia militar era muito relativa nas florestas e em regiões de alta pluviosidade – chegaram a se constituir nos principais móveis das transações entre europeus e africanos na época inicial do tráfico. De qualquer modo, o fornecimento de armas era condição *sine qua non* para que as elites nativas permitissem o estabelecimento de comerciantes europeus e americanos em muitos dos portos e cidades africanas (Davidson, 1961, p.55; Richards, 1980; Smith, 1976). Por outro lado, em muitas áreas litorâneas o abastecimento dos negreiros instaurou um importante mercado para a produção mercantil africana, semelhante aos que se localizavam nos grandes centros urbanos da savana interior e da Baixa Guiné (Davidson, 1961, p.96).

Os traficantes europeus demandavam escravos – e, algumas vezes, alimentos –, podendo em troca oferecer instrumentos de guerra e outras mercadorias. Por sua vez, os grupos dominantes africanos viam no tráfico um instrumento por meio do qual podiam fortalecer seu poder, incorporando povos tributários e escravos. A venda destes últimos no litoral lhes permitia o acesso a diversos tipos de mercadorias e material bélico. Desse modo, aumentava a sua capacidade de produzir escravos e, por conseguinte, de controlar os bens envolvidos no escambo. Estava criado um circuito fechado em si mesmo, cuja velocidade de rotação dependia das oscilações da demanda americana (Hopkins, 1973, p.104-106; Alagoa, 1971).

Comparada aos séculos posteriores, a demanda americana por escravos foi pequena no século XVI. Daí que as consequências do tráfico para as sociedades africanas, ainda que profundas em certas áreas, não foram suficientes para transformar as estruturas econô-

---

11 Gray (1977, p.7) afirma que durante os séculos XVII e XVIII o tráfico interno era mais importante que o externo.

micas e sociais até então vigentes. Ainda que nas áreas mais afetadas se instaurasse e/ou se impulsionasse a tendência para a formação de Estados, isso somente assumirá traços definitivos a partir do século XVII e, em particular, da centúria seguinte (Fage, 1977, p.480). Antes, a incipiência relativa dos Estados litorâneos não lhes permitiu levar a cabo guerras em larga escala (pelo que as razias realizadas no litoral e no interior ainda eram importantes meios de captura), nem a criação de aparelhos mercantis próprios para monopolizar a comercialização inicial dos cativos. Por isso, exceto no caso de Benin e de alguns dos pequenos reinos da costa, boa parte do comércio de escravos continuava em mãos de antigos mercadores negros isla-mizados, que desde muito atuavam no Oeste africano, servindo de ligação, por meio de caravanas escravistas que atravessavam o Saara, entre a savana interior e o Mediterrâneo (Fage, 1977, p.469ss; Klein; Lovejoy, 1979, p.218; Dickson, 1969, p.42).

Com o advento do século XVII, sobretudo a partir de sua segunda metade – quando se desenvolveram os complexos açucareiros da Bahia e do Caribe –, as tendências que antes se haviam instaurado começaram a adquirir contornos definitivos. A Alta Guiné, por apresentar baixas taxas de densidade demográfica, logo perdeu a posição de principal provedora de escravos para a América, sendo seu lugar imediatamente ocupado pela Baixa Guiné (Costa do Ouro e, depois, pelas baías de Benin e Biafra) e pela região congo-angolana (Lovejoy; Hogendorn, 1979, p.232; Barker, 1978, p.11). Aí, as guerras entre os pequenos reinos passaram a ser uma constante. A multiplicação da demanda americana fez que se tornasse necessário trazer escravos da savana interior, das imensas paisagens próximas do Lago Chade, o que em alguns casos fortaleceu os Estados intermediários entre essa região e o litoral ou, em outros, contribuiu para a hegemonia dos comerciantes islamizados autônomos.

Não é por acaso que os séculos XVII e XVIII tenham representado o apogeu dos grandes Estados interioranos da Baixa Guiné (Daomé, Oyo, Ardra, Ashante, dentre outros), os quais, por meio do controle das rotas que do interior alcançavam a costa, dominaram o fluxo de cativos para a América. Dois eram os mecanismos desse controle, complementares e simultâneos. Em primeiro lugar havia a conquista de reinos costeiros pelos Estados interioranos, o que permitiu a estes dominar o fluxo de homens ao sul da África Ocidental.[12]

O segundo mecanismo surgiu a partir do fortalecimento de muitos desses Estados interioranos, que desenvolveram meios próprios de comercialização. Pelo menos na Baixa Guiné, tal fato significou o deslocamento parcial ou total da ação dos tradicionais mercadores privados islamizados (Adamu, 1979, p.163-180). Porém, embora essa fosse a tendência, houve casos em que a comercialização privada e a estatal se desenvolveram conjuntamente, associando as elites ligadas ao Estado e os mercadores de diversas origens. É o que se observa para a área hoje em dia ocupada por Serra Leoa, Guiné-Bissau e Guiné-Conacri. Ali, os *lançados* ou *tangomãos* – mestiços de negros com portugueses, ou ainda portugueses totalmente africanizados – dividiam com os mercadores negros islamizados, designados por *juula, diula* ou *wangara*, o grosso da comercialização dos cativos que vinham do interior, ambos, naturalmente, associados a autoridades locais (Curtin et al., 1978, p.231-232; Lovejoy; Hogendorn, 1979, p.219ss).

---

12 É o que mostra Norris (1968, p.11), um traficante inglês que, escrevendo em fins do século XVIII, analisava as motivações que levaram os daomeanos a invadir o porto de Whydah. Segundo ele, os sobreviventes das guerras que então se travaram atribuíam o empreendimento a Trudo, rei do Daomé, *"[...] solely to the desire of extending his dominious and of enjoying at the first hand those commodities which had been used to purchase of whydasians, who were in possession of the coast. Trudo had solicited permission from the king of Whydah to enjoy a free commercial passage through his country to the sea side, on condition of paying the usual customs upon slave exported; and in consequence of this refusal, Trudo determined to obtain his purpose by force of arms: he succeded in the attempt, and extermined a great part of the inhabitants"*. [unicamente pelo desejo de estender seus domínios e aproveitar em primeira mão essas mercadorias que foram usadas para comprar do whydasians, que estavam no domínio da costa. Trudo solicitou permissão ao rei de Whydah para aproveitar uma passagem comercial livre através de seu país até o mar, com a condição de pagar o montante usual por escravo exportado; e, como consequência da sua recusa, Trudo determinou que se obtenha o seu propósito pela força das armas: ele teve sucesso na sua tentativa, e exterminou grande parte dos habitantes.]

Um novo incremento da economia americana, agora no século XVIII, teve por consequências tanto a intensificação da competição entre traficantes de diversas nações na costa quanto a maior interiorização das fontes de produção de escravos. A partir da segunda metade desse século, o atendimento da demanda de além-mar esteve intimamente relacionado com os primeiros ensaios da *jihad* (guerra santa) islâmica, levada a cabo por Estados interioranos contra os pagãos. A guerra era comandada por autoridades e aristocracias militares regionais, fortalecidas pelo comércio com o Mediterrâneo e o Atlântico, especialmente contra comunidades mais débeis, o que não excluía os embates entre Estados já fortemente assentados. Nesse último caso, apesar de estar proibida a escravização de muçulmanos por muçulmanos, ela era comum. Os sequestros, menos usuais, eram realizados por pequenos grupos armados, que atacavam cultivadores ou pessoas em trânsito. Tratava-se de uma atividade duramente castigada pelas autoridades estatais, o que restringia a atuação dos sequestradores principalmente à área de fronteira entre os reinos e às fechadas rotas florestais (Adamu, 1979).

Nessas amplas zonas da savana interior, a repartição dos prisioneiros deveria se processar, em teoria, de acordo com a lei islâmica: um quinto para o rei ou chefe territorial local, e o restante para os participantes da campanha militar. Na prática, porém, a divisão variava bastante. Por exemplo, no caso de Bornu, os sultões guerreiros se especializaram em promover pilhagens ao sul do Lago Chade, apropriando-se da metade do botim e distribuindo a outra parte entre seus soldados e aliados. Advirta-se também que as agressões geravam contra-ataques, como no caso do mais sério inimigo de Bornu, a confederação Jukun, que promovia constantes *raids* escravistas contra as cidades de Katsina e Kano (Curtin et al., 1978, p.231-232; Oliver; Fage, 1965, p.39-46; Lovejoy, 1983; Cissoko, 1975, p.103-108).

Os escravos eram empregados nas plantações, no exército e mesmo na administração, sendo boa parte deles vendida a mercadores, que se encarregavam de levá-los ao Mediterrâneo ou ao litoral atlântico. O trabalho de Mahadi Adamu (1979) mostra as formas como esses cativos se deslocavam da savana interior até o litoral da Baixa

Guiné. Eram elas: a. como carregadores de mercadorias, o que indica que o fluxo de homens não era o único a ligar o interior e a costa; b. através de entrepostos estabelecidos em importantes rotas; c. por meio de particulares, que através de sucessivas revendas os faziam chegar aos portos da Baixa Guiné. Os dois primeiros mecanismos parecem ter sido os mais comuns, sendo realizados por mercadores que adquiriam os cativos mediante trocas por mercadorias provenientes do Atlântico.

A partir de 1750, três grandes rotas se destacavam entre as que levavam à costa. A primeira ligava a savana interior até o Rio Gonja e dali até a Costa do Ouro. A segunda, rota terrestre por definição, passava pelos reinos de Oyo e Nupe (onde os mercadores eram obrigados a pagar pesadas taxas), daí deslocando-se até as baías de Benin e de Biafra. Por último, havia a rota fluvial que, baixando o Rio Níger, alcançava seu delta, de onde os escravos eram transladados aos portos de Lagos (Onin, na época) e Badagri. Em qualquer dos caminhos, os escravos passavam por importantes cidades comerciais, das quais Idah, Rabbah, Oyo e Abomey eram as mais importantes em fins do século XVIII. Ao final, os cativos chegavam à costa, onde eram intercambiados por armas de fogo e outros manufaturados, além de bebidas e tabaco (Adamu, 1979, p.173). Ressalte-se que todas essas rotas alimentavam a demanda caribenha, mas a que terminava em Benin e Biafra era especialmente importante para o atendimento da demanda da Bahia (Verger, 1987).

Buscando agora uma síntese em termos não de rotas, mas de grandes redes escravistas, observa-se que, por volta de fins do século XVIII e inícios do seguinte, a África Ocidental podia ser dividida em quatro grandes regiões, de acordo com sua integração política ao tráfico atlântico. Havia, de início, a rede que abarcava toda a savana no sentido leste/oeste, até a Senegâmbia. Aí, os blocos que, mediante alianças com os traficantes europeus e americanos, viabilizavam o tráfico, conheciam a hegemonia dos grandes mercadores islamizados. Mais ao sul situavam-se as redes que, apesar de contarem com a participação, em algumas áreas, desses mercadores privados, se caracterizavam pela forte presença do Estado nos mecanismos de comercialização dos cativos. Havia, por fim, a que do interior se estendia até a Costa do Ouro e Baía de Benin; a área entre o Vale do Benue e a Baía de Biafra; e a que, partindo do interior, se estendia da atual Costa do Marfim até a área da Guiné (Lovejoy; Hogendorn, 1979; Lovejoy, 1983).

Entre 1650 e 1850, por essas redes passaram cerca de 5 milhões de cativos, a maior parte vendida na Costa do Ouro e na Baía de Benin. A Baía de Biafra, por seu turno, se incorporou tardiamente ao tráfico, em particular mediante a intensificação da presença de traficantes independentes que tentavam escapar do monopólio imposto pela Inglaterra e Holanda, ou mesmo por aqueles que buscavam fugir das altas taxas cobradas pelos Estados africanos interioranos e costeiros de outras zonas. Com relação à área que se estende da Costa do Marfim até a Guiné, sabe-se que dali se exportou cerca de 1 milhão de escravos, o que não significa que não tenham existido períodos de maciças exportações.

Passando agora para a África Central Atlântica, vê-se que a etapa inicial de sua inserção no circuito atlântico de homens apresentava os mesmos traços já detectados para a África Ocidental. De 1480 a 1570, o comércio negreiro português teve por base a forte presença da Coroa que, buscando exercitar seu monopólio, manteve alianças cada vez mais sólidas com as frações dominantes do reino do Congo. Prova disso pode ser buscada na ajuda prestada aos exércitos congoleses que partiram para a conquista de Soyo (1491), no litoral norte, com o objetivo último de controlar as vias paralelas que por ali faziam escoar cativos vindos do interior. Sabe-se que naquela época, nos portos, os escravos eram comprados majoritariamente de autoridades ou pequenos comerciantes nativos, mas já se percebia os esforços de se encontrar metais preciosos, objetivo que de certo modo centralizou as atenções portuguesas até inícios do século XVII. Tanto é assim que, dos 143.500 escravos que as revisões dos números de Curtin apontam terem desembarcado na América durante o século XVI, menos de 20% poderiam ser originários da África Central Atlântica, cabendo à África Ocidental o restante (Curtin, 1969, p.101, 116 e 268; Lovejoy, 1982).

Embora muitos dos negros vendidos aos portugueses fossem membros da própria sociedade congolesa (como os transgressores do direito consuetudinário, endividados, feiticeiros e até escravos domésticos), o grosso da oferta era mantido por meio de *raids* realizados pelo Congo, sobretudo em suas fronteiras. As guerras, como a já referida com o reino de Soyo, também contribuíam substancialmente para a produção de cativos, além de serem mecanismos de expansão e conquista de povos tributários. Por exemplo, entre 1510 e 1520 já se tinha notícias de prisioneiros Kimbundu, do Sul do Congo, sendo vendidos na capital. Sabe-se ainda que muitos traficantes portugueses atuavam na região de Mpumbu, no Nordeste do país, sendo por isso logo chamados de *pumbeiros* todos aqueles que, negros, mulatos ou brancos, se dedicassem ao tráfico de homens (Birmingham, 1977a, p.550).

Esse último aspecto mostra que, apesar de, em teoria, todo o tráfico para o Atlântico estar sob controle da burocracia estatal congolesa, essa diretriz não impediu a atuação no país de inúmeros traficantes portugueses. Ao lado destes atuavam os traficantes africanos independentes, que operavam sobretudo nas áreas interioranas. Por causa de seu enriquecimento, essas duas frações, especialmente os traficantes africanos, já ocupavam, em meados do século XVI, uma destacada posição na hierarquia social do Congo, a qual, em grande medida em função do tráfico, se via cada vez mais cristalizada (Birmingham, 1977a, p.544-548).

Tampouco era possível evitar o apresamento de inúmeros súditos do *Manicongo*. Isso, aliado à lucratividade revelada pelo comércio negreiro, fez os níveis internos de tensão social crescerem constantemente, pelo que o século XVI testemunhou a eclosão de sucessivas revoltas de aldeias congolesas vítimas de razias. Viam-se também importantes cisões políticas, com os governadores provinciais, especialmente os do litoral, buscando estabelecer linhas próprias de comércio com os portugueses. O caráter eletivo da sucessão ao trono, por sua vez, em nada contribuía para a diminuição dessas tensões. Ao contrário, a possibilidade de disputar o poder alimentava os conflitos entre frações dominantes regionais (Birmingham, 1977a, p.551-553).

Durante a década de 1560, a invasão dos jagas, imbangalas nômades que provinham do Leste, acelerou a decadência do Congo. Daí por diante intensificaram-se as interferências lusas nos assuntos internos do reino, cujos objetivos eram os mesmos das intervenções dos governos e traficantes europeus que atuavam na África Ocidental: a manipulação dos poderes constituídos nativos, buscando aumentar os lucros do tráfico e a oferta de cativos. Depois de, com um exército de seiscentos homens, ajudar a expulsar os jagas e restaurar o trono de Álvaro I, a Coroa portuguesa trabalhou ativamente para o reconhecimento de um novo bloco no poder, agora plenamente consolidado, qual seja, o dos comerciantes, traficantes e aventureiros, a cargo de quem estava o controle real do tráfico no interior do Congo. Por intermédio de seus agentes (os *aviados* ou *funantes*), eles chegavam a operar em mercados de escravos a mais de 160 quilômetros da costa (Birmingham, 1977a, p.551-553).

Sabe-se que, durante o último quarto do século, esboçaram-se intentos de minorar a dependência do comércio congolês de escravos para com o monopólio de fato exercido pelos portugueses na costa. A relativa estabilidade política alcançada por volta de 1570 ocorreu ao lado de uma progressiva tentativa de diversificar as relações entre o reino e a Europa, inicialmente com o Papado e, no início do século XVII, com os holandeses, a quem as elites congolesas apoiaram quando da invasão de Luanda. Porém, esses intentos foram infrutíferos, pois a escravidão interna se expandia velozmente, a tal ponto que em muitas regiões a produção de escravos voltava-se cada vez mais para o mercado interno, criando sérios conflitos com as frações africanas mais envolvidas com as exportações pelo Atlântico. Na área de São Salvador, por exemplo, a aristocracia congolesa estava muito mais interessada em incorporar novos cativos à agricultura do que em exportá-los; enquanto isso, os nobres e guerreiros de Soyo continuavam a pugnar pelo incremento dos níveis de comércio com os europeus, ensejando a eclosão, em 1660, de uma devastadora guerra civil. Essas cisões, verdadeiramente cíclicas, colaboravam para acentuar a decadência do Congo no circuito atlântico de homens (Lovejoy, 1983, p.74).[13]

Mas foi o início das chamadas Guerras Angolanas (1575-1683), ao sul do reino, o marco central da queda congolesa no cenário do tráfico.

---

13 A análise que se segue está baseada em Birmingham (1965; 1966).

Com sua eclosão, o Congo e seu porto de Mpinda foram suplantados pela maior oferta de escravos drenada através das rotas do sul, cujo principal ponto de escoamento no Atlântico era o porto de Luanda. Essas guerras tinham ainda outro significado, pois singularizavam uma parte da África Central Atlântica como a única fonte de braços para a América a conhecer o controle direto, ainda que parcial, por um país europeu antes da segunda metade do século XIX.

Em Angola, o Estado colonial português não foi capaz de levar adiante o projeto de colonização pragmática colocado em prática com êxito do outro lado do Atlântico. Afirma-se que isso ocorreu porque o Estado lusitano, atendendo ao "sentido" da colonização mercantilista, se esforçou para criar ali uma economia complementar à brasileira, desestimulando qualquer atividade que pudesse concorrer com a agroindústria exportadora do Brasil. Tal complementaridade só poderia traduzir-se em uma estrutura voltada essencialmente para a exportação de escravos. E mais: dominando, mediante o controle do tráfico, polos que se interligavam organicamente (a esfera exportadora de escravos e a esfera consumidora dos mesmos), o Estado português lograria transformar o comércio negreiro num utilíssimo instrumento de controle colonial (Alencastro, 1985-1986).

Todavia, prescrições no sentido de montar uma estrutura agroexportadora semelhante à brasileira constavam das instruções dadas ao primeiro grande donatário de Angola (Birmingham, 1977a, p.554). Por outro lado, o controle português sobre Angola só poderia traduzir-se em um direcionamento do porte requerido pela tese anteriormente mencionada se realmente fosse efetivo. Um estudo mais aprofundado da ocupação lusa, entretanto, mostra que ela era frágil, limitando-se, até o século XIX, a bolsões do litoral e do *hinterland*. Acrescente-se que mesmo aí a autoridade da Coroa era ciclicamente contestada por parte dos nativos, e até mesmo pelos poucos milhares de reinóis – burocratas, militares e famílias de colonos –, estabelecidos permanentemente ou não, além de competidores como os traficantes ingleses, holandeses e franceses (Heintz, 1984). Por fim, há indicações de que, na medida em que aumentavam as exportações angolanas, mais e mais estas passavam a girar ao redor dos interesses dos plantadores e comerciantes estabelecidos no Brasil – inclusive em termos de financiamento para operacionalização do tráfico. Ensaiava-se uma situação inusitada para os parâmetros originais do sistema colonial, pois a colônia brasileira transformava-se, na prática, na grande intermediária entre Portugal e Angola. Ensaio, reafirmo, já que essa situação assumiria contornos mais nítidos somente a partir do século XVIII (Birmingham, 1977b; Boxer, 1973, p.188 e 267-269).

Na verdade, o aumento vertiginoso da demanda do Brasil e da América espanhola esteve na base da ocupação portuguesa, reorientando inclusive os planos iniciais da Coroa. Dos cerca de 30 mil escravos desembarcados na América, provenientes da África Central Atlântica no século XVI, passou-se, possivelmente, para algo em torno de 500 mil a 700 mil entre 1601 e 1700 (Curtin, 1969, p.119; Lovejoy, 1982, p.479). Em resposta a essa demanda, forjou-se em Angola um ensaio colonial ímpar, já que a ocupação esteve apoiada em um aparato burocrático e comercial, cujo fim último passou a ser o de controlar as rotas de exportação de força de trabalho para alimentar a economia de além-mar. Com tal objetivo, a presença colonial portuguesa assumiu traços de intervenção direta na vida política e militar local, ora visando deter o controle de determinada rota, porto ou ponto terminal do comércio negreiro, ora procurando baixar as taxas cobradas pelos comerciantes nativos. Em menor escala, mas de maneira mais constante no século XVII do que em qualquer outra época ou região, a conquista portuguesa buscou a propagação de ações armadas de captura no litoral e no interior (Lovejoy, 1983, p.53).

O reino do Ndongo transformou-se no palco maior dessa nova estratégia, após haver-se consolidado como área de tráfico graças aos recursos acumulados com o comércio de escravos para a Ilha de São Tomé durante os três primeiros quartos do século XVI. Desde essa época os traficantes portugueses que ali se estabeleceram logravam fugir ao controle do Estado lusitano, não estando, portanto, sujeitos a vender grande parte de sua mercadoria viva em regime de monopólio. Por outro lado, a ausência de taxações impostas por Lisboa permitia aos traficantes nativos obterem preços maiores por seus escravos. Os ataques iniciais dos portugueses procuravam reverter essa situação, que significava, em última instância, perda de rendas. O rei do Ndongo (*Ngola*, daí o nome Angola, assumido pela região a partir da conquista) via com insatisfação a tentativa de introduzir relações comerciais lesivas aos traficantes nativos, o que abriu caminho para o início das hostilidades permanentes (Birmingham, 1965; Pantoja, 1987).

Em muitas ocasiões aliados aos imbangalas, que fustigavam o Ndongo pelo Leste buscando eliminar sua intermediação no comércio escravista com o Atlântico, os avanços portugueses sempre produziam escravos. Nas aldeias derrotadas, os chefes de linhagens (*sobas*) iam sendo incorporados ao âmbito da autoridade de um senhor europeu – colono, soldado ou funcionário –, que requisitava tributos em trabalho e homens. Com o passar do tempo, tentou-se substituir esse sistema pela relação direta entre o Estado e os nativos derrotados. Mas, mesmo assim, a guerra beneficiava particularmente os governadores de Angola, alguns dos quais possuíam vultosos investimentos no Brasil. A cada expedição, um quinto dos apresados ia parar nas mãos da Coroa, redistribuindo-se o restante entre a autoridade governamental maior e a soldadesca (Birmingham, 1965, p.25-26).

Ainda que de imediato as guerras gerassem uma maior oferta de escravos, a médio e longo prazo elas acabavam por desestruturar as redes mercantis nativas que vinham do interior, sobre as quais repousava o grosso do abastecimento dos portos atlânticos. As sucessivas críticas de Lisboa à violência de alguns governadores baseavam-se na convicção de que seria impossível a Portugal manter uma oferta crescente sem a cooperação de parceiros nativos. Isso era ainda mais urgente, pois os holandeses, depois de expulsos de Luanda, continuaram a comerciar pacificamente na costa de Loango, ponto terminal das rotas que partiam das áreas interioranas de Teke e Mpumbu. Daí terem os lusos tentado fazer com o Ndongo, derrotado e reduzido a um exíguo território, o mesmo que antes fora realizado no Congo, ou seja, a imposição de monarcas dóceis e organicamente ligados aos interesses do tráfico (Birmingham, 1965, p.29-30).

A partir da década de 1630, os portugueses dos portos do Atlântico passaram a ser supridos pelos intermediários de Matamba e

Kasanje, que por sua vez obtinham escravos nos reinos mais orientais, em especial Luba, Lunda, Kazembe e Lozi. Apesar de sempre procurar tirar o maior proveito possível das rivalidades entre os Estados nativos, somente depois de 1683 (data da última grande guerra entre os conquistadores brancos e Matamba) é que os portugueses deixaram de insistir em manter contato direto com as fontes produtoras do interior. As guerras de produção de escravos passaram, então, à órbita exclusiva dos africanos (Birmingham, 1965, p.30-41).

Com a passagem para o século XVIII teve início a fase áurea do tráfico pela África Central Atlântica, especialmente no período 1760-1830, quando, legitimando uma situação de fato, a Coroa abriu mão de seu monopólio e permitiu o livre acesso de todos os nacionais a tal comércio (Miller, 1979, p.77-79). Entre 1701 e 1800 se exportaram mais de 2 milhões de cativos para as Américas. Trata-se de uma cifra bem inferior aos cerca de 3,5 milhões de escravos exportados pela África Ocidental no mesmo período, mas que representa um volume de três a quatro vezes maior do que as exportações da própria África Central Atlântica nos cem anos anteriores (Lovejoy, 1982, p.435; 1983, p.123-128).

Quase a totalidade dessa escravaria se produzia no amplo contexto da competição cada vez mais interiorana entre africanos, a qual, já o ressaltei, se traduzia em constantes enfrentamentos bélicos. Daí que o período inaugurado com o século XVIII fosse a época dos "senhores da guerra" nativos, nas palavras de Lovejoy (1983, p.74), que passaram a dominar por completo a produção maciça de escravos. Não obstante, para além da instituição que criava e/ou exacerbava as contradições internas africanas, a oferta de escravos se beneficiava de especificidades ecológicas, cujos reflexos sociais e econômicos eram contundentes. De fato, desde tempos imemoriais, as relações entre os vários povos da região estiveram baseadas em um equilíbrio bastante precário. Em face desse dado, qualquer fator desestabilizador (secas, pestes e mesmo a ação de traficantes) detonava uma intensa competição por recursos, que se traduzia em conflitos armados. A combinação milenar entre poucos e localizados espaços capazes de sustentar continuamente as populações humanas, por um lado, e as recorrentes secas que explodiam de sete em sete anos, por outro, transformaram a área bantu do Atlântico em cenário ideal para a produção de cativos (Miller, 1982; 1983, p.118-121). O ciclo recorrente de secas e a indução exterior criavam, ou, dependendo da região, simplesmente tornavam mais contundentes os enfrentamentos entre Estados, etnias, classes sociais e grupos domésticos, e com eles se aumentava a oferta de escravos (Lovejoy, 1983, p.75-76 e 122-123; Meillassoux, 1982).

Pode-se argumentar que, não sendo tão profunda a tradição estatal nas áreas bantu quanto na África Ocidental, ali o tráfico se veria comprometido desde seu início. Afinal, em um negócio onde a violência desempenhava o papel de fundadora da mercadoria humana, o Estado, por meio de seu aparato militar, transformara-se em precondição para a existência de uma oferta elástica como a requerida pelas minas e agricultura brasileiras a partir do século XVIII. É possível que nos primórdios do comércio atlântico tal fato houvesse contribuído em muito para que o tráfico na zona bantu assumisse feições mais predatórias do que no Oeste africano. De qualquer modo, como sugere Birmingham, tais feições estiveram vinculadas ao parco desenvolvimento dos circuitos comerciais antes de 1500 e à fraca densidade populacional da área (Birmingham, 1977a, p.519-521). Mas, com o aumento da demanda, tal como na África Ocidental, os Estados bantu tenderam a se afirmar como instâncias de poder acima das linhagens – ainda que delas dependentes (Lovejoy, 1983; Miller, 1987). Sua fragilidade, real, advinha menos da existência de eficazes mecanismos de coerção do que da instabilidade dos blocos no poder, que rapidamente se sucediam.

Buscando contrabalançar especialmente a debilidade demográfica, o aumento da demanda intensificou a produção de escravos sobretudo nos primeiros 1.200 quilômetros da costa até a savana, nas densas florestas e mesmo na região dos lagos. Nesta última, área altamente povoada, a produção de escravos era tão maciça que chegou a suprir tanto os portos do Atlântico como os do Índico (Lovejoy, 1983, p.76). Aprimoraram-se rapidamente as redes de distribuição, seja por meio da ação de caravanas nativas ligadas a linhagens hegemônicas locais, seja ainda através da criação, pelos portugueses, de mercados regionais (as *feiras*) continuamente percorridos por mercadores africanos e luso--africanos. Não foi por acaso, portanto, que esses dois séculos, XVIII e XIX, tenham representado o apogeu dos mestiços (principal fração traficante nativa no âmbito da dominação lusa) e, mais para o interior, dos guerreiros e dos Estados militarizados (Miller, 1983, p.133ss). Em Kasanje e Matamba, por exemplo, consolidou-se a permanência dos guerreiros e mercadores ligados ao Estado, o que indica a participação desses reinos não apenas na comercialização, como ainda na própria produção de escravos em suas zonas fronteiriças (Lovejoy, 1983, p.76). Em resumo, sem deixar de contar com os ciclos ecológicos favoráveis, a produção de homens assumia uma natureza econômica que cada vez mais se justificava por si mesma. O tráfico emergia como o mais eficiente mecanismo de acumulação de homens e recursos, acentuando e/ou cristalizando a diferenciação social.

Tudo indica que, sob os efeitos do tráfico, a escravidão tendeu a crescer e assumir formas cada vez mais mercantis, em detrimento do escravismo doméstico tradicional. Mesmo assim, esse tipo de relação não parece ter adquirido na zona bantu a mesma importância que assumia na África Ocidental (Lovejoy, 1983, p.122-123). É certo, porém, que os escravos eram numerosos, em particular nas áreas próximas das longas rotas que ligavam o interior à costa. No Congo, a população cativa chegou a representar cerca de 50% do total. Ali, o campesinato livre se submetia ao forte uso do escravismo pelo Estado, e os membros dos grupos domésticos podiam transformar-se em cativos por faltar com impostos e taxas, ou ainda por transgredir as normas tradicionais. No Ndongo, a classe dos escravos (*quisicos*) representava a base do poder real e dos chefes das linhagens mais poderosas. Em Soyo, a escravidão era uma forma de exploração tão importante quanto as taxações sobre o campesinato, o mesmo ocorrendo (com maior intensidade) nas terras Kimbundu do sul, nos Estados de Kasanje e Matamba, e nos reinos Luba e Lunda (Lovejoy, 1983, p.75-76; Heintz, 1984, p.12; Oliver; Atmore, 1981, p.138-143).

O século XVIII assistiu também à entrada de novos competidores europeus na costa de Loango – os ingleses e os franceses –, cujas compras no final da centúria já se igualavam às do tráfico para o Brasil. Ao mesmo tempo, Benguela afirmava-se cada vez mais como porto exportador do porte de Luanda, por causa da abertura de rotas que atingiam as terras Ovimbundu do Planalto de Bihé. Esses dois fatores ajudaram a conformar uma divisão espacial do tráfico que, por volta de 1790, se pautava na existência de três grandes eixos de comércio escravista. O primeiro, ao norte, configurava o eixo franco-anglo-holandês; o segundo, com ponto terminal em Luanda, e o terceiro, que desembocava em Benguela, permaneciam sob influência lusitana. Cada um deles drenava cerca de um terço das exportações (Birmingham, 1965, p.43-45; Martin, 1970). Em todos eles os manufaturados, em especial as armas e os têxteis, tinham muita importância para o escambo escravista. Revólveres, mosquetes e pólvora eram produtos altamente cotados (duas armas por escravo, em geral), pois com eles a produção de cativos tornava-se mais eficiente. Entretanto, nos portos sob domínio luso, as fazendas e a aguardente brasileira (*giribita*) eram os principais produtos intercambiados por escravos (Birmingham, 1977b, p.348).

A violência que funda e seu duplo papel

A demanda americana por escravos, em particular a brasileira, detonou ou, dependendo da região considerada, simplesmente incentivou o desenvolvimento da produção e circulação inicial dos cativos na África. Ali, sua realização incorporava diversos tipos de elementos interdependentes (econômicos, sociais, políticos e militares), constituindo um contexto de interações sem o qual a demanda americana jamais poderia ser atendida.

A compreensão da dinâmica da oferta africana obrigará a tomar o tráfico atlântico como um mecanismo que, além de reproduzir estruturalmente a força de trabalho na América, também desempenhava um papel estrutural na África. A tal conclusão se chega quando se considera um simples dado: a oferta africana perdurou por mais de 350 anos, sem que, no fundamental, fosse necessário que os traficantes europeus e americanos produzissem diretamente o escravo, ou seja, que o apresassem ou que o exigissem como tributo. Aliás, o exemplo português mostra que, quando se tentou, por meio de guerras, uma maior produção direta dos escravos, desestabilizaram-se as rotas que secularmente alimentavam de braços os portos do Atlântico.

Esse dado, por sua vez, remete à relação entre o comércio negreiro e as contradições internas africanas, fossem estas preexistentes ou não à migração forçada. Daí que a análise da dinâmica interna da oferta passe, necessariamente, por desvendar a natureza estrutural do comércio negreiro na África. Pontualizar esse aspecto implica repensar a articulação entre a economia escravista colonial e as diversas formações africanas envolvidas no tráfico, inserindo estas últimas no quadro geral dos elementos estruturais para a viabilização e permanência da escravidão no Brasil. O tráfico atlântico passa a ser afro-americano por definição, não porque signifique uma migração forçada de africanos para a América, mas sim e principalmente porque desempenha funções estruturais nos dois continentes.

Viu-se ter sido a guerra o principal mecanismo de transformação do homem em cativo. Ela redundava na expansão territorial dos vencedores, o que, nas condições específicas da África pré-colonial, significava a incorporação de povos tributários. O grande peso dos instrumentos bélicos entre os bens que compunham o escambo costeiro, por seu turno, incrementava ainda mais as guerras e, por conseguinte, a capacidade de produção de escravos. Configurava-se um mecanismo retroalimentador, onde o ritmo da rotação era caudatário dos níveis da demanda americana. Para além dessa *causa causans*, a viabilização de uma produção maciça e continuamente renovável de escravos estava organicamente vinculada não somente à existência de relações desiguais de poder entre os próprios africanos, mas sobretudo ao fortalecimento do Estado, único meio produtor de cativos em grande escala. Não causa surpresa, portanto, que durante o auge do tráfico a maior parte das sociedades africanas sem Estado estivessem situadas fora dos principais eixos do comércio negreiro (Gray, 1977, p.7; Polanyi, 1968). Eis aqui o primeiro papel estrutural do tráfico atlântico na África: à aquisição de bens no litoral correspondia o fortalecimento político e econômico dos grupos dominantes nativos. Acentuava-se a diferenciação social entre as classes e frações de classes, entre as etnias, Estados e mesmo no interior da comunidade doméstica (Miller, 1987).

A segunda dimensão estrutural do tráfico na África, de certo modo ligada à primeira, refere-se à utilização, dentro do próprio continente africano, de parte cada vez maior dos escravos produzidos pela guerra. Também aqui não é gratuito que as pesquisas mais recentes apontem para uma enorme incidência de relações escravistas entre os grandes Estados pré-coloniais. Mas, ressalte-se, não se tratava apenas de incrementar o número de escravos, mas também de modificar a própria natureza do cativeiro preexistente, que perdia sua feição tradicionalmente doméstica para tornar-se uma escravidão cada vez mais mercantil.[14]

Todavia, há que distinguir a produção enquanto sinônimo da violência fundadora da condição de cativo daquilo que se pode chamar de *produção social* do escravo. Esse movimento permitirá apreender o segredo dos baixos preços do cativo detectado anteriormente. Por produção social do escravo entenda-se a soma dos gastos, em horas/ trabalho, necessários à produção e manutenção do homem desde seu nascimento até o instante em que ele se transformava em escravo. Era seu grupo familiar e, em última instância, sua comunidade quem efetivamente o produzia. Antes da mutação em cativo, o indivíduo era, portanto, o repositório de milhares de horas/trabalho despendidas por toda a comunidade (Meillassoux, 1985). Ora, como a violência representava o meio fundamental por meio do qual o homem era retirado de sua comunidade e escravizado, o custo de sua produção social não era de maneira alguma reposto.

A captura significava a apropriação de trabalho alheio que jamais seria pago. Isso dava margem a que todos os elos de intercâmbio que se processavam desde o interior da África até a empresa escravista americana se caracterizassem pela não equivalência. Era não equi-

---

14 É enorme a diversidade de posições teóricas acerca da natureza das transformações da tradicional escravidão africana sob o impacto do tráfico. Para tentar acompanhar apenas algumas delas, ver Watson (1980); Kopytoff; Miers (1977); Manning (1990); Reis (1987); Rodney (1980); Goody (1980); Martin; Becker (1975); Agiri (1981); Klein; Lovejoy (1979); Lovejoy (1983); Curtin (1975); Azarya (1978); Dieng (1974); Meillassoux (1986) e Miller (1987).

valente em termos de horas/trabalho, por exemplo, o escambo de um escravo por dois ou três mosquetões, por dez ou doze fardos de têxteis, ou ainda por quatro ou cinco barris de aguardente. Como em uma correia de transmissão, essa não equivalência se transportava para as etapas de circulação da mercadoria viva na América, quando a compra do cativo em dinheiro não expressava seu real valor social. A guerra, sinônimo aqui da violência fundadora do escravo, estava, portanto, na base tanto da reprodução escravista na América quanto no cerne da diferenciação social e da expansão do fenômeno estatal na África. Era essa a conjugação que permitia o atendimento permanente e maciço da procura americana por braços. Mas essa mesma violência também determinava não somente os baixos preços do cativo na América – e, por isso mesmo, a própria extensão social da escravidão –, como também condicionava as estratégias de rentabilidade da empresa traficante. É o que se verá adiante.

Parte III

DA LÓGICA DO TRAFICANTE

1

Formas de circulação da mercadoria viva

A partir de agora centrarei minha atenção no tráfico enquanto um *negócio*. Em se tratando de um setor mercantil, é válido indagar acerca das formas específicas assumidas pelo processo de circulação do capital traficante, tanto em sua esfera africana quanto na brasileira. Tal delineamento permitirá detectar não só o núcleo mercantil que efetivamente financiava e, portanto, auferia os maiores lucros da empreitada negreira, como também os mecanismos mediante os quais se exercitava esse controle.

Superada a apreensão das formas de circulação do capital traficante e assinalada a hegemonia do capital traficante do Rio de Janeiro, buscarei localizá-lo no contexto mais amplo do capital comercial daquela praça. Para tanto, nesta parte do trabalho estabelecerei os traços essenciais do perfil estrutural da empresa traficante, indicando inclusive seu comportamento diante das flutuações do mercado de homens, além dos níveis de rentabilidade do negócio. Isso será importante para que se possa demonstrar, no capítulo seguinte, que esse perfil empresarial refletia o próprio enraizamento dos negócios negreiros na sociedade escravista colonial. Será, então, quando tomarei a comunidade traficante do Rio de Janeiro não apenas como empresária, mas também como agente atuante do contexto mais amplo da economia e da sociedade locais.

Na África

Viu-se que a violência que transformava o homem em escravo possuía, para as sociedades africanas, sentidos diversos. Tratava-se de obter mão de obra para utilização interna, com o que a escravidão se somava a diversos tipos de relações de dependência pessoal no interior daquelas sociedades. A maior parte dos cativos, porém, se destinava à troca por mercadorias europeias e americanas que, ao serem inseridas nos tradicionais circuitos africanos de troca, desempenhavam papéis que muito distavam da função quase idílica de meros "bens de prestígio". Uma vez produzido o cativo, a etapa africana de circulação tinha por eixo o duplo fluxo que se estabelecia nos pontos de embarque: o de exportação de escravos do interior para a costa, e o de importação de bens euro-americanos do litoral para as savanas e áreas florestais. Eram circuitos complementares e, por conseguinte, inseparáveis.

Na verdade, esse duplo fluxo pressupunha a existência de uma fração mercantil africana encarregada da troca inicial de escravos por produtos importados, um intercâmbio direto por definição. Essa primeira troca, de uma mercadoria contra outra, não se constituía em uma troca equivalente, pois implicava a apropriação, por parte dos mercadores africanos e das elites apresadoras, de parcela substantiva do sobretrabalho das comunidades nativas. As expedições militares ou de razias, por mais que redundassem em gastos organizativos e de manutenção, eram sempre mais baratas do que o valor (em horas/ trabalho) dos custos sociais necessários para a reprodução pretérita do escravo. De qualquer modo, a violência fundadora de todo o circuito negreiro dissociava estruturalmente o valor mercantil do custo de produção do cativo.[1]

---

1   Nas palavras de Claude Meillassoux: *"La force de travail est produite hors de l'économie qui l'emploie. Elle n'est pas achetée au producteur mais soustraite par une opération de spoliation qui fait de l'esclave un bien dont la valeur marchande est dissociée de son coût de production"* [A força de trabalho é produzida fora da economia que a emprega. Ela não é comprada do produtor mas subtraída por uma operação de espoliação que faz do escravo um bem cujo valor de mercado é dissociado de seu custo de produção] (Meillassoux, 1985, p.86).

Todo o processo ulterior de circulação do cativo girava ao redor da repartição desse valor e, simultaneamente, dos diferenciais entre os preços que se podia obter entre as diversas etapas por que passava a mercadoria humana até o consumo final. Em resumo, o sobretrabalho da comunidade agredida era apropriado pelos monopolizadores da violência e, em parte, transferido para as frações mercantis africanas. Sigamos esse primeiro intercâmbio.[2]

Após semanas ou meses deslocando-se pelas savanas e florestas, as centenas de pequenos traficantes angolanos (*pumbeiros, aviados, funantes* ou *sertanejos*) e seus carregadores, de posse das mercadorias europeias e americanas, se defrontavam com o monopólio de cativos exercido pelas autoridades interioranas. Estas, por sua vez, não estocavam escravos, o que lhes permitia evitar gastos com a manutenção. Esperava-se pela chegada dos sertanejos para se acordar um determinado número de *peças* em troca de mercadorias – que se recebia adiantadamente –, e só então se enviavam agentes em busca de escravos nas áreas fronteiriças. Transferidos para a responsabilidade dos sertanejos, que deveriam mantê-los, pelo menos em parte, os grupos de cativos (*libambos* ou *quibucas*) iam crescendo até atingir o número requerido pelos mercadores dos portos angolanos.

Meses se passavam até que, de posse da mercadoria viva, os sertanejos retornassem às cidades costeiras. Apesar de reter parte dos lucros advindos dessa primeira etapa, o sertanejo era um agente econômico dependente dos comerciantes angolanos e portugueses, enraizados nas comunidades mercantis portuárias. A chave dessa dependência se radicava nos preços cobrados por estes últimos pelas mercadorias que se comercializavam no interior.

Caudatários dos lucros sobre os preços cobrados aos sertanejos, os negociantes urbanos muitas vezes se valiam de alianças com funcionários do Estado colonial para passar a exercer um verdadeiro monopólio. Em determinadas ocasiões, o aumento dos preços daí derivado foi tamanho que chegou a comprometer o próprio processo de exportação de braços. É o que mostra o Autor Anônimo ao ana-

---

2 A reflexão que se segue está baseada em Miller (1979).

lisar as causas da decadência do tráfico angolano durante a década de 1760. Trata-se de um documento importante, menos por oferecer elementos para a compreensão da crise – que, afinal, era momentânea e devia-se à decadência aurífera das Gerais –, do que por elucidar importantes aspectos do funcionamento do tráfico angolano.[3]

Durante a década de 1760, por força legal, para se dirigirem ao interior, os sertanejos deviam requerer licença junto ao governador d. Antônio de Vasconcelos. Ajustado, como estava, com as casas importadoras de Tomé da Silva Coutinho e Manoel da Silva, e com os administradores dos contratos de exportação de cativos – aqueles que gerenciavam a cobrança das taxas sobre as exportações de escravos, cuja exploração a Coroa arrendava a cada seis anos –, o governador condicionava as permissões de partidas a que as mercadorias fossem adquiridas junto aos dois mencionados negociantes. Em geral, aqueles que não se renderam à coação foram presos pelos capitães-mores do interior. Os que anuíram, ao contrário, logo aumentaram os preços de seus bens, que os apresadores interioranos recusaram-se a pagar. Como resultado, estes desviaram o fluxo de cativos para os portos nortistas de Loango, Cabinda e Angoy, onde os traficantes franceses e ingleses ofereciam maiores vantagens. A crise que consecutivamente se abateu sobre o comércio escravista angolano, segundo o mesmo Autor Anônimo, não encontrou solução junto ao sucessor de d. Antônio, d. Francisco Inocêncio de Souza Coutinho, que também buscava privilegiar os mesmos Tomé da Silva Coutinho e Manoel da Silva. Na verdade, a aliança entre traficantes e funcionários, em especial aqueles que ocupavam altos cargos, remontava a épocas pretéritas, e continuou a ser uma constante possivelmente até o fim do tráfico.[4] Mais por ter claro o perigo representado pelo monopólio

---

3 Autor Anônimo. *Instruções em que se Mostra a Formalidade do Comércio do Reyno de Angola e Benguella, e o Quanto Tinha Florescido desde o seu Princípio athé o Ano de 1760 em que Principiou a sua Ruína* [...] (Seção de Manuscritos da Biblioteca Nacional, Lista I, p.4455-4494).

4 Ver Heintz (1984) para casos semelhantes no século XVII. A associação entre funcionários pode ser detectada até mesmo com relação ao contrabando de escravos, como pode ser visto por meio do caso da compra de escravos por tra-

do que por razões de ordem política ou moral, a Coroa portuguesa procurava impedir essa associação, como no artigo 13 das Instruções Reais ao governador de Benguela, de abril de 1796.[5]

Ao adiantar as mercadorias em troca do fornecimento de uma determinada quantidade de *peças*, os comerciantes portuários certamente financiavam parte das atividades dos aviados. Estes, entretanto, arcavam com a parte maior dos custos de manutenção das expedições interioranas (em particular os relativos ao transporte e à alimentação dos escravos), sem contar as fugas e mortes no longo regresso para o porto, cujo prejuízo era muitas vezes assumido somente pelos sertanejos.

Ainda que esse esquema geral de adiantamento/endividamento, típico de um mercado não capitalista, tenha sido predominante durante a etapa de tráfico livre (1760-1830), os sertanejos se beneficiaram de algumas práticas que serviam ao menos para minorar sua dependência em relação aos comerciantes portuários. A principal delas (o *reviro*) consistia na venda dos escravos a outros compradores que não àqueles que haviam adiantado as mercadorias por preços substancialmente maiores. Para o comprador, a vantagem estava no acesso *imediato* a uma quantidade de escravos, sem que para isso fosse necessário correr os riscos implícitos ao financiamento das expedições interioranas. Era, ainda, um meio de reduzir a estadia na costa africana e, desse modo, diminuir despesas de custeio, dinheiro que poderia ser investido na compra de mais escravos. Para os sertanejos, a vantagem estava em poder saldar os débitos com os antigos

---

ficantes franceses em Moçambique, denunciada em 1783 por João Sebastião Roffe na sua *Descripção da Negociação que os Franceses Faziam em Moçambique, Ilha de Ouobo e Querimna, com a Compra de Escravatura* [...] (Seção de Manuscritos da Biblioteca Nacional, 1, 13, 1, 47).

5 Ali a rainha d. Maria reafirmava a liberdade de tráfico para todos os nacionais do reino, "exceptuado o governador, a quem absolutamente proíbo, direto e indireto, reprovando a descoberta dos Banzos praticados clandestinamente por vossos antecessores, pela sua escandalosa ambição [...]". Ver *Regimento Novo dos Governadores de Benguela, Registrado no Livro Primeiro das Patentes, Provimentos e mais Ordens Daquele Governo* (Seção de Manuscritos da Biblioteca Nacional, I-12, 3, 31, número 210).

credores e, eventualmente, organizar expedições mais vantajosas às savanas e florestas do Leste.

Os traficantes angolanos citados eram, em sua maioria, descendentes de portugueses. Tratava-se de um grupo diminuto da já reduzidíssima população "branca" (i.e., culturalmente europeia) dos portos de tráfico. Em Luanda, por exemplo, havia cerca de uma dúzia de grandes traficantes entre os quatrocentos indivíduos (10% da população urbana) recenseados como brancos. Havia em Benguela cerca de quatro grandes firmas traficantes, ligadas a sessenta ou setenta "brancos" de um contingente de 2 mil habitantes (Miller, 1979, p.84-88). Esses poucos homens, com seus luxuosos e elegantes sobrados e inúmeros escravos, símbolos máximos de poder e riqueza, formavam a verdadeira elite angolana, sendo o período em estudo a sua época de maior projeção social e econômica. Eram também parte ativa da segunda parte do fluxo escravista que tinha os portos como cenário privilegiado. Ali se dava sequência a mais uma troca não equivalente de cativos por mercadorias, troca que permitia aos traficantes brasileiros a apropriação de parcela do sobretrabalho das comunidades de origem dos escravos.

A dominação do capital traficante carioca

A capacidade de acumulação dos comerciantes urbanos africanos dependia de serem eles simples agentes dos traficantes brasileiros ou, pelo contrário, possuidores de fundos suficientes para bancar a importação dos bens do escambo. No primeiro caso estamos diante dos simples, "comissários" e, no segundo, dos chamados negociantes de "effeitos próprios". Ao que parece, o crescimento da demanda brasileira fez que, entre 1790 e 1830, um número maior de comissários conseguisse alçar à condição de traficantes independentes (Miller, 1979, p.77). Eram, mesmo assim, empresários de reduzida capacidade de acumulação, e que, por isso, dependiam da associação com negociantes da praça carioca para viabilizar seus negócios. Pode ter sido esse o caso do coronel Constantino Alves da Silva, morador em Moçambique, o qual, em fins de 1812, despachou para o porto do Rio de Janeiro 150 escravos a bordo do negreiro Isabel, pertencente ao traficante carioca Vicente Guedes de Souza. Para seu azar, o navio acabou sendo apresado por forças navais inglesas, redundando na perda dos escravos, além de seis contos de réis que o coronel incumbira Guedes de aplicar no tráfico junto a possíveis sócios no Rio de Janeiro.[6] Ex-comissário pode ter sido, ainda, José Francisco do Amaral, traficante estabelecido em Benguela que, com seus próprios recursos, montou em 1812 uma viagem ao Rio de Janeiro. Durante a estadia no Brasil, José Francisco acabou por falecer em meio a negociações para adquirir bens para o escambo africano.[7]

Um exemplo típico da atuação dos traficantes angolanos "de effeitos próprios" é oferecido por Joaquim Ribeiro de Brito. Sua escuna, Feiticeira, saiu de Luanda pouco antes do Natal de 1823, em direção aos portos traficantes de Cabinda e Rio Zaire. De acordo com as instruções do armador, ali, depois de comprar escravos ao menor preço possível, o comandante deveria dirigir-se aos portos de Recife, Salvador e Rio de Janeiro, onde, após vender os escravos, regressaria com têxteis para nova operação. Isso mostra que um grande negociante africano, que era inclusive armador, dependia do mercado brasileiro para a compra de mercadorias para o escambo. Por outro lado, o capital mercantil do Rio era, mesmo para Brito, o único canal por meio do qual podia segurar seu investimento. Daí que ele, atento ao risco inerente à sua atividade, solicitasse a seu procurador no Rio de Janeiro o seguro de sua expedição, sem maiores condições: "Eu não estipulo preço nenhum ao segurador porque quero que se faça este seguro [...]".[8]

---

6 Ver o processo aberto pelo coronel Constantino Alves da Silva exigindo parte do seguro pago à viúva de Vicente Guedes de Souza no ano de 1814 (Junta do Comércio, Arquivo Nacional, caixa 376, pacote 1).

7 Inventário *post-mortem* de José Francisco do Amaral, caixa 4176, número 2135 (Arquivo Nacional).

8 Ver o processo aberto por Joaquim Ribeiro de Brito, por meio de seu procurador, contra a companhia seguradora Tranqüilidade no ano de 1825 (Junta do Comércio, Arquivo Nacional, caixa 433, pacote 2).

A maior parte dos traficantes africanos era, porém, pelo menos desde inícios do século XVIII, totalmente dependente do capital do Rio de Janeiro. O capital traficante brasileiro aparecia como detonador e organizador do comércio negreiro. É o que insinua um historiador da época, Rocha Pita, em 1730. De acordo com ele, do Brasil partia um sem-número de negreiros rumo à

> Costa da Etiópia a buscar escravos para o serviço dos engenhos, minas e lavouras, carregando gêneros da terra (menos oiro, que algum tempo levavam e hoje se lhes proíbe), algum açúcar e mais cinquenta mil rolos de tabaco de segunda e terceira qualidade, gastando-se na terra por toda a região mais de seis mil e de duas mil caixas de açúcar. (Pita, 1976, p.26)

A referência que Rocha Pita faz ao ouro diz respeito aos traficantes do Rio de Janeiro que, para atender à estupenda demanda por cativos instaurada com a descoberta das minas, contrabandeavam o metal, trocando-o por escravos em diversas partes da África (Verger, 1987; Goulart, 1975). Os traficantes cariocas que atuavam na Costa da Mina e em Angola costumavam pagar os escravos (adquiridos na primeira zona a traficantes holandeses e ingleses) com ouro em pó ou em barra, subtraído ao controle real. Sabedora dos prejuízos que isso causava a sua Fazenda, a Coroa expediu o Alvará de 27 de setembro de 1703, que previa que os transgressores teriam seus bens confiscados, além da pena de degredo em São Tomé por seis anos.[9] De qualquer modo, a própria proibição real comprovava a atuação independente dos traficantes do Rio de Janeiro na África.

Meio século depois de Rocha Pita, Martinho de Melo e Castro, ministro da Marinha e Ultramar de Pombal e único alto funcionário a sobreviver a sua queda, alertava para a perda do resgate de africanos para os negociantes estabelecidos no Brasil. Consoante a sua concepção mercantilista, essa situação distava, e muito, do "natural" funcionamento de um sistema colonial, pelo que se indicavam algumas providências que, a seu tempo, *deveriam* ter sido tomadas:

---

9 Códice 61, v.14, p.82 (Arquivo Nacional).

Sem fazermos a menor reflexão nos gravíssimos inconvenientes que podiam resultar a este reino, em deixarmos o comércio da Costa d'África entregue nas mãos dos americanos lhe permitimos particularmente aos habitantes da Bahia e Pernambuco, uma ampla liberdade de poderem fazer aquela navegação e negociar em todos os portos daquele continente, não nos lembrando de acordar ao mesmo tempo aos negociantes das praças deste reino alguns privilégios, graças ou isenções, para que na concorrência com os ditos americanos nos referidos portos da África, tivessem os portugueses a preferência, da mesma sorte que a capital e seus habitantes o devem sempre ter em toda a arte sobre as colônias e habitantes delas. (apud Verger, 1987, p.22)

Minorando a importância dos têxteis no tráfico, o velho político passava à análise da segunda principal razão que teria levado Lisboa a perder o controle do tráfico, ou seja, a existência de "gêneros da terra" que participavam do escambo escravagista:

Resultou deste fatal esquecimento ou descuido [o de deixar o tráfico em mãos dos brasileiros] que, havendo na Bahia e Pernambuco o tabaco, a geribita ou cachaça, o açúcar e outros gêneros de menor importância próprios para o comércio da Costa d'África, e não os havendo em Portugal, com eles passaram os americanos àquela Costa, nas suas próprias embarcações e lhes foi muito fácil estabelecer ali o seu negócio, excluindo inteiramente dele os negociantes da praça do Reino. (apud Verger, 1987, p.22)

Pierre Verger (1987, p.19-20) alerta para a simplificação, no caso baiano, das opiniões de Melo e Castro. Para ele, se é certo que o destaque do tabaco entre os gêneros do escambo era a chave para a compreensão da hegemonia dos traficantes coloniais brasileiros, isso ocorria por causa de um singular conjunto de circunstâncias, a saber: a. o papel das economias do golfo de Benin enquanto grandes consumidoras do tabaco da Bahia; b. o monopólio holandês sobre as trocas escravistas na Baía de Benin, que, sintomaticamente, deixava livre somente o comércio do tabaco, excluindo todas as áreas (inclusive Portugal) que não o produzissem; c. a proibição, por parte da Coroa lusitana, do comércio escravista da Costa da Mina aos traficantes do Rio de Janeiro e de todas as áreas não produtoras de rolos de fumo.

Somente considerando todas essas variáveis é que Verger aceita que, "graças ao fumo, os negociantes da Bahia criaram um movimento comercial importante que, desde o começo do século XVIII, escapava ao controle de Lisboa" (Verger, 1987, p.21). A simples existência de tabaco (ou de qualquer outro produto colonial) não seria, em princípio, razão suficiente para explicar a preeminência dos negociantes baianos no tráfico para Salvador.

Mesmo relativa à Bahia, a observação de Verger é importante, pois relativiza a participação de produtos coloniais como explicação única para a hegemonia dos traficantes cariocas no tráfico para o Rio de Janeiro. O fato de a aguardente de cana sempre ter tido um grande peso no comércio carioca com Angola e Moçambique – em uma proporção que, apesar de haver aumentado depois de 1808, de resto continuou inferior ao valor das fazendas importadas – era importante, porém secundário. Da mesma forma, poder-se-ia alegar que as condições geográficas estivessem na base da dominação brasileira sobre o tráfico a partir do século XVIII. Sabe-se que os regimes dos ventos e das correntes eram altamente favoráveis ao contato entre o Brasil e Angola, de tal maneira que mesmo os navios que, vindos de Portugal, procuravam atingir aquela região, deveriam passar por portos como Salvador, Rio de Janeiro ou Recife (Miller, 1979, p.81). Contudo, isso e a existência de gêneros coloniais para a troca por escravos, fatores dos quais certamente tiravam vantagem os traficantes brasileiros, eram condições insuficientes para explicar a hegemonia brasileira. Voltarei ao problema adiante. Por ora devo tentar responder à seguinte questão: que razões levaram a Metrópole a perder o controle do tráfico colonial – em especial o do porto do Rio de Janeiro – por volta de 1700, ou seja, quando começou a fase de crescentes desembarques, que, até 1850, culminaria com a importação de cerca de 80% dos africanos que entraram no Brasil?

Para responder a essas indagações deve-se partir daquilo que o tráfico exigia. E, realmente, os negócios negreiros do Rio de Janeiro com Angola e Moçambique exigiam financiamento para: a. a aquisição ou aluguel das naus; b. a formação do estoque do escambo e a sustentação de parte substantiva das atividades dos intermediários da face africana do tráfico; c. a manutenção da escravaria durante o périplo marítimo; e, por fim, d. o seguro tanto dos cativos como dos gêneros e equipamentos envolvidos na travessia pelo Atlântico.

Em uma palavra, tudo isso se traduzia em *crédito*: um financiamento, já se verá, vultoso em si mesmo e, em linhas gerais, crescente depois de 1700 – em particular entre 1790 e 1830. Estaria a economia portuguesa apta ao atendimento dessa demanda, especialmente nas épocas de expansão da demanda brasileira?

Tentarei esboçar, apoiado em Fragoso (1992, p.66-72) e nos autores por ele citados, os traços gerais da peculiar estrutura portuguesa moderna, para poder encontrar as raízes do alijamento dos comerciantes lisboetas do comércio negreiro.[10] Se se toma o século XVIII, observa-se o amplo predomínio de estruturas agrárias tradicionais, configurando em princípio a típica paisagem do Antigo Regime, com a aristocracia detendo metade das terras, e seus pares eclesiásticos cerca de 30%. A cidade, por seu turno, não se desenvolvia, mantendo funções eminentemente mercantis e administrativas. Ali a indústria era sinônimo de produção artesanal, assentada em pequenas e médias oficinas, sendo a manufatura mais complexa uma exceção.

Na verdade, o arcaísmo dessa estrutura era tão radical que chegava a diferir até mesmo dos padrões clássicos que marcavam as sociedades do Antigo Regime. Por exemplo: durante o século XVI, o panorama agrícola era de atrofia tecnológica e demográfica, estimando-se que o campesinato somasse apenas um terço da população, dado estranho às economias de tipo antigo. Em contrapartida, os segmentos formados pelo clero, fidalgos e mercadores abarcavam outro terço, cabendo a parcela restante a artífices, trabalhadores manuais, marinheiros, pescadores, servidores e ociosos. A agricultura era incapaz de prover os recursos necessários à manutenção da sociedade, onde um terço da população encontrava-se afastado do processo produtivo.

---

10 Fragoso baseia sua argumentação fundamentalmente em trabalhos clássicos de Godinho (1975; 1978; 1962), além de autores também importantes como Kriedte (1985) e Falcon (1982). Ver também Romano; Tenenti (1981; p.66 e 192ss.).

A colonização ultramarina transformou-se em condição de possibilidade para a existência desse tipo de estrutura. Como resposta feudal
à grande crise por que passava a economia e a sociedade portuguesas,
a expansão marítima e a ulterior colonização modificaram a antiga
sociedade lusitana para preservá-la no tempo. Eis aqui o papel da
transferência da renda colonial para a Metrópole: o surgimento e a manutenção de uma estrutura parasitária, consubstanciada em elementos
como a hipertrofia do Estado e a hegemonia do fidalgo-mercador e de
sua contrapartida, o mercador-fidalgo. O Estado português, por sua
vez, surgia como um elemento central para a reiteração desse panorama
parasitário. De início, ele ocupava um espaço privilegiado na atividade
comercial, como armador, mercador, explorando monopólios etc. Já
desde o século XVI cerca de 65% da renda estatal provinha do tráfico
marítimo, perfil que permanecia durante a segunda metade do século
XVIII. Esse dado denota que o Estado não se nutria da renda fundiária
que, consequentemente, passava às mãos da aristocracia e do clero,
reforçando a própria estrutura agrária tradicional.

Como um elemento de proa desse Estado estava a figura do fidalgo-mercador. Sua origem remonta à Expansão Marítima do século XV
que, do ponto de vista da aristocracia fundiária em crise, servia para
contrabalançar a queda das rendas agrícolas em função da depressão
agrária. Ao passar para o século XVIII, assiste-se à sedimentação dessa
categoria. Já então a atividade agrária era, por si só, incapaz de manter
a aristocracia como grupo dominante, pelo que a participação dessa
fração (direta ou indiretamente) na exploração do comércio ultrama-
rino deixara de ser eventual para se transformar em condição *sine qua
non* para sua sobrevivência. Ao lado dessa tendência em redefinir
a acumulação mercantil como elemento de sustentação da posição
aristocrática, havia a inclinação dos meios mercantis à aristocratização.

Prevaleciam, pois, os valores de uma mentalidade não capitalista,
para a qual ascender na hierarquia social necessariamente implicava
tornar-se membro da aristocracia. Por esse mecanismo canalizavam-se
pesados recursos adquiridos na esfera mercantil para atividades de
cunho senhorial, muitas vezes esterilizando-os. Daí poder-se pensar
que o "atraso" português, em pleno século XVIII, era não um estranho

anacronismo, fruto da incapacidade lusitana em acompanhar o destino manifestamente capitalista europeu; pelo contrário, o arcaísmo era, isso sim, um verdadeiro projeto social, cuja viabilização dependia fundamentalmente da apropriação das rendas coloniais.

O capital mercantil português pode ser tomado como um dos casos mais radicais do modelo de circulação cuja reprodução se baseia naquilo que Marx chama de "lucro sobre a alienação": comprar barato para vender caro era a lei, e por isso o monopólio era o seu veículo (Marx, 1975, p.318-319). Com uma diferença fundamental em relação à estrutura do capital comercial inglês, holandês ou mesmo francês da Época Moderna: a atividade mercantil lusitana tinha por fim último a permanência temporal de uma sociedade arcaica – o que foi realizado com pleno êxito –, pelo que o capital mercantil não chegava a assumir a função revolucionária que desempenhava em outros países. Isso significa que a esterilização dos recursos por ele apropriados na esfera colonial era tão volumosa que sua capacidade de financiar até mesmo as atividades essenciais para a reprodução parasitária – os navios, armazenamento de bens e seguros do tráfico – era limitada.

Débil, o capital mercantil metropolitano voltava-se quase integralmente para a apropriação do *resultado final* da circulação de homens pelo Atlântico, ou seja, o sobretrabalho dos cativos contido no fluxo exportador entre o Brasil e Portugal. Tendo em vista os grandes recursos exigidos pela montagem das expedições negreiras e, como se verá, os altos riscos inerentes a todas as etapas do negócio, sua atuação direta era apenas secundária. Tal como se poderia supor, esse panorama não era de modo algum exclusivo do comércio de almas, estendendo-se a todos os setores de comércio que estivessem fora do fluxo Brasil-Portugal. Não é por acaso que, em 1830, somente umas poucas firmas comerciais portuguesas permaneciam em Angola (Neves, 1830, p.240).

Aceitando-se que a partir de inícios do século XVIII o comércio negreiro tenha passado às mãos dos negociantes dos maiores portos brasileiros, então a parcela de africanos que cruzaram o Atlântico sob responsabilidade *direta* de traficantes portugueses terá sido mínima. Ela englobará a maior parte dos cerca de 600 mil escravos importados pelo Brasil entre 1550 e 1700, e talvez uns 200 ou 300 mil depois desse último ano (Curtin, 1969, p.268).[11] Diante dos quase 4 milhões de africanos desembarcados no país, isso representa algo em torno de 20% ou 23% do total. Em outras palavras, o capital mercantil português só conseguiu atender diretamente à demanda brasileira por braços na medida em que esta foi reduzida e não ultrapassou os limites impostos à atuação daquele – basicamente antes de 1700. Tais limites se traduziam em uma incapacidade estrutural de transformar em recursos efetivamente produtivos a acumulação obtida na esfera mercantil. Comprometia-se, assim, a própria capacidade de reprodução ampliada da esfera comercial lusitana que, desse modo, buscou aprofundar-se nas atividades de ponta, ou seja, na apropriação do sobretrabalho escravo a partir da circulação entre a colônia brasileira e a Metrópole.

A própria Coroa reconheceu a debilidade comercial metropolitana para financiar o tráfico no ritmo requerido pela demanda quando, em 1758, decretou aos nacionais livre o comércio de escravos (Goulart, 1975, p.192). Neste, o grosso dos recursos auferidos por Portugal provinha de meios indiretos, como a taxação sobre os escravos exportados da África ou desembarcados no Brasil, a venda ou revenda de manufaturados europeus aos traficantes brasileiros e, em menor escala, dos poucos traficantes portugueses estabelecidos na África. Compreende-se, então, as preocupações do Estado português, antes de 1808, com o contrabando de têxteis para o Brasil, pois este representava não só uma mortal concorrência para as fazendas metropolitanas, mas também a subtração da possibilidade de revenda por meio das praças portuguesas. Com a abertura dos portos ao comércio internacional em 1808 até mesmo essa última opção se viu definitivamente obstaculizada.

Tenho argumentado que o projeto conservador lusitano impossibilitava à economia portuguesa investir maciçamente em uma atividade arriscada e que, além disso, exigia um alto índice de

---

11 Observe-se que, em diversas passagens de seu livro, Verger (1987) mostra grande participação no tráfico de traficantes estabelecidos em Salvador em pleno século XVII.

capitalização inicial, como o tráfico atlântico. Entretanto, mesmo que disso derivasse a atuação limitada do capital português no comércio negreiro, continuam sem explicitação os meios pelos quais se exercitava a hegemonia dos comerciantes cariocas. Em especial, há que elucidar a origem do capital investido nesse tráfico, além de desvendar suas estratégias específicas de reprodução. A resposta ao primeiro problema somente será alcançada quando se analisar a própria inserção da comunidade mercantil do Rio de Janeiro na economia colonial, tema que, para benefício da exposição, será abordado no capítulo seguinte. Por ora, basta que se enumerem os mecanismos com os quais o capital traficante carioca se manteve na condição de fração dominante no circuito de homens para o porto do Rio de Janeiro.

A documentação constante do acervo da Real Junta do Comércio, Agricultura, Fábricas e Navegação, as Escrituras Públicas de Compra e Venda (todos do Arquivo Nacional) e os documentos que se encontram na Seção de Manuscritos da Biblioteca Nacional permitem detectar que a preeminência carioca se expressava, de início, na própria montagem das expedições negreiras para Angola e Moçambique. Isso significa que a comunidade mercantil do Rio de Janeiro era responsável: a. (como proprietária ou simples locatária) pelos navios que participavam do tráfico; b. pela formação do estoque de mercadorias a serem intercambiadas nos portos africanos; c. pela montagem do sistema de seguros marítimos, indispensável à operacionalização de um tipo tão arriscado de comércio.

Melo e Castro, já se viu, na segunda metade do século XVIII reconhecia que, "em suas próprias embarcações", os traficantes brasileiros se apossaram do fluxo atlântico. Muito antes dele, em carta ao governador da Bahia, a Coroa expedia o Alvará de 27 de setembro de 1703, que proibia a atuação de traficantes do Rio de Janeiro na Costa da Mina. Ali se afirma explicitamente que

> [...] havendo visto o que me apontaste sobre o remédio que se devia dar ao dano que recebe a minha fazenda com o resgate de escravos

que mandam fazer à Costa da Mina e Angola os moradores do Rio de Janeiro e das capitanias anexas nas suas embarcações, fui servido mandar proibir absolutamente que não vão embarcações nem do Rio de Janeiro nem dos portos das Capitanias do sul à Costa da Mina [...].[12]

Os traficantes estabelecidos na praça carioca não se desfizeram dos negreiros no século XIX. É o que mostra o levantamento de diversos documentos da Junta do Comércio entre 1808 (ano de sua criação) e 1833: de 42 navios negreiros que, por razões diversas, tinham sua propriedade discriminada em vários processos, 31 (74%) pertenciam a comerciantes da praça do Rio de Janeiro, dez (24%) a traficantes africanos e apenas um (2%) a comerciante inglês.[13] Assim, um mínimo de três quartos dos negreiros que atuavam entre o porto carioca e a África eram propriedade dos traficantes estabelecidos na praça do Rio de Janeiro.

Embora muitos desses negreiros fossem fabricados em estaleiros brasileiros, a capacidade local de produção naval era muito reduzida para o atendimento da demanda. Por isso, até 1808, a maior parte dos navios era originária sobretudo de Portugal, registrando-se ainda casos de naus de origem inglesa, norte-americana e de outros países europeus.[14] Por certo, em determinadas circunstâncias a importação de navios podia ser reduzida por fatores totalmente externos à dinâmica colonial. Por exemplo, ao menos por um curto período, as

---

12 *Carta de S. M. Proibindo aos Moradores do Rio de Janeiro e das Capitanias do Sul a Compra de Escravos na Costa da Mina.* Códice 61, v.14, p.118-119 (Arquivo Nacional) – grifos meus.

13 Ver na Junta do Comércio, Arquivo Nacional, caixas 343 (pacote 1), 346 (1), 347 (3), 348 (1), 358 (1 e 2), 370 (1), 372 (2 e 3), 374 (1 e 2), 375 (2), 376 (1), 388 (1), 398 (1), 419 (1), 420 (1), 429 (1), 430 (1), 431 (1), 433 (2), 434 (3), 445 (1); e também o Ofício de Notas, livro 217 (p.155-156).

14 Ver, por exemplo, os processos de naturalização da galera norte-americana Eagle, depois Olímpia, em 1815, e da nau Voador, de origem espanhola, em 1814 (Junta do Comércio, Arquivo Nacional, caixas 374, pacote 1, e 388, pacote 1).

guerras napoleônicas comprometeram a compra ou aluguel de naus europeias para o tráfico.[15]

Mas a comunidade de traficantes do Rio de Janeiro conseguiu contornar o problema da incipiente oferta de naus, seja pelo fretamento de negreiros estrangeiros, seja por meio de compra.[16] Nesse último caso importavam-se mais e mais negreiros norte-americanos, especialmente entre 1826 e 1830, quando o fim próximo do tráfico incrementou o volume das importações de africanos. Um dado demonstra esse aspecto, assinalando, ainda, a imensa capacidade de arregimentação de recursos dos traficantes cariocas e a enorme presença norte-americana no tráfico. Em apenas quatro meses, entre junho e setembro de 1828, os armadores cariocas compraram doze navios estrangeiros, dos quais oito eram norte-americanos, dois portugueses e dois ingleses.[17] Sabe-se, pois o *Jornal do Commércio* o informa, que uma dessas naus foi desmanchada. O cruzamento dos nomes dos onze navios restantes com os registros das entradas de negreiros provenientes da África, constantes dos jornais coevos, mostra que oito deles (dois de origem inglesa e os demais norte-americanos) participaram ativamente do comércio negreiro até 1830.[18]

Para além da aquisição de barcos aos Estados Unidos, o aluguel, compra e venda de negreiros entre os próprios traficantes funcionava como um meio, por certo limitado, de diminuir a capacidade ociosa das empresas nas épocas de refluxo das importações, e de minorar a

---

15 É o que reconhecia, em 1797, o governador de Angola, Manoel de Almeida e Vasconcelos, em carta enviada para o conde de Rezende. Afirmava ele que, por causa "dos fatais movimentos da Europa [era grande a] falta das fazendas respectivas e mesmo de embarcações para a exportação da escravatura, de que presentemente há tanta abundância" (Seção de Manuscritos da Biblioteca Nacional, I-32, 34, 39, número 1).

16 Para os casos de aluguel ver particularmente os inúmeros anúncios constantes do *Jornal do Commércio* entre 1827 e 1830 (Seção de Microfilmes da Biblioteca Nacional).

17 *Jornal do Commércio* de 7/10/1828 (Seção de Microfilmes da Biblioteca Nacional).

18 Ver as listagens de nomes de navios negreiros que aportaram no Rio de Janeiro entre 1828 e 1830 no *Jornal do Commércio* e no *Diário Fluminense* (Seção de Microfilmes da Biblioteca Nacional).

falta de naus durante os intervalos de pico. É esse o sentido da rápida sucessão de proprietários do negreiro Olímpia entre 1813 e 1815, de acordo com o processo em que o segundo-tenente José Domingues Moncorvo pedia a naturalização da galera, de origem norte-americana. Por meio dele se observa que inicialmente o barco passou às mãos de Francisco José Gonçalves da Silva, que com ele atuava em 1813 na rota escravista Rio-Luanda. Moncorvo o vendeu em 1814 a José Dias Moreira, cujo irmão, o traficante Joaquim Dias Moreira, atuava na rota Rio-Zaire. Por fim, o navio foi recomprado por José Domingues Moncorvo que, na qualidade de seu comandante, adentrou o porto carioca em fins de janeiro de 1816 com escravos provenientes da Ilha de Moçambique.[19]

É possível observar movimentos semelhantes entre os grandes traficantes que atuavam na década de 1820, em especial depois de 1827. Havia, por exemplo, o caso do Amália, que desde 1812 realizara catorze viagens à África em mãos de João Gomes Vale, e que, em 1827 e 1828, consignado a Joaquim Antônio Ferreira e Companhia, realizou duas viagens à Ilha de Moçambique, as quais redundaram em 1.118 cativos desembarcados no porto do Rio de Janeiro. O mesmo navio apareceu consignado a Joaquim Ferreira dos Santos em 1829 quando, depois de embarcar oitocentos africanos em Lourenço Marques, conseguiu chegar ao porto carioca com 783 escravos vivos. Considerando somente os onze maiores traficantes do período 1811-1830, nota-se que entre eles, em diferentes épocas, circularam, por compra ou simples fretamento, as naus Amizade, Bela Americana, Caçador, Conceição e Passos, Economia, Esperança, General Rego, Imperador Feliz, Lucrécia, Marquês de Pombal, Mercantil, São José Diligente, Trajano e Vulcano.[20]

Analisarei agora a questão das mercadorias do escambo, começando pela composição dos bens carregados. A esse respeito, o caso da nau Arsênia é bastante representativo. Consignada a Antônio

---

19 Ver o processo de naturalização da galera Olímpia, 1815 (Junta do Comércio, Arquivo Nacional, caixa 388, pacote 1). As rotas de atuação dos traficantes mencionados foram conseguidas nos periódicos citados no Apêndice 3.

20 Ver os periódicos citados no Apêndice 3.

José Meirelles, ela atracou no porto do Rio em 28 de outubro de 1827, proveniente de Molembo com 272 escravos. Duas semanas depois, em 14 de novembro, o mesmo barco zarpou com destino a Molembo e Cabinda. Para a manutenção da tripulação e dos escravos levava oito sacas de feijão, treze de arroz, 110 de farinha, 130 arrobas de carne-seca, oito pipas de aguardente e 160 alqueires de sal. Para serem trocados por escravos ela estava carregada com onze fardos e oito caixas de fazendas, catorze caixas de armas de fogo, uma caixa com navalhas, espelhos, corais e facas, e trezentas barras de ferro. Com essa carga conseguiu adquirir 292 escravos na África, dos quais 289 desembarcaram no porto do Rio em 23 de abril de 1828. Outro exemplo é o do brigue Boa Viagem que, destinado aos portos de Benguela e Luanda, zarpou do Rio de Janeiro em 16 de outubro de 1827. Para o escambo levava 74 pipas, quatro meias pipas e oito barris de aguardente, 58 volumes de fazendas, 58 rolos de fumo e diversos gêneros estrangeiros. Para a manutenção de tripulantes e escravos, a carga se compunha de dez barricas de açúcar, quinze sacas de arroz, duas de café, 110 de farinha e oito barris de toucinho.[21]

Esses dois exemplos ilustram bem o padrão de carga de um negreiro em fins da década de 1820. E, de fato, analisando o carregamento de cinquenta naus no momento da partida para a África, observa-se que, entre fins de 1827 e inícios de 1830, a carne-seca esteve presente em 94% dos carregamentos, a farinha de mandioca em 92%, o arroz em 74% e o toucinho em 68%.[22] Esses quatro produtos compunham, por conseguinte, a dieta básica tanto de marujos como de cativos, que não distava muito da dieta das camadas populares do Rio de Janeiro da época (Johnson, 1973). O problema, como se verá, era a quantidade servida à escravaria. Quanto aos produtos do escambo, os têxteis e a aguardente estiveram presentes em, respectivamente, 86% e 94% dos carregamentos, seguidos de perto pelos manufaturados de natureza bélica (pólvora, armas de fogo, espadas, facas, arcos e flechas)

---

21 Ver o *Jornal do Commércio* entre outubro de 1827 e abril de 1828 (Seção de Microfilmes da Biblioteca Nacional).

22 Ver o *Jornal do Commércio* de 1827 a 1830 (Seção de Microfilmes da Biblioteca Nacional).

com 80%, açúcar (58%), fumo (52%), vinhos (24%), além de barras de ferro, louças, ferragens, miçangas, vidros, algodão e conchas. Em 12% dos casos – todos de navios que se dirigiam a Moçambique –, os negreiros levavam pesos de prata espanhóis.[23]

A alta frequência dos manufaturados bélicos – instrumentos de exercício da violência e do poder – reforça a argumentação de que o comércio atlântico alimentava e operacionalizava a própria produção imediata dos cativos, a qual funcionava como um importante elemento de diferenciação social na África. Observa-se também que, além dos bens do escambo, os negreiros deveriam arcar com a compra e transporte dos gêneros básicos para a manutenção de tripulantes e escravos na ida, estadia e regresso da África. Isso se explica em função da oferta limitada de alimentos nos portos africanos, cujo abastecimento frequentemente se encontrava prejudicado pelas cíclicas crises de subsistência que caracterizavam a agricultura nativa (Miller, 1979; 1982). Em termos práticos esse último aspecto e o longo período que os navios permaneciam em portos africanos até completar sua lotação encareciam tremendamente a montagem das expedições negreiras.

Assumindo-se que o tempo que correspondia ao regresso para o porto do Rio de Janeiro era o mesmo que, em termos gerais, se levava entre este último e os portos africanos, entre 1827 e 1830, para a região congo-angolana, as expedições permaneciam em média 68 dias no mar, cifra que para a zona moçambicana chegava a 119 dias. O cruzamento dos registros de saídas dos negreiros com as datas de suas entradas no porto carioca (ambos constantes do *Jornal do Commércio)* permitiu estabelecer o número médio de dias que as naus permaneciam na África, negociando escravos.[24] Para tanto, bastou calcular a duração das expedições desde a partida até o regresso ao Rio, subtraindo a duração da etapa marítima. A Tabela 6 mostra, por grandes áreas abastecedoras, os resultados alcançados.

---

23 Ver o *Jornal do Commércio* e o *Diário Fluminense* de 1827 a 1830 (Seção de Microfilmes da Biblioteca Nacional).

24 Ver o Apêndice 18.

Tabela 6 – Duração média (em dias) da permanência dos navios negreiros na África Central Atlântica e na África Oriental, 1827-1830

	1827-8		1828-9		1829-30	
	(1)	(2)	(1)	(2)	(1)	(2)
África Central Atlântica	13	136	51	156	20	166
África Oriental	–	–	18	111	7	151

(1): Número de negreiros
(2): Duração média da estadia
Fonte: *Jornal do Commércio* de outubro de 1827 a abril de 1830 (Seção de Microfilmes da Biblioteca Nacional)

Neste período de intensa demanda, a oferta congo-angolana levava de 4,5 a 5,5 meses para lotar os negreiros cariocas. Na área moçambicana o intervalo de espera era um pouco menor, situando-se entre quatro e cinco meses. Eis aqui uma das razões pelas quais era atrativo o comércio de almas nessa última área: a maior velocidade no atendimento da demanda e, por conseguinte, menores despesas de manutenção da expedição por parte do empresário traficante. Um último aspecto se destaca: a tendência de aumentar o tempo de estadia na África para a lotação dos negreiros. Trata-se de um dado que indica o não automatismo das respostas da oferta ao crescimento da demanda, o que por seu turno somente vem confirmar a complexidade da produção do escravo na África.

Eram também vultosos os investimentos em aguardente, como se pode observar por meio de dois casos, ambos de fins de 1827. Quanto à carga de dois negreiros prontos para partir – o brigue Boa Viagem e o bergantim Flor do Brasil –, observa-se que o primeiro levava 74 pipas de aguardente, cifra que chegava a 128 no segundo. A preços praticados no mercado carioca em outubro de 1827 (62$000 réis por pipa), só em cachaça o investimento do responsável pelo primeiro barco não seria menor do que 4:500$000 réis, chegando a quase oito contos para a Flor do Brasil.[25] Esses dados assumem maior importância quando vemos que, em cerca de 14% dos navios, a carga para o escambo era

---

25 Ver a lista de preços constante do *Jornal do Commércio*, outubro de 1827 (Seção de Microfilmes da Biblioteca Nacional); listas como essa se sucedem a intervalos irregulares ao longo dos anos.

formada unicamente de produtos agrícolas brasileiros – aguardente, fumo, açúcar etc.[26]

De qualquer modo, os tecidos predominavam no custo dos gêneros formadores do escambo. Dados relativos à primeira etapa da abertura dos portos portugueses ao comércio internacional demonstram ter sido altíssima a porcentagem do valor das fazendas entre os produtos exportados do Rio para Angola (basicamente por negreiros). No comércio Rio-Benguela, os têxteis representavam 90% do valor exportado em 1810, 68% em 1811 e 81% em 1812; com relação ao fluxo Rio-Luanda, as porcentagens de fazendas chegavam a 79% em 1810, 69% em 1811, 68% em 1812 e 71% em 1813.[27] Para o período anterior a 1808, o panorama não parece ter sido diferente, com um amplo predomínio de têxteis entre os bens trocados por africanos. O Autor Anônimo que analisa o resgate de escravos no século XVIII afirma que, "desde o princípio", o escambo tinha por base "víveres, licores e fazendas", especialmente por volta de 1760.[28] Por outro lado, já se viu que, escrevendo em 1797, o governador de Angola, Manoel de Almeida e Vasconcelos, atribuía a crise do tráfico angolano à escassez de barcos e de têxteis estrangeiros.[29]

Contudo, a composição dos bens para o escambo interessa sobretudo por localizar um determinado movimento do capital traficante do Rio de Janeiro. Ao se tratar, no fundamental, de têxteis importados, tais bens demandavam um investimento inicial que caracterizava o típico traficante carioca como um grande reexportador, seja de produtos europeus, seja de têxteis provenientes de Goa. Tratava-se de um agente constantemente ligado ao mercado internacional e a ou-

---

26 Ver o *Jornal do Commércio* 1827-1830 (Seção de Microfilmes da Biblioteca Nacional).

27 *Rezumo dos Mappas de Importação e Exportação dos Estados da Índia, África e Brasil, para os anos de 1810, 1811, 1812 e 1813* (Junta do Comércio, Arquivo Nacional, caixa 448, pacote 1).

28 Autor Anônimo. *Instruções...*, op. cit. (Seção de Manuscritos da Biblioteca Nacional).

29 *Ofício de Manoel de Almeida e Vasconcelos ao Conde de Rezende* [...] (Seção de Manuscritos da Biblioteca Nacional, I-32, 34, 39, número 1).

tras áreas do império português (como a Índia), para onde transferia parcela expressiva dos rendimentos auferidos com a compra e venda de africanos. Para sermos mais exatos, a essa parcela transferida se deve agregar aquela relativa à aquisição dos navios. Mesmo assim, como se verá, seu grau de lucratividade era altíssimo.

Elias Antônio Lopes é um exemplo típico desse reexportador que, como traficante, atuava na rota Rio-Angola. Em 1803 a galera Resolução, que viera da cidade do Porto carregada por sua conta e de seus sócios, partira para o resgate de escravos em Angola. Em 1812 e 1814, carregados de fazendas importadas, dois de seus navios compravam escravos em Cabinda. O inventário de seus bens indica a existência, na Alfândega do Rio, de inúmeros tipos de têxteis provenientes de Goa, avaliados em 46:653$806 réis.[30] Perfil semelhante é mostrado pelos traficantes Joaquim José da Rocha, Francisco José da Rocha, José Marcelino Gonçalves e Antônio Fernandes da Costa Pereira, sócios do bergantim Flor d'América, apresado por forças navais inglesas em Loango. O processo em que se pede indenização por perdas indica que esses traficantes formaram a carga para o escambo sobretudo com têxteis ingleses, avaliados em quase 3:000$000 réis.[31] Importador de tecidos ingleses e asiáticos era também o traficante Simão da Rocha Loureiro, que, com esses produtos (avaliados em cerca de 15:000$000 réis), teve seu negreiro Andorinha apresado por um navio inglês em 1812.[32]

É difícil avaliar a contribuição dos têxteis de Goa em relação àqueles que vinham da Europa e que entravam no escambo. Os poucos dados disponíveis indicam que era volumoso o comércio Goa-Rio de Janeiro, no qual os têxteis (não apenas para o escambo, é claro) desempenhavam o papel de eixo maior – vejam o exemplo de Elias Antônio Lopes, citado anteriormente. Assim, sabe-se que, em 1810, dos 506:723$400 réis importados de Goa pela praça carioca, 98,7%

---

30 Ver parte de seu inventário na Junta do Comércio, Arquivo Nacional, caixa 348, pacote 1.
31 Junta do Comércio, Arquivo Nacional, caixa 445, pacote 1.
32 Junta do Comércio, Arquivo Nacional, caixa 372, pacote 3 e caixa 370, pacote 1.

representavam fazendas, cifra que em 1813 representava 97,3% dos 577:966$890 réis importados.[33] É possível que pelo menos dois terços dessas importações se destinassem ao tráfico. Sabe-se, por outro lado, que em 1808 as importações *diretas* realizadas por Luanda na Europa (107:055$550 réis) eram três vezes menores do que aquelas provenientes de Goa (306:447$600 réis). Enquanto isso, Portugal contribuía com 194:073$165 réis. Já para 1809, essas cifras chegaram a 96:328$270 réis (de Portugal), 63:622$860 réis (do resto da Europa) e a 244:518$200 réis (de Goa).[34]

Um último aspecto se refere ao sistema de seguros, tão necessário a uma atividade arriscada como o tráfico. Diversos processos, referentes a avarias de negreiros e pedidos de indenização por ataques de piratas e naus de guerra inglesas, mostram o padrão de funcionamento do sistema de seguros para viagens de negreiros como Isabel (1812), Flor d'América (1813), Voador (1814), Olímpia (1815), Boa União (1815), Urânia (1816), Europa (1822), Eclipse (1827), Vitória (1828) e Vulcano (1828).[35] Todos eles, pertencentes a traficantes estabelecidos na praça do Rio de Janeiro, estavam segurados por companhias cariocas por valores que cobriam tanto o casco e equipamentos como os gêneros de abastecimento e de escambo que carregavam.

A força e a credibilidade das companhias seguradoras do Rio podem ser demonstradas pelo fato de que até mesmo negociantes ingleses, como R. Todd, exportador de gêneros para o escambo,

---

33 *Resumo dos Mappas...*, op. cit. (Arquivo Nacional).

34 Ver *Movimento do Comércio do Porto de Luanda* (Junta do Comércio, Arquivo Nacional, caixa 449, pacote 1). A Ásia provia o grosso dos tecidos trocados por escravos nos tráficos inglês e francês durante a segunda metade do século XVIII. Em 1775 os tecidos indianos correspondiam a 54% do valor total das mercadorias intercambiadas pelos franceses por cativos africanos, cifra que se elevou para 57% em 1788. Sabe-se também que entre 1699 e 1800 os tecidos correspondiam a 68% dos valores exportados pelos ingleses para a África, com os têxteis indianos correspondendo a 40% daquele valor (isoladamente os panos indianos correspondiam a 27% do que se exportou durante o mesmo período) – ver Klein (1993, p.291-292).

35 Junta do Comércio, Arquivo Nacional, caixas 376 (pacote 1), 445 (1), 374 (1), 388 (1), 433 (1), 431 (1), 430 (1), 347 (3) e 434 (3).

segurou seu navio (Carolina) na Companhia Indemnidade.[36] O mesmo fizeram comerciantes angolanos e moçambicanos "de effeitos próprios", como o já referido Joaquim Ribeiro de Brito e Antônio Cruz e Almeida. O primeiro, cuja escuna Feiticeira realizaria viagem com escravos de Angola para Pernambuco, Bahia e Rio de Janeiro em 1823, teve seus escravos roubados por piratas africanos de Soyo. Enquanto esteve comprando escravos no Norte de Angola, o negreiro teve sua carga de fazendas segurada pela Companhia Tranquilidade, do Rio de Janeiro.[37] O segundo traficante, radicado em Moçambique, teve, em 1813, seu negreiro Feliz Dia e sua carga segurados pela Companhia Indemnidade.[38] Mesmo o negreiro Rozária, cubano que abastecia Havana com angolanos e que teve seus quase seiscentos escravos roubados por piratas norte-americanos, estava segurado, em 1813, por vinte negociantes cariocas. Destes, onze apareceram nos jornais de época como consignatários de africanos.

Por fim, esse sistema segurador contava com inúmeros traficantes entre os caixas e diretores das companhias. O cruzamento dos nomes dos consignatários de escravos, fornecidos pelos jornais de época, com as listagens econômicas e financeiras do Rio de Janeiro mostrou que, em 1829, das dez seguradoras estabelecidas no Rio, sete tinham traficantes entre seus caixas e diretores.[39] Assim, locatários e donos de navios, montadores de estoques do escambo e, enquanto tal, re-exportadores de tecidos importados de Portugal, da Inglaterra e da Índia, os traficantes cariocas eram também os responsáveis pela rede de seguros sobre as naus negreiras. Isso significa que a comunidade de traficantes cariocas procurava garantir por si própria as condições de reprodução de seu negócio.

Proprietária dos barcos e seguradora das expedições negreiras, a comunidade de traficantes da praça do Rio de Janeiro se valia de sua

---

36 Junta do Comércio, Arquivo Nacional, caixa 429, pacote 1.
37 Junta do Comércio, Arquivo Nacional, caixa 433, pacote 2.
38 Junta do Comércio, Arquivo Nacional, caixa 431, pacote 1.
39 Ver listagem de traficantes discriminados no Apêndice 26 e *Almanak Imperial do Comércio e das Corporações Civis e Militares do Império do Brasil* (1829, p.159-162).

condição de montadora do estoque de mercadorias do escambo para subordinar a esfera africana do tráfico. O Autor Anônimo mostra os mecanismos básicos dessa subordinação para o século XVIII, enquanto a documentação da Junta do Comércio demonstra a permanência desses mecanismos até pelos menos 1830.

Todo o processo girava ao redor da figura do *adiantamento* das mercadorias. Já se viu que os comerciantes angolanos adiantavam fazendas, aguardente, tabaco, armas e pólvora aos sertanejos, que com eles se dirigiam ao interior. Antes, porém, em consignação, os comerciantes citadinos recebiam essas mercadorias dos capitães dos negreiros, endividando-se perante o capital traficante do Rio de Janeiro. A partir daí, as dívidas assumidas pelos comerciantes angolanos (seja para com as autoridades locais, seja para com os arrematadores de contrato de escravos, ou ainda para com os fornecedores privados) eram pagas em letras passadas e quitadas pelos negociantes do Rio de Janeiro. Segundo o Autor Anônimo, durante a segunda metade do século XVIII, as letras cariocas chegaram a circular como numerário em Benguela![40]

Os traficantes do Rio, por seu turno, pagavam em dinheiro as mercadorias importadas de Lisboa, ou mesmo aquelas que provinham da Índia. Muitas vezes, compradas pelos mercadores da praça carioca, as mercadorias do escambo iam diretamente de Lisboa ou Goa para Angola, sem escalas no porto do Rio de Janeiro.[41] É o que mostra o processo que, em 1812, por causa de longo atraso na quitação de débito, foi aberto na Junta do Comércio pelo traficante Bernardo Lourenço Vianna, do Rio de Janeiro, contra seu devedor, Antônio Rodrigues de Moura, comerciante de grosso trato estabelecido em Luanda. As relações entre os dois litigantes remontava a

---

40 Autor Anônimo. *Instruções...*, op. cit. (Seção de Manuscritos da Biblioteca Nacional).

41 Corcino Medeiros dos Santos também indica ter sido fundamental o comércio Índia–Angola. Assim, entre 1785 e 1794, a documentação da Alfândega de Luanda indica ser a Índia o principal parceiro dos luandenses (de onde se importavam sobretudo têxteis) – ver Santos (1993, p.156).

pelo menos 1800, quando Antônio de Souza Portella, negociante de Lisboa, em nome de Vianna, emprestou vultosos recursos a Moura, a serem pagos em um prazo de seis meses. Durante os quatro primeiros anos o negociante angolano realizou os pagamentos que, depois de 1804, simplesmente cessaram. Desde então, de acordo com Vianna, Portella falecera, sua casa de comércio faliu, e as dívidas do comerciante angolano para com o traficante carioca se acumularam, chegando a mais de 20 mil cruzados (8:000$000 réis) em 1812. O financiamento de Vianna destinava-se, é bom ressaltá-lo, à compra de mercadorias na Ásia, sendo o comerciante lisboeta, Portella, um mero intermediário.[42]

No século XIX, o adiantamento de mercadorias continuou a ser a tônica, com diversas casas comerciais estabelecidas nos portos africanos controladas de fato pelos negociantes do Rio de Janeiro. Provam-no inúmeros processos em que, por falência, falecimento ou doença de negociantes africanos, seus bens passam a ser administrados por credores da praça do Rio de Janeiro. É o que se vê, por exemplo, no caso de José Maria Lúcio, comerciante de escravos estabelecido em Luanda. Em 1818, alegando estarem enfermos ele e sua esposa, e sendo ainda menores seus filhos, Lúcio anunciava à Junta do Comércio a passagem da administração de seus bens (para o escambo) para Manoel da Rocha Pinto e Joaquim da Silva Regadas, ambos comerciantes da praça carioca.[43] O mesmo se observa em 1810, quando José Gonçalves Rodrigues, também negociante do Rio, requereu os fundos de um carregamento por ele adiantado a José Joaquim da Silva Braga, seu agente em Luanda, que faleceu devendo-lhe 7:262$920 réis em têxteis.[44] Eram ainda credores os comerciantes cariocas Francisco José Pereira Penna (de seu irmão João Antônio Pereira Penna, agente em Luanda em 1820), Domingos José Ferreira Dias Braga (a quem, em 1813, o comerciante Francisco

42 Junta do Comércio, Arquivo Nacional, caixa 377, pacote 1.
43 Junta do Comércio, Arquivo Nacional, caixa 388, pacote 1.
44 Junta do Comércio, Arquivo Nacional, caixa 388, pacote 2.

Marques Monteiro, de Benguela, devia 42:322$819 réis), Joaquim José da Rocha, José Luiz Alves, José de Souza Reis e João de Souza (credores, em 1811, do falido Antônio Carvalho Ribeiro, comerciante de grosso trato de Benguela, da quantia de 19:807$970 réis).[45]

Um outro tipo de fonte atesta ter sido o adiantamento de mercadorias o mecanismo básico de subordinação dos traficantes africanos aos do Rio de Janeiro. Trata-se da correspondência mantida entre negociantes cariocas e angolanos, que se estende de 1818 a 1823.[46] Assim, pois, em carta do Rio a seu comissário em Luanda, Antônio Alves da Silva, Manoel de Souza Azevedo Mourão informava remeter-lhe vinho quinado, do qual "V. M. disporá pelo melhor preço também que pode alcançar, e o estado da terra o prometer".

O mesmo Antônio Alves da Silva era representante dos interesses de Albino José de Carvalho, o qual, escrevendo-lhe do Rio, em 1820, afirmava que "me causou grande gosto pela satisfação de ver letras suas e saber de sua saúde; e como esta é a principal coisa, esquece-se as encomendas". Logo depois, porém, mostrando grande capacidade de recuperação da memória, Carvalho voltou aos negócios, revelando que remeteria a Luanda dezesseis barris de vinho, ao mesmo tempo em que se desculpava: "V. M. desculpará as pequenas quantidades, que são justamente segundo minhas posses e do meu sócio".

Manoel de Souza Azevedo Mourão e Albino José de Carvalho eram dois pequenos negociantes cariocas, condição muito distinta da de Antônio José Bondozo. Este, em carta ao mesmo Antônio Alves da Silva, afirmava, conclusivo, que "V. M. verá o nosso modo de pensar, e que não queremos saber de dívidas, mas sim de efeitos". Adiante, acerca das negociações que deviam ser levadas a cabo com a carga remetida a Luanda, dizia: "sendo preciso pôr em execução alguns meios judiciais (para receber de possíveis devedores) V. M. o fará, pois que pela presente procuração o pode fazer, ficando sempre

---

45 Junta do Comércio, Arquivo Nacional, caixa 387 (pacote 2), 378 (pacote 3), 356 (pacote 2); ver também as caixas 346 (pacote 1), 343 (pacote 1) e 347 (pacote 3).

46 Toda a correspondência mencionada adiante se encontra na Junta do Comércio, Arquivo Nacional, caixa 398, pacote 1.

na inteligência que o saldo [a favor de Bondozo] de nossa conta são 2:279$712, e novamente recomendamos a V. M. brevidade de nossa remessa".

Outra grande remessa era a de José Francisco da Silva, que afirmava ter enviado a seu correspondente na África duzentas peças de ouro no valor de 1:408$000 réis, visando à compra de "escravos novos, que sejam bons". Por outro lado, escrevendo a Antônio Alves da Silva, o grande traficante Manoel Gonçalves de Carvalho mostrava o nível de dependência do comerciante angolano para consigo por meio do tom autoritário que imprimia às suas ordens. O volume da remessa a ser trocada por escravos era enorme: trinta fardos de fazendas e vinte barris de molhados. Trata-se, segundo Carvalho, de "muito bons gêneros para o país [Angola], por se terem pedido para esta onde a qualidade é escassa". Com relação às formas de negociação, exigia-se cuidado com as vendas fiadas: "o prazo deve ter cuidado a quem fia, pois do contrário se expõe a perder o principal e lucro, e neste caso ter-se-á, como disse, cuidado". Mandava, ademais, que, se necessário, se pedisse emprestado, e só em última instância se vendesse o produto remetido para cobrir despesas. Em caso de "venda justa, fará remessa do líquido para este, empregado em escravos novos que sejam bons, ainda que custem ainda alguma meia dobra [...] vendendo como puder e o que for apurado irá remetendo". Terminadas as transações em Luanda, "retire-se para esta [cidade do Rio de Janeiro] ou siga em navio para Cabinda".

O tom autoritário do discurso se acentuava ainda mais em carta enviada seis meses depois. Carvalho afirmava ter recebido notícias de que seriam necessários mais 30$000 réis para a conclusão dos negócios em Luanda. Depois de discutir o fundamento da notícia, ele era contundente: "seja como for, sou eu quem paga". Adiante, após reafirmar a presença de têxteis indianos na sua remessa, e que já tinha os gêneros pedidos, originários de Malabar, reclamava da demora de seu navio Patrocínio, e concluía ameaçador: "a continuar a desordem [que estaria provocando o atraso na remessa de cativos], pretendo navegá-la [a nau] para este [o porto do Rio]".

Mas a correspondência também revela um tipo especial de comerciante, que apenas indiretamente participava do comércio de almas, e muitas vezes recusava que o débito do comprador africano fosse quitado em escravos. Tratava-se daquele negociante carioca que apenas fornecia mercadorias para o escambo, vendendo-as a traficantes ou meros intermediários na África. Assim, pois, escrevendo a seu correspondente em Luanda, Albino Gonçalves de Araújo afirmava remeter um fardo e um pacote com fazendas. Pedia que as mercadorias fossem vendidas "conforme o estado da terra o permitir [...] e seu líquido mo remeterá pelos primeiros navios que saírem para esta [cidade do Rio de Janeiro], em cêra e algum azeite, deste gênero pode-se no último caso escravos, nestes recomendo que sejam bons, posto que mais caros".

Em outro caso, recomendava-se que a remessa de mercadorias, no valor de 1:753$240 réis, fosse vendida "pelo mais alto preço a dinheiro [...] em meias doblas ou pesos espanhóis e, no último caso, cêra [...] e escravos". O mesmo Francisco de Paula da Silva escrevia um ano depois recomendando a venda de seus produtos e a compra de gangas azuis, "para aproveitar o preço delas aqui (eu não adivinhava)".

Um último caso é o de Antônio José da Silva Guimarães, que escrevia reclamando do atraso de onze meses no envio do líquido por parte de seu correspondente em Luanda. Depois de reafirmar querer receber cera, dinheiro ou letras, ele insistia na urgência do recebimento, pois "V. M. bem sabe que as minhas fazendas foram aqui compradas a dinheiro". A missiva termina com uma dura ameaça: "se mandar escravos, são por sua conta".

Tais exemplos mostram que a atuação desses comerciantes atípicos ocorria com maior frequência nos momentos em que os preços dos cativos estavam muito baixos no mercado carioca e, portanto, não compensavam os riscos da própria travessia oceânica. De qualquer modo, mesmo nesses casos, o adiantamento de mercadorias era a tônica, criando fortes vínculos de dependência para com os meios mercantis da praça do Rio de Janeiro. Tais vínculos, aliás, ensejavam pedidos para a execução de tarefas que, sem o lastro da confiança compulsória, jamais surgiriam em meio às transações. É o caso de Pedro Antônio Vieira que, remetendo a Angola produtos no valor de 387$560 réis, pedia a compra de "escravos de 12 até 18 anos pouco mais ou menos". Além disso, passava a seu correspondente em Luanda uma "procuração para em virtude dela ver se apanha um negro, meu escravo, por nome Domingos de nação Congo, ainda rapaz que terá 25 anos pouco mais ou menos, alto, picado de bexigas, com defeito em um olho, que daqui me fugiu e me dizem foi na [nau] Mariana de marinheiro e parece que está com negócio fora da cidade [de Luanda]. Caso V. M. o apanha mo remeterá para esta debaixo de prisão, e caso queira forrar por preço que faça conta dando para 3 ou 5 moleques, o fará ou como melhor lhe parecer [...]".

Mais um tipo de fonte revela a dependência e a hegemonia dos traficantes cariocas mediante o adiantamento/endividamento. Trata-se das contas correntes entre traficantes estabelecidos no Rio de Janeiro e seus pares da área congo-angolana. Na verdade, a própria existência de contas correntes é, por si só, suficiente para caracterizar um mercado estruturalmente restrito, onde as relações entre os agentes econômicos são estreitas e personalizadas e, além disso, a competição desempenha papel menor visto estarem eles atrelados uns aos outros. Como se não bastasse, o conteúdo das contas correntes do tráfico nos permite observar por períodos mais longos a estreita dependência dos comerciantes africanos e seus móveis.

Tome-se o caso do processo que, em 1809, foi aberto por Micaela Joaquim Nobre, do Rio de Janeiro, contra o testamenteiro dos bens do capitão-mor João Luciano dos Santos, Antônio Lopes Anjo, residente em Benguela.[47] Ali se mostra que Micaela tornou-se testamenteira de seu falecido marido, o capitão Manoel Gonçalves Moledo, além de tutora de seus filhos menores. Moledo era um dos comerciantes "de maior consideração" da praça do Rio, pois negociava com "fundo avultado", tanto na cidade do Rio de Janeiro como fora dela, incluindo-se o giro mercantil de fazendas para a África e de

---

47 Junta do Comércio, Arquivo Nacional, caixa 361, pacote 3.

escravos de lá para o porto carioca. Seu principal ponto de apoio no continente negro era a cidade de Benguela, onde era sócio de Ignácio Correia Picanço. Com a morte deste último, Moledo associou-se ao comerciante capitão-mor João Luciano dos Santos, designado testamenteiro de Picanço.

A partir da morte de seu marido, Micaela assumiu a administração da casa de comércio, conclamando João Luciano a prestar conta do estado dos negócios entre os dois. Comparando as contas prestadas e os documentos do falecido marido, Micaela concluiu haverem substanciais diferenças, com sensível prejuízo para si, avaliados em quase 30:000$000 réis. Acresceu-se o fato de que João Luciano veio a falecer, sendo nomeado Antônio Lopes Anjo, também de Benguela, como seu testamenteiro, pelo que Micaela, temerosa da excessiva distância, passou a recear ainda mais não reaver seus fundos. Daí ter dado ela entrada em processo na Junta do Comércio, solicitando o sequestro tanto dos bens de Picanço como dos de João Luciano, até a liquidação dos débitos.

A sociedade estava estabelecida em um terço para o sócio angolano e dois terços para Moledo. Em 1804, ano em que, ao que parece, faleceu Picanço, o saldo a favor de Moledo chegava a 26:492$869 réis. Nesse mesmo ano, aparentemente já em sociedade com João Luciano, os livros contábeis assinalam três remessas de escravos de Benguela para o Rio, as quais envolveram 140 cativos pela corveta Levante, e que representaram dívidas da casa de Moledo para com o sócio angolano no valor de 7:725$631 réis. Desse total, Moledo logrou abater, ainda em 1804, 458$617 réis, referentes ao envio para Benguela de seis pipas de aguardente, além de 4:218$523 réis que remeteu em dinheiro. As transações dos anos seguintes estão especificadas na Tabela 7.

Observa-se a manutenção de um padrão, em que Moledo aparecia com quantias substancialmente altas, cujo destino era o financiamento das expedições – mantimentos, direitos alfandegários etc. – e o constante envio de mercadorias para o escambo (aguardente e, sobretudo, têxteis), além dos eventuais pagamentos a terceiros. Do lado africano, ao recebimento das mercadorias sucedia fundamentalmente o envio de cativos, além de despesas menores.

Tabela 7 – Conta corrente entre Micaela Joaquina Nobre e João Luciano dos Santos, 1804-1808, em Reais

Haver		Dever	
1804			
Saldo	27:492$869		
Aguardente	458$617		
Dinheiro	4:218$523	Escravos	7:725$631
1805			
Despesa de custeio de viagem	5:175$287		
Aguardente	251$277		
Fazendas	7:831$103	Outros	66$590
Prêmio (30%)	2:349$330	Escravos	13:050$388
Pagtos. de letras	5:039$195	Pagtos. de terceiros	4:228$813
Outros	1:600$000		
1806			
Despesa de custeio de viagem	5:717$557	Outros	4:311$850
		Escravos	8:441$092
1807			
Fazendas de Lisboa	8:830$155	Pagtos. de terceiros	2:192$880
Despesa de custeio de viagem	4:518$295	Despesa do regresso de navio ao Rio	1:803$538
1808			
		Escravos	3:592$000
		Outros	27$920
	75:285$746		45:440$702

Fonte: Processo de Sequestro de Bens de Micaela Ioaquina Nobre Contra o Testamenteiro dos Bens de João Luciano Moura, Antônio Lopes Anjo (Junta do Comércio, Arquivo Nacional, 1809, caixa 361, pacote 3)

A reiteração desse padrão ao longo do tempo foi enredando o só-cio angolano em uma sempre crescente cadeia de dívidas, cujo valor era demasiadamente grande para a primeira década do século XIX. O resultado lógico, aqui, foi a insolvência do devedor, decretada no momento em que o credor o desejou. Lamentavelmente, o processo em questão não apresenta a sentença final que, é provável, deu-se a favor de Micaela.

Na prática havia outro efeito desse mecanismo de adiantamento e endividamento. De início, se se recorda que o padrão de dependência observado nas relações entre o comerciante africano urbano e o traficante carioca esteve presente nas relações daquele com o sertanejo, conclui-se pela existência de uma verdadeira *cadeia de endividamentos*. Ou seja, partindo de um núcleo original (o traficante do porto carioca), a corrente se estendia ao interior africano, aos mercados regionais de cativos. É o que se observa no já referido processo por dívidas, aberto em 1812, por Bernardo Lourenço Vianna, contra seu devedor angolano, Antônio Rodrigues de Moura. Nele, em virtude da sentença favorável a Vianna, a Moura nada restou senão lamentar a falta de atenção de Vianna "às precisas e atuais circunstâncias e da numerosa família que tem [Moura] de mulher e cinco filhos", e passar à penhora de seus bens e à execução de seus devedores na região angolana.[48]

Ainda quando fosse correto que Moura devesse a Vianna cerca de 20 mil cruzados, por outro lado ele era credor de 42 indivíduos na cidade de Luanda (em um total de 20:818$342 réis), de dois no distrito de Encoje (40$550 réis), cinco no distrito de Dande (256$015 réis), 29 no distrito de Gollongo (26:334$601 réis), quatro no presídio de Muxima (3:893$036 réis), cinco no presídio de Massangano (420$601 réis), onze no presídio de Pungo (3:598$303 réis), 38 em Ambaca e demais sertões (42:710$234 réis), dois em Benguela (8:023$000 réis), além de dois devedores de 41$100 réis, dos quais não se indica a localização.[49] Havia também execuções em andamento em Angola, contra 21 indivíduos que deviam a Moura um total de 21:282$842 réis. Havia, portanto, uma cadeia da qual participavam nada menos do que 161 agentes além de Vianna e Moura, e que movimentava algo em torno de cem contos de réis!

Não se sabe se o príncipe regente atendeu às súplicas de Moura para, de acordo com a lei vigente, sustar a arrematação de seus bens por um período de cinco anos, prazo no qual o devedor deveria pagar suas dívidas. Sabe-se apenas que, se ele executou seus credores

---

48   Junta do Comércio, Arquivo Nacional, caixa 377, pacote 1.

49   Os presídios citados eram, na verdade, pontos militares avançados (os mais avançados, aliás) da presença lusitana, que serviam como mercados de cativos.

africanos, cujos débitos eram, de resto, mais do que suficientes para quitar sua dívida, detonou uma quebra em série: eis aqui um dos possíveis efeitos, o mais desastroso para a economia, de um mecanismo montado sobre a figura do adiantamento/endividamento.

A própria legislação comercial coeva previa o perigo das quebras em série, reconhecendo, indiretamente, o peso do mecanismo de adiantamento/endividamento na economia não capitalista do império.[50] Por isso havia mecanismos dos quais podiam lançar mão os credores, sempre que fossem reconhecidos pelos pares como homens de recursos e boa-fé (*homens bons*) e, portanto, merecedores de confiança. De fato, foi buscando aproveitar essa brecha que Antônio Rodrigues de Moura fez a sua solicitação. Alertando para o vulto de seu giro e para o seu papel de grande contribuinte, provava ele ter atuado em Angola por mais de vinte anos (entre 1788 e 1809), quando foi responsável pelo envio para o Brasil de 4.481 escravos adultos, nove crias de pé e 184 de peito. Tais remessas renderam à Real Fazenda 39:023$850 réis em direitos e 1:345$650 réis em subsídios. Segundo ele, sua "notória honra e boa-fé", reiteradas em várias partes do processo, poderiam ser medidas pelo fato de "não ter outro algum credor" além de Vianna, e pela sua ação enquanto súdito de Sua Majestade, tendo desempenhado "as obrigações militares do seu posto de Sargento-Mor das ordenanças, agindo como um fiel e patriótico cidadão, contribuindo voluntariamente com a importância de 320$000 réis de donativo gratuito para a Real fazenda".[51]

No Rio de Janeiro

Uma vez intercambiados, os escravos passavam à longa travessia oceânica, ao fim da qual desembarcavam no porto do Rio de Janeiro. Tinha início então a etapa brasileira de sua circulação. Pagos os direitos na Alfândega, os cativos eram concentrados sobretudo em armazéns

---

50 Ver os alvarás de 10/6/1757, de 24/5/1765, de 15/5/1766 e de 24/7/1793, que ainda vigiam durante as décadas iniciais do século XIX.

51 Junta do Comércio, Arquivo Nacional, caixa 377, pacote 1.

da rua do Valongo, onde os escravos "novos" (em contraposição aos africanos ladinos) eram expostos à curiosidade dos compradores urbanos. Viajantes da época chegaram a assinalar a presença de grupos de cativos, unidos por correntes, caminhando pelas ruas da cidade, oferecidos de porta em porta (Karasch, 1987). Naturalmente, enquanto não fossem vendidos, os escravos permaneciam armazenados, tendo que ser alimentados, medicados e vestidos, constituindo-se em ônus para os traficantes. Sabe-se, por exemplo, que o traficante José Alves Moreira, estabelecido no Valongo, costumava encarregar Úrsula da Costa do tratamento dos africanos que desembarcavam doentes ou adoeciam, remunerando-lhe em 4$800 réis por cabeça, permanecessem eles vivos ou não.[52] No entanto, pouco tempo levava para o escoamento da mercadoria viva.[53]

A maior parte dos recém-chegados era destinada a compradores do interior e às pequenas cidades litorâneas do Sul/Sudeste brasileiro, seja por via marítima ou terrestre. Na verdade, alguns poucos grandes consignatários se incumbiam de transportar, através de tropas, grandes lotes de escravos a consumidores interioranos. Em 1828, um ano de grande efervescência no mercado de escravos, apenas 4% dos responsáveis pelos escravos desde sua travessia oceânica se incumbiam de transportá-los diretamente aos pequenos mercados interioranos. Nesse ano, dos cinco maiores redistribuidores, apenas um (Diogo Gomes Barrozo) constava das listas de consignatários de escravos desembarcados de negreiros provenientes da África, sendo o responsável por 8% dos escravos redistribuídos no interior e cidades do litoral fluminense. Em 1824, um ano de queda nas transações com africanos, dos 310 traficantes que operavam com a África, apenas

---

52 Ver o inventário de Francisco dos Santos Xavier (1812), maço 458, número 8740 (Arquivo Nacional); e também *Representação...*, op. cit. (Seção de Manuscritos da Biblioteca Nacional), onde se reclama dos preços cobrados por proprietários de um armazém da Gamboa, que servia de lazareto para os cativos.

53 Por exemplo, o navio Urânia, vindo de Benguela, por falta de água e quebra do mastro atracou em Recife, em 1817. Atuando em um mercado que lhe era estranho, ele conseguiu vender seus 209 escravos entre 25 de março e 21 de abril daquele ano (Junta do Comércio, Arquivo Nacional, caixa 431, pacote 1).

4,5% estavam listados como responsáveis pela redistribuição dos cativos. Dos cinco maiores redistribuidores de escravos para as cidades litorâneas e do interior fluminense, três (Joaquim Antônio Ferreira, Diogo Gomes Barrozo e Tomé José Ferreira Tinoco) eram consignatários que haviam recebido escravos diretamente da África, sendo responsáveis por quase um quarto do total de cativos redistribuídos.[54]

Tais cifras indicam que poucos traficantes que atuavam no transporte dos escravos desde a África também redistribuíam a mercadoria humana no interior do Brasil. Era grande, entretanto, o volume de escravos por eles redistribuídos. Na verdade, essa última etapa, o elo final da longa cadeia iniciada nas florestas e savanas africanas, embora estivesse em mãos de centenas de pequenos traficantes regionais, configurava um mercado que, independentemente da conjuntura considerada, mostrava-se bastante concentrado.[55]

Um exemplo desses traficantes que atuavam no mercado brasileiro nos é oferecido por Joaquim Felício dos Santos em suas *Memórias do Distrito Diamantino*, onde analisa a atuação da figura dos *comboieiros*. Aproveitando a demanda mineradora ainda existente em fins do século XVIII, esses traficantes interioranos retornavam dos portos com escravos, comprados por 100$000 ou 120$000 réis e revendidos por até 240$000 réis. Vendendo à vista ou preferencialmente em até duas vezes, buscavam que o comprador tivesse ao menos um outro cativo, que servia como garantia em caso do não pagamento da dívida (Santos, 1978, p.282-283). Mais uma vez vê-se ser o endividamento a tônica do funcionamento do mercado. Esses comboieiros também atuavam no Vale do Paraíba, e eram importantes intermediários no comércio de abastecimento da Corte (Gorender, 1978, p.520; Lenharo, 1979).

---

54 Informações obtidas por meio do cruzamento da listagem de traficantes citados no Apêndice 26, com os nomes dos responsáveis pelas tropas que levavam escravos da cidade do Rio de Janeiro para diversas localidades, no Códice 425, Arquivo Nacional.

55 Em 1824 e em 1828 as 28 maiores empresas redistribuidoras de escravos a partir do Rio de Janeiro (as quais, em ambos os anos, constituíam cerca de 10% do total das empresas) concentravam as saídas de, respectivamente, 59% e 65% dos escravos que partiam da Corte para o interior – ver os apêndices 14 e 15.

2

O perfil da empresa traficante

Um negócio de alto risco: roubo, pirataria e morte no tráfico

Uma das principais características dos negócios negreiros era o risco. Todas as etapas da circulação dos escravos, desde as trocas realizadas na esfera africana até aquelas que, efetuadas no Brasil, ensejavam o consumo final da mercadoria humana, enfrentavam enormes perigos, visto ter sido o cativo um bem altamente requerido e constantemente exposto à morte.

O risco tinha início na própria África, a partir do momento em que, prisioneiro ou oferecido em tributo, o escravo chegava às mãos dos mercadores nativos. Havia, de início, as mortes durante o longo trajeto entre as zonas da captura no interior e a costa africana, que se somavam às ocorridas durante a espera nos barracões e portos. Joseph Miller (1981, p.413-414) afirma que provavelmente 40% dos negros escravizados em Angola pereciam durante o deslocamento até o litoral, onde outros 10% ou 20% morriam antes de serem embarcados. Em geral, pois, cerca de metade do contingente de cativos poderia perecer ainda em solo africano. Outro estudioso, Antônio Carreira (1988, p.136), buscou contabilizar as perdas sofridas pela Companhia Geral do Grão-Pará e Maranhão na sua atuação em Luanda e Benguela entre 1756 e 1781. Da documentação da companhia, descoberta em arquivos de Lisboa, depreende-se que, entre escravos falecidos nos barracões e evadidos, perdeu-se 6% dos 8.854 cativos adquiridos – outros 1% foram deixados nos portos de embarque por estarem doentes.

Os mercadores de almas ainda sofriam frequentes roubos durante as longas jornadas entre o interior e os portos africanos (Adamu, 1979). Nestes últimos, nos barracões onde os cativos ficavam concentrados à espera do embarque, ou mesmo nas próprias embarcações – ancoradas às vezes por semanas ou meses, à espera de completar a lotação –, também havia a possibilidade de perdas. Foi o que ocorreu em fevereiro de 1827, quando o negreiro Estrela do Mar, consignado a Joaquim de Mattos Costa, foi roubado em 213 escravos dentro do próprio porto de Molembo.[1] O mesmo se deu com traficantes como Felipe Ribeiro da Cunha, em Molembo (1828), e Joaquim Martins Mourão, em Cabinda (1829), roubados em 188 e 103 escravos, respectivamente, antes de zarpar.[2]

Durante a etapa marítima, mais do que em qualquer outra, aumentavam os riscos dos traficantes estabelecidos no Rio. A perda da mercadoria humana por meio da ação corsária ou mesmo do naufrágio era possibilidade sempre presente em qualquer tipo de operação mercantil marítima, importando menos a natureza da mercadoria do que seu valor enquanto presa. Não se deve esquecer, porém, que o escravo se constituía em uma mercadoria literalmente perecível, dado constantemente levado em conta pela ação empresarial.

Uma vez no mar, o primeiro perigo era a subtração da mercadoria humana por piratas. Os escravos comprados em Moçambique, por exemplo, estavam sob constante pressão de corsários franceses, que costumavam enviar para as Ilhas Maurício os cativos interceptados. Assim, em 1796, o Nossa Senhora do Rosário e Santo Antônio foi apressado por um corsário francês. Quando se dirigia às ilhas francesas do Índico, seus marinheiros negros, temerosos de serem escravizados, se revoltaram, tomaram o comando do navio corsário e o levaram para

---

1 *Diário Fluminense* de fevereiro de 1827 (Seção de Microfilmes da Biblioteca Nacional).

2 *Diário Fluminense* de agosto de 1828 e junho de 1829 (Seção de Microfilmes da Biblioteca Nacional).

Moçambique, onde terminaram por receber 32 mil cruzados pelo botim.[3] Em outro episódio, a escuna Feiticeira, atuando no Norte de Angola, em 1825, "foi tomada com o seu carregamento pelo gentio de Soyo, depois de possível resistência feita pelo mestre e campanha, que ficaram maltratados e feridos, sofrendo abordagem".[4]

Problema antigo, o corso não atingia somente os traficantes de escravos. Sua frequência podia chegar a níveis tão altos que, muitas vezes, aos comerciantes não restava alternativa senão recorrer à proteção do Estado. Foi o que fizeram os mercadores lisboetas, em 1761, quando solicitaram ao Conselho de Estado a organização de uma armada para a defesa dos navios e frotas do Brasil, constantemente atacadas por naus mouras e holandesas. Estas, em apenas três anos, haviam roubado mais de 60 mil caixas de açúcar, couros, tabaco, algodão e âmbar. Perderam-se também inúmeros escravos, levados para Argel e Salem (Nova Inglaterra), enriquecendo a estas em detrimento do próprio reino (Rau, 1955, p.21-22).

Situação diversa ocorreu em 1819, quando parecer da Junta do Comércio detectava que "continua a ser infestado o mar de piratas", contra o que se propunha o estabelecimento de comboios regulares, já que não bastava "se armarem em guerra os navios de comércio". Percebendo o perigo de tal proposta, os comerciantes cariocas consultados a respeito foram diplomáticos, porém firmes, ao exigirem a manutenção da liberdade de comércio apenas conquistada. O traficante Amaro Velho da Silva, por exemplo, afirmava ser de seu parecer "que se não prive qualquer negociante de poder mandar independente de comboio, qualquer navio seu, só ou em companhia de outrem, contanto que vão armados em forma reconhecida". A mesma opinião era emitida por outro negociante carioca, José Marcelino dos Santos. Já Fernando Carneiro Leão chegava a afirmar ser a pirataria um risco normal.[5] Entretanto, ao que parece, a formação de comboios era tida como a mais eficiente resposta à pirataria, fato insinuado pelas saídas

---

3 Junta do Comércio, Arquivo Nacional, caixa 374, pacote 2.
4 Junta do Comércio, Arquivo Nacional, caixa 433, pacote 2.
5 Junta do Comércio, Arquivo Nacional, caixa 367, pacote 1.

conjuntas (dois ou mais navios) do porto do Rio de Janeiro rumo à África. Desse modo, entre outubro de 1827 e janeiro de 1830, de 119 saídas registradas pelos periódicos, apenas 42 (35%) ocorreram com naus que partiram sozinhas, enquanto sessenta (50%) congregaram duas e três naus, e dezessete (15%) ocorreram juntando oito ou nove barcos negreiros.[6]

Contra o imponderável que era a pirataria, contudo, e tendo em conta a debilidade dos recursos portugueses, talvez fossem de maior valia as informações cotidianamente obtidas em bebedeiras impuras, quase pagãs, o ouvido atento às conversas à boca pequena entre marujos, mestres e capitães, ou mesmo as confissões trocadas no interior de sórdidos lupanares. Aí se passava a temer determinada rota ou navio, tomando-se ciência dos métodos de ação e idiossincrasias de tal ou qual famoso bucaneiro (Burg, 1984; Defoe, 1978).

O corso a negreiros era tanto mais frequente quanto maior fosse a demanda por africanos, como durante a década de 1820. Assim, dando parte da entrada da escuna Desunião, completava o *Diário do Governo*, reproduzindo as informações prestadas pelo comandante do navio, mestre Francisco Pires de Carvalho:

> [...] aos 28 dias de viagem, na altura de um grau e cinquenta minutos, latitude sul equinocial e pelo meridiano a oeste de Londres, às oito horas do dia apareceu-lhe um corsário saído de Cuba, armado a brigue com sete colombinas por banda de calibre dezoito, com oitenta homens de tripulação e comandante espanhol; tendo firmado com um tiro a bandeira francesa e prolongando-se até ele deu três tiros de bala, ameaçando-o de o meter a pique e mandando gente armada a bordo lhe roubou 256 escravos, marfim, fazendas, passaportes e mais papéis, também cinco da tripulação incluso um escravo, os quais foram voluntários para o serviço do dito, e que foi cutilado o contramestre e o praticante.[7]

---

6 Ver o *Diário Fluminense* e o *Jornal do Commércio* de outubro de 1827 e janeiro de 1830 (Seção de Microfilmes da Biblioteca Nacional).

7 *Diário do Governo* de novembro de 1825 (Seção de Microfilmes da Biblioteca Nacional).

Durante a mesma década os jornais cariocas registraram dezesseis ataques de piratas a negreiros com destino ao Rio, a maior parte perpetrada por corsários norte-americanos. Dois desses ataques não resultaram em nenhuma perda, pois os negreiros conseguiram fugir. Um caso que mostra que alguns piratas não estavam interessados em escravos, mas sim em outros produtos, ocorreu com a escuna Luiz de Camões, abordada já perto da costa brasileira pelo pirata Sarandi, que nada roubou.[8] Dos outros catorze ataques computam-se perdas que variavam entre a totalidade dos africanos (inclusive o navio), até menos de um quinto de carga humana. Um desses negreiros, o São José, de acordo com o relato de seu capitão, viera de Cabinda, onde adquirira 382 escravos. Em 16 de dezembro de 1825, a dezoito léguas de Cabo Frio, a nau foi atacada pelo corsário La Vallega, que lhe roubou toda a escravaria, onze tripulantes e o cirurgião, lançando o restante na lancha Penha.[9] O negreiro Ceres, por sua vez, adentrou a Baía de Guanabara em março de 1830 com 341 cativos adquiridos em Ambriz. Dezesseis haviam perecido durante a travessia do Atlântico e 61 foram roubados perto do litoral africano por pirata de bandeira norte-americana.[10]

Durante a década de 1820 mais de 4 mil africanos passaram para as mãos de piratas, sem contar as perdas de tripulantes e dos próprios barcos. Estimando-se em 200$000 réis o preço de cada escravo no Rio e acrescentando-se ao total os valores dos navios, é possível que na última década do tráfico legal a pirataria tenha causado aos traficantes cariocas um prejuízo entre oitocentos e novecentos contos de réis.[11]

O naufrágio era, por definição, outro tipo de risco marítimo. Suas causas debitavam-se ao acaso, que punha homens e equipamentos perante uma natureza por vezes volúvel, e a erros de comando e cálculo. Parece ter sido grande o número de naus idas a pique, mas mesmo

---

8 *Diário Fluminense* de julho de 1828 (Seção de Microfilmes da Biblioteca Nacional).

9 *Diário Fluminense* de dezembro de 1825 (Seção de Microfilmes da Biblioteca Nacional).

10 *Diário Fluminense* de março de 1830 (Seção de Microfilmes da Biblioteca Nacional).

11 Ver o Apêndice 16.

assim os prejuízos dependiam dos caprichos de Netuno. Sabe-se que dos 43 navios que transportavam escravos para a Companhia do Grão-Pará e Maranhão durante a segunda metade do século XVIII, nada menos que catorze (32,6%) naufragaram (Carreira, 1988, p.112-113). Já o negreiro Athaneo, proveniente de Cabinda, aportou no Rio durante o Natal de 1812 trazendo entre seus homens o piloto, o cirurgião, o contramestre e oito marujos do também negreiro Rainha Nantes, que naufragara perto da costa brasileira. Dos escravos por ele transportados, nunca mais se soube.[12] Sorte distinta teve o bergantim Lisboa, proveniente de Ambriz, que fora a pique também durante o Natal, só que do ano de 1824. Estando a 140 léguas de Cabo Frio, ele teve 25 de seus tripulantes e 138 escravos salvos pelo também negreiro Vigilante, que aportou no Rio no primeiro dia de 1825.[13]

Logo depois do corso eram as mortes durante a travessia oceânica as que mais diretamente atingiam os traficantes do porto do Rio de Janeiro. Mortandades frequentes no tempo, mas extremamente variáveis em cada expedição. Os navios provenientes de Cabinda, por exemplo, perderam de 0,3% a 18% de sua carga em 1811, enquanto os que partiram de Molembo, em 1829, conheceram taxas de mortalidade que variaram de 1,2% a 34% de seus escravos.[14]

Pode-se imputar as mortes a bordo a fatores como a escassez de alimentos e água, maus tratos, superlotação e até mesmo ao medo, que minava a resistência física, moral e espiritual de contingentes formados muitas vezes por fatigados prisioneiros de guerra. Havia, porém, o próprio tráfico enquanto veículo de aproximação e contato entre esferas microbianas distintas, cujos resultados, mesmo quando tendessem à acomodação a médio e longo prazos, traduziam-se de imediato em mortes (Curtin, 1968). É evidente que, no contexto do

---

12 *Gazeta do Rio de Janeiro* de dezembro de 1812 (Seção de Microfilmes da Biblioteca Nacional).

13 *Diário Fluminense* de janeiro de 1825 (Seção de Microfilmes da Biblioteca Nacional).

14 *Gazeta do Rio de Janeiro* de 1811; *Diário Fluminense* e *Jornal do Commércio* de 1829 (Seção de Microfilmes da Biblioteca Nacional).

choque entre tais esferas, os navios negreiros funcionavam como vias de duplo sentido, levando e trazendo da África enfermidades típicas da América e Europa, e vice-versa. Informações dispersas indicam grandes mortandades entre populações euro americanas estabelecidas em portos africanos (Curtin, 1975, p.94; Postma, 1990, p.66; Stein, 1979, p.98). A dureza das condições a bordo fazia que também os tripulantes dos negreiros perecessem, como aliás a bordo de todos os navios da época (Barreto, 1987, p.21-22). No caso do tráfico para o Rio de Janeiro, sabe-se, por exemplo, que a galera São José Indiano, aportada em outubro de 1811, provinha de Cabinda. Possivelmente por causa da superlotação e da eclosão de algum tipo de peste, perdeu 121 de seus 667 escravos, mais o capelão e três marinheiros.[15] Outro caso é o do negreiro Império do Brasil, que perdeu seu comandante durante a viagem realizada em meados de 1825. Curiosamente, dois anos depois, em nova expedição negreira, o mesmo barco perdeu o mestre, o cirurgião e dois marujos.[16]

Ver-se-á, quando da discussão acerca da rentabilidade dos negócios negreiros, as relações entre a mortalidade a bordo e o cálculo econômico empresarial. Basta, por ora, assinalar que nada era mais propício à expansão de pestes e doenças em geral do que um receptor débil. Daí porque a travessia ceifasse sobretudo os escravos. Uma mortalidade geograficamente diferenciada, por certo, pois dependente em última instância da duração da travessia oceânica, o que configurava padrões distintos de perdas de acordo com a região africana de embarque dos escravos. O Gráfico 10 foi construído a partir das listas navais, para o período 1795-1811, e dos registros de entradas de navios constantes dos periódicos cariocas para o intervalo 1821-1830. Ele alerta tanto para a diferenciação espacial da mortalidade escrava como para sua variação no tempo.

---

15 *Gazeta do Rio de Janeiro* de outubro de 1811 (Seção de Microfilmes da Biblioteca Nacional).

16 *Diário Fluminense* de junho de 1825 e *Diário do Rio de Janeiro* de agosto de 1827 (Seção de Microfilmes da Biblioteca Nacional).

Gráfico 10 – Flutuações regionais da mortalidade escrava (por mil) durante a travessia oceânica para o porto do Rio de Janeiro, 1811-1830

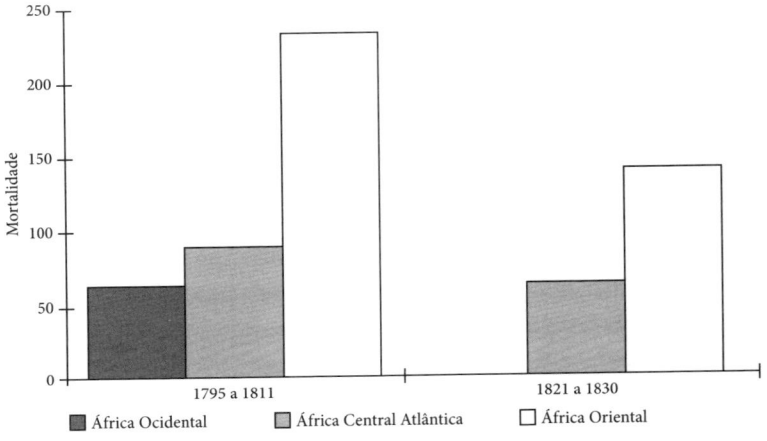

Fonte: Apêndice 17

Observando-se somente aquelas duas áreas que efetivamente abasteciam o Rio de Janeiro, a África Central Atlântica e a África Oriental, infere-se a permanência temporal da tendência ao aumento da mortandade de acordo com o crescimento da distância entre o porto carioca e a região africana de embarque. Em todos os períodos perdiam-se quase três vezes mais escravos entre os cativos embarcados no Índico do que na área congo-angolana, fato perfeitamente explicável pela duração da travessia: enquanto os negreiros provenientes desta última região levavam de 33 a 40 dias no mar até o Rio de Janeiro, os daquela podiam navegar até durante 76 dias.[17]

Com o passar do tempo diminuíram substancialmente os níveis de mortalidade a bordo, tanto na área moçambicana como na congo-angolana. Assim, entre as naus provenientes desta última, os índices baixaram de 89 por mil entre 1795 e 1811, para 55 por mil na década de 1820. Em termos gerais, com exceção de Cabinda (cuja

---

17 Ver o Apêndice 18.

taxa permaneceu praticamente inalterada), os dois outros principais portos abastecedores da região – Luanda e Benguela – acompanharam a tendência global. Com relação aos cativos provenientes do Índico, suas taxas de mortalidade baixaram de 234 por mil entre 1795 e 1811 para 132 por mil na década de 1820. O principal porto de embarque da região, a Ilha de Moçambique, foi o grande responsável por tal fenômeno.

Se é correto que as perdas dependiam sobretudo da distância entre o porto africano e o ponto de recepção na América, então somente haverá sentido na comparação entre comércios negreiros estabelecidos nas mesmas áreas de exportação/importação. De qualquer modo, as "perdas em trânsito" inglesas entre a África e o Caribe (em viagens que duravam de dois a três meses) chegaram a cerca de 100 por mil durante a segunda metade do século XVIII. No mesmo século, os navios franceses também direcionados ao Caribe perderam aproximadamente 130 por mil embarcados, índice que para o tráfico holandês chegava a 110/1000 entre 1730 e 1803 (Anstey, 1975, p.414-415; Stein, 1979, p.99; Postma, 1990, p.249).

A resposta para essa tendência decrescente das taxas de mortandade no tráfico carioca deve ser procurada sobretudo nas modificações observadas na duração da travessia oceânica no período que interessa a este estudo. Os jornais cariocas permitem observar que, entre 1811 e 1830, de um total de 1.187 viagens, apenas dez deixaram de indicar em quantos dias se efetuava a viagem de regresso dos negreiros.[18] A partir dos registros existentes construí o Gráfico 11 que, operando com as médias quinquenais entre 1811 e 1830, mostra uma tendência global rumo à queda no tempo de duração da travessia oceânica. Entre o primeiro período e o último diminuiu em 13% para os negreiros que zarpavam da África Central Atlântica, e em 18 % para os que vinham de Moçambique.

É possível que tal fato estivesse relacionado a mudanças no padrão tecnológico dos barcos da época. Porém, o incremento da participação de pequenas naus, em princípio mais velozes, pertencentes a traficantes

---

18 Ver o Apêndice 18.

não especializados que buscavam lucrar com o grande aumento da demanda depois da abertura dos portos, pode ter sido a causa maior do encurtamento das viagens e, portanto, da queda da mortalidade a bordo. Isso é particularmente observado a partir do surto especulativo negreiro iniciado com as discussões entre Brasil e Grã-Bretanha, quando se incrementou a participação dos traficantes não especializados, fazendo com que a duração da viagem caísse a níveis médios jamais alcançados, tanto na África Central Atlântica como em Moçambique.

Gráfico 11 – Flutuações regionais (em dias) da duração da travessia oceânica para o porto do Rio de Janeiro, 1811-1830

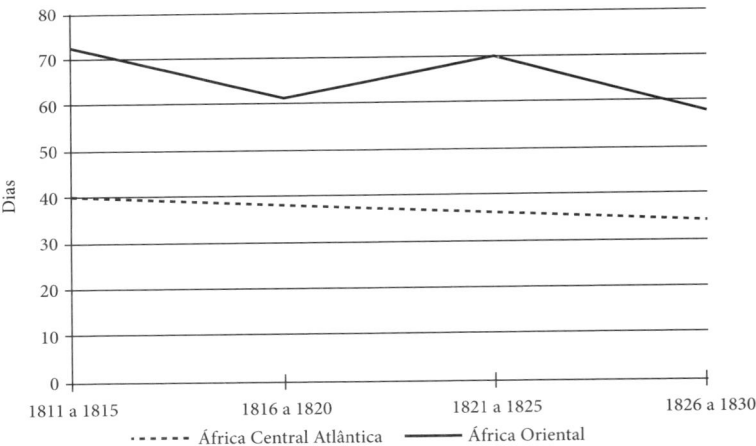

Fonte: Apêndice 18

Contudo, não se deve pensar que as mortandades de africanos cessassem com o desembarque no Brasil. Certamente, muitos chegavam doentes e pereciam antes de serem revendidos aos fazendeiros do interior. O enfrentamento da nova esfera microbiana e a longa jornada até o interior faziam com que fossem extremamente altas as taxas de mortalidade dos africanos, ainda em mãos dos redistribuidores brasileiros. Em carta a seu correspondente em Angola, o traficante Manoel Gonçalves de Carvalho acusava o recebimento de onze escravos vivos (de uma remessa de quinze), dos quais "mandei dois no mesmo dia para o cemitério".[19] Afirma-se que um negociante brasileiro que comprava africanos no porto e os revendia a fazendeiros de café, perdia cerca de 15% da carga humana durante o intervalo da negociação. Uma vez vendidos, o longo percurso para o interior ceifava a vida de mais 11% da escravaria – o que resulta em um índice de perdas de mais de um quarto do total de africanos em terras brasileiras (Mello, 1983, p.172-173).

Por fim, a conjuntura específica marcada pelas pressões inglesas e pela proibição do tráfico ao norte do Equador configurava um outro fator de risco para os traficantes. Nesse caso, sabe-se que, por não depender da África Ocidental para o seu abastecimento de mão de obra, o porto carioca teve poucos navios apresados pelos ingleses, comparativamente às perdas sofridas pela praça de Salvador, por exemplo. Enquanto, de acordo com Verger, os traficantes baianos tiveram 85 negreiros apresados até 1830, segundo um relatório da época, os do Rio de Janeiro sofreram apenas seis perdas desse tipo até 1821.[20] De qualquer modo, apesar de poucos, esses apresamentos causaram prejuízos que, embora bem menores do que os ocasionados pelo corso, ainda assim eram consideráveis. É o que indica a documentação da Junta do Comércio para o ano de 1815, quando fixa em 93:161$989 réis o total de perdas advindas da ação inglesa, cifra que, para o ano seguinte, foi refeita para 255:519$343 réis.[21]

Em resumo, o risco da perda dos escravos (e muitas vezes dos navios) era uma constante, enfrentada igualmente por todos os traficantes. As respostas dos traficantes, porém, dependiam da capacidade de cada um deles em absorver vultosos prejuízos. Daí que, ao menos em tese, os grandes traficantes, aqueles cuja participação no comércio negreiro não era de modo algum eventual, estivessem em posição menos desconfortável, mesmo levando-se em consideração que alguns pudessem se arruinar. Foi o caso de João Alves da Silva Porto, um dos

---

19 *Carta de Manoel Gonçalves de Carvalho para Antônio Alves da Silva, em 29/5/1822* (Junta do Comércio, Arquivo Nacional, caixa 398, pacote 1).

20 Verger (1987, p.637-642) e Junta do Comércio, Arquivo Nacional, caixa 369, pacote 3.

21 Junta do Comércio, Arquivo Nacional, caixa 369, pacote 3.

maiores mercadores de africanos entre 1811 e 1830, que foi à falência no início dos anos 1830. Dentre as razões alegadas para a bancarrota consta a perda de mais de seiscentos africanos, cifra derivada tanto da mortalidade durante a travessia quanto da ação de piratas.[22] Porém, sendo o tráfico um negócio altamente rendoso e especulativo, muitos foram os traficantes de última hora, homens que, diante de uma conjuntura excepcionalmente favorável, canalizavam boa parte de seus recursos para a aventura do comércio de homens. Alguns deles conseguiram, a partir de então, dar início à montagem de grandes fortunas; outros, porém, conheceram a mais completa ruína, a *débâcle* total. Foi o caso do traficante Francisco Antônio Malheiros, que teve um de seus negreiros, no qual investira mais de sete contos, apreendido pelos ingleses na Costa da Mina, em 1813. O mesmo traficante teve outro navio, o *Júlia*, que ia resgatar escravos em Cabinda, marcado por "enormes desgraças": fez água, necessitando por isso ser consertado na própria África, seu capitão acabou por realizar negociações com enorme prejuízo, e vários escravos morreram durante a travessia oceânica. Sua dívida com os traficantes da praça do Rio (José Ignácio Vaz Vieira, José Ignácio Tavares e Manoel Dias de Lima) chegava a 52:504$380 réis, e seus bens somavam apenas 34:211$226 réis. Malheiros, alertando para a cadeia de endividamentos que marcava suas operações, a qual tornava os credores intimamente ligados aos destinos dos devedores, lembrava que o pedido de embargo de seus bens, feito pelos credores cariocas, poderia generalizar-se em prejuízos que lhes poderiam vir a ser maiores do que a ele mesmo.[23]

Monopolistas, especuladores e especialistas

Embora o tráfico atlântico se constituísse em um negócio de base local, em mãos de homens e mulheres (ver o caso da Viúva Velho e

---

22 Processos de Falência, maço 657, número 9222; maço 701, número 10990; maço 2314, número 1059 e maço 2332, número 591 (Arquivo Nacional).

23 Junta do Comércio, Arquivo Nacional, caixa 366, pacote 2.

Companhia) residentes nos maiores portos do Atlântico, sua rede de interesses abrangia milhares de pessoas na América, Ásia, Europa e África. Muitos participavam diretamente de sua organização, nas tripulações dos tumbeiros, nas capturas, vendas e revendas dos cativos, dentre outras etapas. Indiretamente, porém, esse número era ainda maior, como por exemplo na construção de navios e na produção de manufaturas que, junto com produtos tropicais, participavam do escambo. Poucos, entretanto, dominavam as condições de operacionalização do comércio negreiro, provendo-o do capital necessário e, por conseguinte, dele auferindo os maiores lucros.

Os jornais da época, ao oferecerem quase todos os nomes dos consignatários dos negreiros que entravam no porto do Rio de Janeiro, permitem proceder à hierarquização dos empresários traficantes de acordo com o número de viagens por eles realizadas entre 1811 e 1830. Trata-se apenas de uma aproximação do perfil de concentração dos negócios negreiros, já que, em virtude do alto investimento inicial, muitas das entradas de negreiros que nos jornais aparecem consignadas a apenas um empresário estavam provavelmente consignadas a um grupo de sócios.

Das 1.187 entradas de negreiros registradas durante o período, 1.092 nos permitiram detectar os consignatários dos negreiros, com predomínio quase total de negociantes estabelecidos na praça mercantil do Rio de Janeiro. As dezessete maiores empresas traficantes (9,1% do total) foram responsáveis por quase metade das viagens, e as 28 maiores (15%) organizaram dois terços de todas as expedições negreiras. Enquanto isso, as 108 menores empresas negreiras (58%) organizaram apenas 13% das viagens.[24] Por outro lado, apenas as dezessete maiores empresas atuaram durante quase todo o período, realizando uma ou mais viagens por ano e sendo responsáveis por 505 expedições negreiras (vejam a Tabela 8). Seguia-se um grupo intermediário de dezesseis empresas (9% do total) que, por vários motivos, não participaram do tráfico durante todos os anos do intervalo considerado,

---

24 Ver o Apêndice 4.

e realizaram em média apenas uma expedição negreira a cada dois ou três anos. Essas empresas foram responsáveis por cerca de um quinto do total das expedições. Havia, por fim, aqueles empresários de passagem eventual pelo circuito atlântico de homens (153, ou seja, 82% do total), donos de firmas que em média puderam organizar uma expedição negreira a cada quatro ou mais anos e que, no final, foram responsáveis por quase um terço das viagens à África.

Tabela 8 – Hierarquização das empresas traficantes da praça do Rio de Janeiro de acordo com os anos de atuação no tráfico para o porto carioca, 1811-1830

Anos de atuação	Número de empresas	%	Número de viagens	%
Mais de 10 anos	17	9,1	571	52,3
De 5 a 9 anos	16	8,6	203	18,6
De 1 a 4 anos	153	82,3	318	29,1
Total	186	100,0	1.092	100,0

Fontes: Os periódicos citados no Apêndice 3

O comércio de homens para o porto do Rio de Janeiro era, portanto, altamente concentrado, além de se constituir em um campo privilegiado para a atuação de especuladores. De fato, a compra ou o aluguel dos navios, sua equipagem com pessoal especializado – mestres, contramestres, cirurgiões, capelães e marinheiros, estes últimos quase sempre escravos –, com instrumentos também especializados e, o mais importante, produtos como tecidos, pólvora, armas de fogo, tabaco e aguardente, tudo isso tornava as expedições negreiras altamente vultosas. Os processos junto a companhias de seguro da praça do Rio de Janeiro mostram que, enquanto um negreiro equipado (casco e ferros) podia ter um custo nominal de 15:199$820 réis (o caso do Voador, em 1814), gêneros e mantimentos podiam chegar a até 26:600$000 réis (o caso do Andorinha, em 1812), sem contar comissões, taxas de importação e exportação, soldos da tripulação e gastos extras em geral (vejam a Tabela 11).[25] Mesmo quando o recurso à associação

---

25 Junta do Comércio, Arquivo Nacional, caixa 374, pacote 1, e caixa 372, pacote 3.

baixasse os custos, o investimento inicial de um traficante podia ser altíssimo. É o que se nota na participação de Luiz Inácio de Souza (por seu procurador Lourenço Justiniano Pereira Camizão), dono de um terço da sociedade que em 1822 levaria o Europa a resgatar escravos na costa moçambicana. Ele teve seu investimento inicial avaliado em 11:733$260 réis (2.396 libras esterlinas) pela Companhia Providente de Seguros.[26] Se se pensa, além disso, em quão arriscado era o investimento, é natural que poucos empresários possuíssem capital suficiente para alimentar, em continuidade e de forma sistemática, o fluxo de homens para o porto carioca.

Embora custoso, o tráfico era um negócio em que a especulação assumia um papel estrutural. É o que se deduz quando se constata que, embora quase 90% das empresas não tivessem participação contínua no périplo negreiro, elas acabaram sendo responsáveis por cerca de um terço das viagens realizadas entre 1811 e 1830. Tratando-se de uma conjuntura ascendente, o intervalo 1790-1830, especialmente depois da abertura dos portos, mostrava-se altamente propício a esse tipo de prática, e os índices da participação dos especuladores em todo o intervalo não devem ter sido muito menores do que o observado para 1811-1830.

Esses especuladores, traficantes eventuais na realidade, eram comerciantes estabelecidos na própria praça do Rio de Janeiro, além dos capitães e mestres dos negreiros que, por desempenharem funções de importância vital para a consecução dos negócios, acabavam por aventurar-se ao patrocínio de algumas expedições. Partindo para os portos africanos munidos de instruções mais ou menos precisas nas chamadas *Cartas de Ordens*, eles eram um dos mais importantes elos com os comerciantes africanos, com quem faziam as negociações. O conhecimento, a experiência e os recursos aí obtidos os levavam a empreender expedições independentes, passando a atuar como comerciantes de escravos *stricto sensu*. Entre 1811 e 1830, dos traficantes que realizaram viagens à África, 46 eram mestres ou capitães dos

---

26 Junta do Comércio, Arquivo Nacional, caixa 430, pacote 1.

negreiros. No conjunto, eles acabaram por se tornar consignatários de 5,5% de todas as entradas de negreiros no porto carioca.

O Gráfico 12 demonstra, por meio dos casos dos traficantes que realizaram apenas duas ou uma viagem à África, o perfil típico da ação especulativa traficante. Como era de se esperar, em termos gerais a participação desses comerciantes não especializados e aventureiros se pautava pela intensificação dos investimentos em momentos de maior demanda, e, portanto, de maior cotação dos escravos no mercado brasileiro. Era quando eles assumiam o papel estrutural antes mencionado, que os tornava imprescindíveis ao bom funcionamento das importações de mão de obra e da própria economia escravista. Note-se que a participação desses especuladores chegou a ser frenética durante a segunda metade da década de 1820, no bojo da luta diplomática pelo reconhecimento da independência.

Na verdade, o tráfico de africanos era duplamente especializado. A Tabela 8 mostrou que aquelas poucas empresas que tradicionalmente atuavam no comércio negreiro foram responsáveis por quase metade dos desembarques de africanos – uma especialização profissional, portanto. Mas o tráfico era também altamente especializado do ponto de vista geográfico. É o que se infere da ação empresarial dos dezessete maiores empresários da comunidade de traficantes do Rio, cujas empresas tiveram uma participação constante no comércio de homens entre 1811 e 1830.[27] Esses grandes e tradicionais traficantes atuavam fundamentalmente na região congo-angolana, e apenas dois deles tinham no Índico sua base de ação, sem, entretanto, deixarem de efetuar vultosas compras na África Central Atlântica. E mais: a especialização geográfica não se restringia à esfera regional, aprofundando-se para o nível portuário. Por isso, observa-se que a maior parte desses grandes traficantes tinha apenas um porto africano como base de operações, o que denota ligações profundas entre eles e os comerciantes nativos.

---

27 Ver o Apêndice 21.

Gráfico 12 – Flutuações da participação de especuladores (com uma ou duas viagens) nas entradas de navios negreiros no porto do Rio de Janeiro, 1811-1830

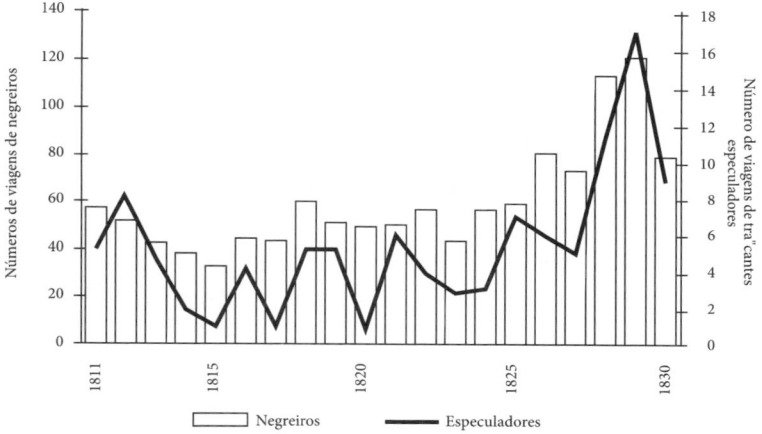

Fontes: Apêndices 3 e 19

A lucratividade do comércio de almas

Passarei agora à análise da lucratividade do tráfico e, portanto, da capacidade de acumulação do comércio negreiro carioca. Viu-se que o giro comercial do traficante se iniciava com o dinheiro (moedas, créditos ou letras) que lhe permitia adquirir uma determinada quantidade de mercadorias, comprar ou alugar o negreiro, manter a tripulação e a escravaria em trânsito, e segurar todo o empreendimento. Portanto, seu capital-dinheiro transformava-se em bens que, por meio do escambo, se transmutavam em mercadorias humanas junto aos régulos do interior da África. Efetuada a troca, o circuito que levava o escravo até a costa africana conhecia uma nova troca, finda a qual o traficante carioca tinha em mãos uma mercadoria especial, posto que viva. Esta era revendida no mercado brasileiro, onde, mais uma vez, se transmutava em dinheiro (moedas, crédito ou letras). O ciclo se fechava quando o escravo assumia a forma de capital-dinheiro.

Da perspectiva do traficante carioca, a fórmula desse circuito se desdobrava em D-M (dinheiro X mercadoria), M-M (mercadoria X mercadoria) e M-D' (mercadoria X mais dinheiro do que o inicialmente investido). Já se viu que a troca M-M não era, em si mesma, uma troca equivalente (em horas-trabalho), pois a violência, e portanto o trabalho social não restituído, constituía a forma primária de "produção" do cativo. Viu-se também que essa subtração de trabalho socialmente necessário por meio da força permitia que o valor mercantil da mercadoria escrava fosse relativamente baixo no mercado brasileiro, com o que se explica a extensão da propriedade escravista por todo o tecido social. Isso denota ainda que a rentabilidade auferida por todos os agentes mercantis que participavam do processo (os sertanejos, os negociantes africanos e, sobretudo, os organizadores do circuito, ou seja, os traficantes cariocas) dependia, em princípio, da diferença de preços *per capita* que podiam obter em cada uma das etapas que compunham a circulação dos escravos.

Nesse processo, ao menos em tese, todos eles, primeiro os sertanejos e depois, em cadeia, os negociantes africanos e os traficantes cariocas, estavam de posse de uma vantagem substancial: o mínimo que podiam exigir por sua mercadoria humana (no caso, algo próximo daquele patamar em que o preço se equivalia ao custo de produção) era relativamente baixo, pois em sua origem o escravo era fruto da violência pura e simples. Daí que a atividade traficante *quase sempre* redundasse em ganhos reais, e que o tráfico (e, com ele, o próprio sistema escravista) enfrentasse com êxito conjunturas adversas dos mais variados tipos.

Contudo, o traficante era, por definição, um comerciante, o que significa dizer que o móvel de sua atuação era a obtenção não apenas de lucros líquidos "razoáveis", mas sim das *mais altas taxas de lucros possíveis*. Para tanto, especialmente nas épocas de expansão da demanda, sua racionalidade seria pautada por algumas singularidades. O fato de que a propriedade escrava estivesse organicamente disseminada na esfera da demanda indica que, com poucas exceções (como durante o último quinquênio deste estudo), o preço da mercadoria humana não atingia níveis exorbitantes. Isso por si só já indicaria que, para a racionalidade dos traficantes de almas, a lucratividade dos empreendimentos não se baseava tão-somente na possibilidade de aumentar o diferencial de preços entre a demanda e a oferta. Em outras palavras, não era mediante a manipulação de preços na procura que se lograva a maior parte do lucro. Restariam, de fato, duas outras alternativas, intimamente relacionadas: a. aumentar esse diferencial na própria esfera da oferta, ou seja, fazer que o agente provedor de cativos (o régulo local em relação ao sertanejo, o sertanejo em relação ao comerciante citadino africano, este em relação ao traficante marítimo ou, por fim, o traficante marítimo em relação ao comboieiro) cobrasse o mínimo possível por sua mercadoria; b. multiplicar o diferencial de preços mediante o aumento da quantidade de escravos transacionados. Como esses dois mecanismos eram acionados pelos diferentes agentes da circulação?

Começarei pelo elo inicial da cadeia, o régulo local, responsável pela produção imediata do escravo. Aqui há que se discutir, de início, se o apresamento por ele realizado possuía uma natureza econômica no sentido restrito, por um lado, ou se, por outro, tratava-se de um empreendimento político, com os escravos tornando-se um mero subproduto. De acordo com Curtin (1975, p.156ss), dependendo da região e da época, a África (ele se refere mais especificamente à África Ocidental, mas suas conclusões podem ser generalizadas) conheceu dois grandes modelos de produção imediata de escravos por meio da guerra. No primeiro, o objetivo era essencialmente político, pois os ataques visavam a conquista de povos tributários; os derrotados podiam ou não converter-se em escravos e, caso o fossem, o eram como subprodutos do objetivo maior, qual seja, o de obter o controle sobre povos tributários. A venda de cativos aos traficantes euro-americanos, mesmo que em grande escala, era, nesse caso, um fenômeno ancilar. Em contraposição, havia um segundo modelo, em que a guerra de captura se transmutava em uma atividade econômica em si mesma, visto que desde o início seu objetivo maior era a captura para a venda, fosse na própria África, fosse para além-mar.

Em qualquer dos casos, a venda deve ser entendida como uma troca direta do bem vivo por outros, com o que se atendia à natureza não mercantil das estruturas econômicas da África tradicional. Atento a esse aspecto, quando da estadia de Antônio Alves da Silva no Rio de Janeiro, Francisco de Queiróz Monteiro Regadas – ao que parece, um sertanejo ligado àquele em Luanda – escreveu-lhe da África em dezembro de 1820, quando observou: "V. M. [...] devia trazer a terça parte do importe que trouxer em fazenda, pois aqui nada se vende a dinheiro; este gênero está todo na Junta da Real Fazenda, e quem dá a troco de escravos duas partes em fazenda e huma em dinheiro, compra sofrivelmente, e dinheiro só, escolhe a gente e põem-lhe o preço, que inda hé menor".[28] Naturalmente, Regadas se referia às transações entre os sertanejos e os régulos locais, pois que, como viu-se antes, eram muitas as operações entre traficantes brasileiros e negociantes das cidades africanas em que a moeda era o bem mais exigido.

Embora – como o próprio Curtin o reconhece – os dois modelos de apresamento, o político e o econômico, remetam a situações ideais, casos extremos de realidade sempre em movimento, parece que, na África Central Atlântica, quanto mais envolvida no tráfico litorâneo estivesse uma determinada área, mais "econômicas" se tornavam as expedições guerreiras, independentemente dos ganhos políticos do vencedor. Desse ponto de vista, mesmo que os custos da produção imediata do cativo fossem baixos, as autoridades nativas encontravam um meio de baixá-los ainda mais, especialmente a partir do século XVIII. Referimo-nos à cada vez mais intensa utilização de armas de fogo, que tornavam mais rápidos e eficientes os processos de escravização, permitindo aos régulos locais escolher o momento exato de realizar a captura (quando às aldeias chegavam os sertanejos), exigir adiantadamente as mercadorias para o escambo e, sobretudo, livrá-los de grande parte dos custos de manutenção da escravaria (Richards, 1980).

Para o sertanejo, também já se viu, essa situação configurava um contexto no qual seu interlocutor se encontrava em uma posição monopolista. Ele era, portanto, o único agente mercantil cujas possibilidades de auferir maior rentabilidade repousavam também – mas não exclusivamente – na pressão sobre os preços na esfera da demanda. E, de fato, sem poder baixar o preço na esfera da oferta primária, ele

---

28 Ver o Apêndice 24.

buscava atuar junto ao comprador: seja, até fins do século XVIII, adquirindo mercadorias a preços mais baixos junto aos traficantes ingleses, franceses e holandeses que atuavam no Norte de Angola; seja nos próprios portos sob a jurisdição portuguesa, vendendo seus escravos a preços maiores através do *reviro*. Não é gratuito que, com a retirada dos estrangeiros e o aumento da demanda brasileira, o século XIX tenha assistido à multiplicação do *reviro* como estratégia de aumento da rentabilidade sertaneja (Miller, 1979, p.91-92).

No que tange ao traficante citadino, endividado como estava perante os traficantes cariocas, sua rentabilidade dependia da possibilidade de manter dependentes de si os sertanejos, transferindo para eles parte dos custos da empreitada escravista e cobrando-lhes preços muito altos pelas mercadorias adiantadas para o escambo interiorano. Os negociantes de Luanda, por exemplo, chegavam a cotar seus estoques a preços duas vezes superiores aos custos da importação. Por outro lado, exigiam que os *libambos* não ultrapassassem contingentes de trinta ou cinquenta escravos, o que minorava seus gastos com a manutenção da escravaria nos barracões dos portos, mas aumentava o gasto do sertanejo por escravo transportado. O resultado era a manutenção do sertanejo em permanente estado de endividamento, benéfico aos traficantes portuários por, até certo ponto, impedir que seus agentes trabalhassem para concorrente (Miller, 1979, p.90-95).

A documentação existente no Brasil não permite mensurar a rentabilidade dos agentes africanos da circulação escravista. Por isso busquei apenas indicar os meios por eles manejados para aumentar seus ganhos nessa primeira etapa do tráfico. Com relação ao polo hegemônico do comércio negreiro, no entanto, a situação é distinta. É certo que a documentação comercial dos traficantes cariocas não apresenta, nem de longe, o potencial da de outros tráficos. Não há, por exemplo, registros, balanços e balancetes referentes aos custos e benefícios globais específicos de qualquer uma das centenas de viagens realizadas durante nosso período. Em uma palavra, não há como quantificar diretamente a rentabilidade dos negócios negreiros. Existem, isso sim, documentos isolados, referentes a um ou outro aspecto de pouquíssimas expedições, que ora indicam custos tais como os valores dos seguros ou dos navios (incluindo apetrechos), ora avaliam os gêneros e mantimentos com os quais estes estavam carregados, além dos soldos para a tripulação. Esse débil material permite ter apenas uma visão superficial da rentabilidade da empresa escravista. Trata-se, portanto, de utilizá-los como parte de um quebra-cabeça, procurando reunir as peças existentes a partir de critérios razoáveis para, só então, generalizar a paisagem penosamente esboçada rumo à construção de estimativas. Mais que isso, tentarei, a partir das mesmas fontes, apreender em maiores detalhes o comportamento dos diferentes estratos de traficantes marítimos (o especulador e o traficante tradicional) diante das flutuações dos negócios. Nesse ponto faz-se necessário reiterar: para o traficante marítimo, tal como para todos os agentes que participavam do tráfico (à exceção do sertanejo), a forma de aumentar a rentabilidade era, sobretudo, pressionar para baixo os preços da oferta (rumo ao limite do custo da produção imediata do cativo) e multiplicar o diferencial entre preço de compra e de venda mediante o aumento da quantidade de escravos adquiridos. O traficante carioca não fugia a essa lógica, para cujo exercício se encontrava em posição privilegiada.

Tome-se a Tabela 9, que indica importantes aspectos acerca dessa estratégia. Nela, comparam-se os preços médios de compra de africanos em Luanda com a cotação dos escravos no mercado carioca. Sua montagem se deu a partir de registros alfandegários remetidos de Luanda para o Rio de Janeiro, e dos preços médios (ajustados) encontrados para os escravos constantes em listagens de inventários *post-mortem* da Corte.[29]

---

29 Os preços médios dos escravos em inventários se referem aos africanos do sexo masculino, entre 12 e 55 anos, sem deficiências físicas expressivas nem maior especialização profissional. Se os compararmos com aqueles coligidos no *Diário do Rio de Janeiro* e no *Jornal do Commércio* (ver Simonato et al., 1990, p.6), ver-se-á que nos periódicos se registram valores substancialmente maiores do que nos inventários. Por exemplo, enquanto em 1830 estes últimos nos dão uma média de 361$000, os jornais indicam que os escravos adultos de sexo masculino custavam em média 528$000 (+46,3%). Para 1825 e 1827, os inventários indicam valores respectivos de 143$000 e 346$000, enquanto por meio dos jornais chega-se a 247$000 (+72,7%) e 539$000 (+55,8%). Em vista dessas cifras, e lembrando que o trabalho de Simonato não discrimina africanos e crioulos, ajustei os preços constantes nos inventários em mais 20%.

Tabela 9 – Preços dos escravos africanos na rota Luanda-Rio de Janeiro, 1810-1820 (em Reais)

Ano	Número de escravos exportados por Luanda	Preços (per capita) em Luanda	Preços (per capita) no Rio de Janeiro	Diferença (%)
1808	8.588	67$000	–	–
1809	7.331	72$000	–	–
1810	8.837	70$000	119$000	+70
1811	9.098	70$000	–	–
1812	6.891	69$000	104$000	+51
1813	6.126	75$000	–	–
1814	–	–	–	–
1815	7.370	70$000	109$000	+56
1816	6.115	68$000	–	–
1817	5.425	75$000	132$000	+76
1818	4.645	75$000	–	–
1819	4.873	75$000	–	–
1820	8.215	75$000	152$000	+103

Fontes: *Rezumo... 1808-9* (Junta do Comércio, Arquivo Nacional, caixa 448, pacote 1); *Movimento de Comércio do Porto de Luanda, 1810-20* (Junta do Comércio, Arquivo Nacional, caixa 449, pacote 1); e Inventários *post-mortem*, 1810-1820 (Arquivo Nacional) – submetidas ao ajustamento explicitado na nota 29 deste capítulo

A análise dos resultados de 1810, 1812, 1815, 1817 e 1820 somente terá sentido quando inserida no quadro global das flutuações das importações cariocas (vejam o Gráfico 4). Em primeiro lugar, nota-se uma correspondência tendencial entre as flutuações de preços da oferta e as da procura, que não era acompanhada em todos os anos, quando se comparam as flutuações dos preços na esfera da demanda e a quantidade de escravos exportados. O ano de 1810 se inseria, já se assinalou, em uma conjuntura de alta das importações de africanos, subsequente à abertura dos portos brasileiros ao comércio internacional. Preços de compra e venda situavam-se, respectivamente, em 70 e 119 mil réis, com Luanda exportando mais de 8.800 escravos. Em contrapartida, 1812 prenunciava a queda das importações globais cariocas, ocasionada pela saturação do mercado, pelo que caíram o número e o preço dos escravos exportados por Luanda.

Quando, porém, em 1815 o ciclo descendente chegou a seu nível mais baixo desde a abertura dos portos, observa-se que em Luanda aumentaram tanto a quantidade quanto o preço dos cativos exportados para o Rio. A explicação é simples: em épocas de crise, como se viu no Gráfico 12, os traficantes eventuais (especuladores, na verdade) abandonavam o mercado e, por conseguinte, diminuía o volume da exportação de áreas recentemente incorporadas ao tráfico, o que nesse caso significava os portos do Índico.

Os participantes do tráfico passavam a ser basicamente os traficantes mais tradicionais, com uma atuação constante no comércio de almas. Foram eles, atentos aos menores movimentos do mercado, os que primeiro se deram conta de que 1815 já sinalizava (por exemplo, por meio da própria cotação dos africanos no Rio de Janeiro, maior do que a de 1812) que a demanda global do Sul-Sudeste brasileiro ultrapassava a fase de saturação. Por isso incrementavam as importações provenientes de portos onde estavam solidamente assentados, como Luanda, os quais somente com o aumento da demanda voltaram a conhecer a competição de áreas mais recentemente incorporadas ao tráfico, como Moçambique, por exemplo. Por último, de acordo com o Gráfico 4, em termos de movimentos gerais do porto do Rio, o período 1816-1823 conheceu uma recuperação dos desembarques, cujo pico foi atingido em 1818, observando-se uma diminuta queda em 1820. Os preços dos escravos em Luanda (onde passaram de 68$000 réis em 1816 para 75$000 réis em 1817-1820) demonstram que o mercado desse porto refletia tal tendência, ainda que o número de cativos exportados em 1815 somente fosse superado em 1820.

Além de insinuar a estratégia e o papel dos traficantes tradicionais, a Tabela 9 mostra que as flutuações de preços na demanda e na oferta, embora apresentassem uma correspondência tendencial, obedeciam a ritmos totalmente distintos em se tratando de África e Brasil. Enquanto no mercado carioca a diferença entre o maior e o menor preço da década de 1810 foi de 46,2%, em Luanda essa porcentagem era de apenas 11,9%; ou seja, o ritmo das flutuações de preços era violento no Rio e bastante fraco na África. Chega a ser espantosa a enorme estabilidade dos preços médios no mercado angolano no período de alta pós-1815 (75$000 réis).

O que denota essa disjunção?

Ela nada mais faz do que afirmar uma das estratégias do polo hegemônico do tráfico. Por ter os intermediários mercantis africanos (em cadeia) subordinados a si por meio do endividamento, o traficante carioca, sobretudo aquele de atuação mais frequente no mercado de almas, tinha força suficiente para impedir altas muito pronunciadas da mercadoria que lhe era oferecida. É certo que o alto nível de concentração dos negócios negreiros permitia aos comerciantes de homens interferir consideravelmente nos preços da demanda, procurando, em especial nas épocas de crescimento, elevá-los aos níveis mais altos possíveis. No entanto, a disseminação da propriedade escrava no Rio de Janeiro mostra que esses níveis não parecem, na média, terem sido economicamente muito excludentes. Em última instância, além do mais, os verdadeiros vetores das flutuações de preços na demanda eram os próprios movimentos da economia escravista. Por isso é que a estratégia inicial do empresário escravista carioca se pautava pela busca do controle (ou pelo menos inibição das altas) dos preços na esfera da oferta.

Retorne-se à Tabela 9. Ali se nota que os anos de 1810, 1812, 1815, 1817 e 1820 apresentavam diferenciais *per capita* entre preço de compra e venda de, respectivamente, 49$000, 35$000, 39$000, 57$000 e 77$000 réis. Ora, amortecidos os preços na oferta, a rentabilidade bruta da empreitada negreira passava a derivar da possibilidade de multiplicar esse diferencial, e não exatamente de dilatá-lo. Daí que a primeira chave para a apreensão da rentabilidade bruta do tráfico radicasse no vulto do investimento inicial para a formação dos bens do escambo. É sintomático que, provavelmente ao arrepio da lei, os agentes dos traficantes cariocas nos portos africanos utilizassem métodos de cálculos da capacidade máxima de escravos por navio que tendiam a ser substancialmente maiores do que aqueles adotados pela Intendência da Marinha no Rio de Janeiro. Por exemplo: de acordo com as medições desta última, em 1824 as galeras Maria Justina, Três

Corações e Conde dos Arcos deveriam admitir no máximo, respectivamente, 463, 802 e 555 cativos. Já segundo os padrões adotados pelas
autoridades portuárias de Angola, Benguela e Moçambique (claramente vinculados às exigências dos traficantes cariocas), esses mesmos navios podiam ser carregados com até 590, 965 e 782 africanos,
respectivamente.[30]

A partir desse parâmetro torna-se possível tentar estimar a rentabilidade bruta média, na tentativa de oferecer cifras também estimadas
sobre o lucro líquido dos negócios negreiros. Assumirei que as taxas
de mortalidade verificadas entre os escravos vindos de Luanda eram
aquelas observadas para os negreiros vindos de toda a área congo-angolana, e que, além disso, elas tendessem a baixar entre 1810 e 1820.
Aceite-se, para efeito de cálculo, mortalidades médias de 80 por mil
em 1810, 1812 e 1815, e de 57 por mil em 1817 e 1820.[31,32] Ora, a diferença monetária entre o investimento global para compra de escravos
e o produto da venda no mercado carioca expressará a rentabilidade
bruta média para esses anos. Para tanto, em cada um deles deve-se
estimar o que significaram monetariamente os escravos comprados em
Luanda, e do resultado obtido subtrair o retorno (também monetário)
registrado no ato da venda na urbe carioca.

Na tabela 10, a coluna "Investimento para compra" foi montada a
partir da multiplicação da quantidade de cativos exportados pelo preço
médio no mercado de Luanda. Logo depois apliquei as taxas médias
de mortalidade durante a travessia ao total de cativos exportados, o que
me permitiu estimar o total de escravos desembarcados vivos no porto
do Rio. Estes foram, então, multiplicados por seu valor no mercado
carioca, com o resultado indicando o "Produto da venda" apropriado
pelos traficantes.

---

30 *Mapa Comparativo das Arqueações* (Junta do Comércio, Arquivo Nacional,
    caixa 361, pacote 3).
31 Ver os apêndices 10 e 17.
32 Junta do Comércio, Arquivo Nacional, caixa 431, pacote 1; caixa 445, pacote
    1 e caixa 372, pacote 3.

Tabela 10 – Estimativa do rendimento bruto médio do comércio escravista entre os portos do Rio de Janeiro e de Luanda, 1810-1820 (em Reais)

Ano	Investimento para compra	Produto da venda	Rentabilidade bruta média	(%)
1810	618:590$000	967:475$000	348:885$000	56,4
1812	475:479$000	659:360$000	183:881$000	38,7
1815	515: 900$000	739:064$000	223:164$000	43,3
1817	406:875$000	675:998$000	269:123$000	66,1
1820	606:125$000	1:178:754$000	572:629$000	94,5

Fontes: O texto e a Tabela 9

É possível estimar a rentabilidade líquida média do comércio negreiro durante esses mesmos anos? Trata-se de uma tarefa quase impossível, tendo em vista a pobreza das fontes comerciais brasileiras e, ao mesmo tempo, a necessidade de conseguir informações detalhadas acerca de vários itens. Em termos gerais, ter-se-ia de observar que, no orçamento de cada expedição negreira, ao investimento para a compra de cativos na África (o valor das mercadorias para o escambo) se somavam as despesas com a alimentação da escravaria e da tripulação, o desgaste dos equipamentos, as jornadas dos tripulantes e os direitos alfandegários. Robert Stein (1979, p.129-161), de posse de documentos bem mais precisos, calculou que, no caso do tráfico francês, a carga para o escambo variava entre 50% e 80% do orçamento de cada viagem. Outros 5% estavam adscritos às despesas do abastecimento de marinheiros e cativos, de 10% a 13% cobriam o desgaste do material, 2% se destinavam aos salários da tripulação e 5% cobriam os seguros.

Em meu caso, a debilidade das fontes obrigará à utilização de métodos distintos. O eixo de atenção recairá sobre os dados disponíveis acerca do peso das mercadorias do escambo no orçamento das empreitadas. Com isso poderei aferir, em termos de gastos, o que representava percentualmente o item "Investimento para compra" da Tabela 10. De posse desse dado, estimarei quanto teria de ser deduzido do resultado das vendas para, assim, obter a rentabilidade líquida média dos negócios negreiros em 1810, 1812, 1815, 1817 e

1820. Com tal objetivo analisei exaustivamente o material da Junta do Comércio, e observei serem os processos relativos aos seguros de viagens negreiras o material mais indicado para a empreitada. São onze processos onde os segurados requeriam o reembolso total ou parcial de seus investimentos, por motivos que iam desde graves avarias nos negreiros até o apresamento por barcos ingleses.

Não incluí na Tabela 11 o processo do Flor D'América, que será analisado adiante. Por outro lado, os orçamentos relativos ao Boa União e Voador se referem, respectivamente, a um quarto e um terço do valor das empreitadas, pois estas foram feitas em sociedade. No caso do Vitória, os 7:200$000 réis constantes da quarta coluna se referem somente a têxteis, sem incluir o valor dos mantimentos.

Nesses dez processos em geral o valor dos gêneros para o escambo aparecia somado ao do custo dos mantimentos. Em três casos, mais o do Flor D'América, entretanto, foi-me permitido estimar o custo diferenciado entre produtos para o escambo e gêneros de abastecimento. Voltando para o Rio de Janeiro, o Urânia começou a fazer água, pelo que teve de fazer escala em Pernambuco. Aí, constatado que o navio se tornara inavegável, o capitão resolveu vender os 209 escravos que trazia vivos, embolsando 15:530$728 réis, do que deduziu despesas de 821$000 réis. No processo que se seguiu junto à Companhia Indemnidade de Seguros, o organizador da viagem, Manoel Joaquim de Azevedo, informava que o frete foi de 570$800 réis (pagos ao mestre), e que antes da viagem o navio estava carregado com 11:237$500 réis em têxteis. Outro caso é o do negreiro Isabel, que em 1812 comprou em Moçambique 107 escravos, o que implica que os gêneros para o escambo deveriam somar 5:122$000 réis. Teve despesas de custeio na África no valor de 3:448$400 réis, pagando de direitos 6$600 réis por escravo. O Andorinha, por sua vez, levava quinze contos em fazendas inglesas e asiáticas, 8:600$000 réis em pólvora, armas de fogo e aguardente.

Há, por fim, o Flor D'América. Tratava-se de um navio que em 1812 comprou escravos na África, sendo, depois, apresado por forças navais inglesas. Na verdade, a nau fora detida em Loango, quando seu capitão se encontrava em Cabinda negociando escravos. Perderam-se

Tabela 11 – Orçamento das viagens negreiras do porto do Rio de Janeiro para
a África, de acordo com as avaliações das companhias de seguro (em Reais)

Navio	Destino	Valor do casco e apetrechos	Valor dos gêneros e mantimentos	Avaliação total	Seguro (%)	Ano
Isabel	Moçambique	10:000$000	10:000$000	20:000$000	10	1812
Andorinha	Cabinda/ Ambriz	4:035$749	26:600$000	30:635$749	5	1812
Feliz Dia	Moçambique	5:000$000	3:000$000	8:000$000	7	1813
Olímpia	Luanda	10:000$000	3:500$000	13:500$000	5	1814
Voador	Moçambique	10:000$000	15:000$000	25:000$000	8	1814
Boa União	Moçambique	2:000$000	6:000$000	8:000$000	4	1815
Urânia	Benguela	8:000$000	14:000$000	22:000$000	5	1817
Europa	Moçambique	8:000$000	2:666$600	10:666$600	10	1822
Vulcano	Moçambique	6:000$000	6:000$000	12:000$000	10	1827
Vitória	Moçambique	2:529$729	7:200$000	9:729$729	12	1828

Fontes: Junta do Comércio, Arquivo Nacional, pela ordem em que aparecem na tabela: caixa 376, pacote 1 e caixa 445, pacote 1 (nas quais estão partes do processo do Isabel); caixa 372, pacote 3; caixa 372, pacote 2; caixa 431, pacote 1; caixa 430, pacote 1; caixa 431, pacote 1; e caixa 434, pacote 3

363 cativos que já estavam embarcados; além disso, os 47 que, adquiridos em Cabinda, não encontraram seu barco, tiveram de ser remetidos para o Rio de Janeiro a bordo do Trajano. Chegaram vivos 44 cativos, vendidos a 104$200 réis por cabeça. Segundo os organizadores da viagem, Joaquim José da Rocha, Francisco José da Rocha, José Marcelino Gonçalves e Antônio Fernandes da Costa Pereira, apesar de a empreitada ter sido avaliada pela Companhia Indemnidade de Seguros em 25 contos, seu valor real foi de 37:908$395 réis, computados o valor do navio (5:346$860 réis), mantimentos e soldos, seguro de 7% sobre 25 contos e outros. Somente em gêneros para o escambo (fazendas inglesas, espingardas, facas, tabaco e quinquilharias em geral) levaram 20:058$204 réis. De frete pagaram 800$000 réis ao capitão.[33]

Nesses quatro casos, o valor dos bens para o escambo era bastante variável. Incluindo o seguro e, ao mesmo tempo, assumindo que o

33 Junta do Comércio, Arquivo Nacional, caixa 445, pacote 1.

valor dos fretes refletia o próprio desgaste do navio e equipamentos (algo em torno de 700$000 réis), o que faz tirar do orçamento o custo da nau e acrescentar somente os 700$000 réis relativos ao desgaste, temos: a. que o custo total da viagem realizada pelo Urânia, Isabel, Andorinha e Flor D'América teria sido de, respectivamente, 15:800$000, 12:700$000, 28:920$000 e 33:261$535 réis; b. valendo os gêneros para o escambo, respectivamente, 11:237$000, 5:122$000, 23:600$000 e 20:058$204 réis, eles representariam, em relação ao orçamento inicial de cada viagem ainda respectivamente, 71,2%, 40,3%, 81,6% e 60,3%.

Não me parece absurdo admitir, a partir desses dados, que o investimento médio para a troca por escravos girasse ao redor de 65% dos custos de cada expedição negreira. Se se retorna à Tabela 10, observa-se que, de acordo com o raciocínio até agora empregado, os valores adscritos à coluna "Investimentos para compra" equivaleriam a 65% dos custos globais das viagens negreiras em cada um dos anos assinalados. Isso assumido, posso agora redefinir a mesma Tabela 10, em busca da estimativa de rentabilidade líquida dos negócios. Basta acrescentar ao mesmo "Investimento para compra" 35% a título de seguro, desgaste do equipamento ou fretes, soldos à tripulação e gêneros para o abastecimento, direitos de exportação/importação e despesas eventuais. O resultado será subtraído do "Produto da venda" no Rio de Janeiro, com o que se obterão os níveis médios de rendimento líquido durante a década de 1810 indicados na Tabela 12.

As frágeis estimativas a que cheguei são, apesar de tudo, muito significativas. Tomando-as como representativas do tráfico carioca como um todo (afinal, Luanda era o principal centro provedor de cativos para o Rio de Janeiro), a lucratividade média de 19,2% passa a ser muito superior à de qualquer tráfico anterior a 1830 já estudado.[34] Por exemplo: o comércio britânico de homens entre 1761 e

---

34 Trabalhando com uma metodologia distinta, Eltis (1987b, p.281) postula níveis de lucratividades próximos aos nossos para o tráfico cubano em 1826-1835 (19,6%) e 1836-1845 (19,2%), e para o tráfico brasileiro ao sul da Bahia em 1831-1840 (17,8%) e 1841-1850 (21,8%).

1807 gerava uma lucratividade média de 9,5%. Salvo os últimos anos (quando, por pressão dos abolicionistas, o comércio de almas inglês já estava com seus dias contados), as médias decenais variaram entre 8,2% e 13% (Anstey, 1975, p.47). Com relação ao tráfico francês entre 1713 e 1792, seu lucro médio de 10% era muito superior ao que normalmente se lograva nos negócios do Antigo Regime, que giravam ao redor de 5% (Stein, 1979). Por fim, o tráfico holandês entre 1740 e 1795 registrava uma lucratividade média de apenas 2,9% (Postma, 1990, p.278-280).

Tabela 12 – Estimativa de rendimento líquido médio do comércio negreiro entre o porto do Rio de Janeiro e o de Luanda, 1810-1820

Ano	Investimento total	Produto da venda	Rentabilidade líquida média	(%)
1810	835:096$500	967:475$000	132:378$500	15,9
1812	641:896$650	659:360$000	17:463$350	2,7
1815	696:465$000	739:064$000	42:599$000	6,1
1817	549:281$250	675:998$000	126:716$750	23,1
1820	818:268$750	1:178:754$000	360:485$250	44,1
Média	3:541:008$150	4:220:651$000	679:642$850	19,2

Fontes: O texto e a Tabela 10

Salta aos olhos, porém, que o tráfico carioca estivesse marcado por ritmos muito pronunciados nas flutuações de sua rentabilidade: lucros acentuadamente reduzidos nas fases B e altíssimos nas fases A. Esse último aspecto tem sido, com frequência, reiterado pela historiografia (Postma, 1990, p.407-410). E, de fato, aceitando-se que o lucro médio anual de uma fazenda de café alcançasse um limite máximo (e excepcional) de 15%, então certamente o comércio negreiro apareceria como o verdadeiro *El Dorado* para aqueles que dele pudessem participar (Fragoso, 1992). Certamente era esse o sentimento daqueles que atuaram nos últimos anos do tráfico legal, quando uma estimativa superficial – posto que baseada em inventários *post-mortem* – indica que no mercado da Corte os africanos adultos custavam em média 194$000 réis em 1827 e 386$000 réis em 1830.

A novidade nesses dados é a baixa lucratividade que, em determinados períodos, o negócio podia apresentar. Ela é a outra face de um negócio cujas frenéticas mudanças de ritmo explicam não somente a forte presença de traficantes não especializados durante as fases de expansão, mas também sua imediata retirada em época de crise. A comparação com a relativa estabilidade do tráfico inglês enseja a seguinte conclusão: ritmos tão violentos denotam um mercado estruturalmente instável e atrofiado, arriscado em si mesmo. Daí que, como se verá no capítulo seguinte, o traficante tradicional, o típico comerciante de homens da virada do século XVIII, fosse acima de tudo um empresário com investimentos em vários setores.

Mas a Tabela 12 pode levar a inferências enganosas. Em última instância, ela mostra que a rentabilidade empresarial flutuava ao sabor da demanda, o que é definitivamente correto. Não haveria, porém, mecanismos outros que, para além dos movimentos da procura, determinassem a amplitude do lucro traficante? Um deles já mencionei: a possibilidade de pressionar os preços dos cativos no mercado africano, aumentando o diferencial entre compra e venda e, depois, multiplicando-o por meio da compra do maior volume possível de cativos. O outro mecanismo surgirá de uma atenta análise dos dados da Tabela 13.

Essa tabela foi construída a partir da utilização da mesma metodologia que permitiu chegar à rentabilidade líquida anual dos negócios negreiros. Como a *Gazeta do Rio de Janeiro* oferece, para algumas expedições, a quantidade de escravos comprados, o total de mortos durante a travessia oceânica e o número de cativos desembarcados vivos, poderei, a partir desses dados, calcular a rentabilidade líquida de cada empreitada. Já se sabe que em 1812 o preço médio dos africanos no mercado carioca era de 104$000 réis, e que eles custavam 69$000 réis no mercado de Luanda. A mesma documentação da Junta de Comércio indica que, nesse mesmo ano, o preço médio em Benguela era de 50$000 réis, contra os 40$000 réis no porto da Ilha de Moçambique.[35] É óbvio que sigo assumindo que o investimento em

---

35 Para Benguela, ver *Movimento do Comércio no Porto de Benguela*, Junta do Comércio, Arquivo Nacional, caixa 449, pacote 1; para Moçambique ver o processo envolvendo a nau Isabel, também no mesmo fundo documental, caixa 445, pacote 1.

mercadorias para a compra de escravos significava 65% do orçamento de cada viagem à África.

Pode-se pensar, a partir da coluna dois, que a lucratividade aumentasse na medida em que os preços de compra fossem baixos: o que é certo, pois em termos gerais os maiores lucros eram de expedições a Benguela e Moçambique, onde os preços de compra de escravos eram substancialmente menores do que em Luanda. Tal dado nada mais faz do que reiterar a já referida estratégia traficante de atuar na oferta por preços mais baixos e, desse modo, distender o diferencial. O passo seguinte seria o de multiplicá-lo mediante o aumento do volume de compras, o que deveria traduzir-se no crescimento da média de escravos transportados. Ora, a coluna três da Tabela 13 mostra que a média de escravos por navio nas áreas de maior diferencial de preços (Benguela e Moçambique) era de 410, bem menor do que a porcentagem verificada para os barcos que operavam no mercado de Luanda (485). Pode-se argumentar que os traficantes que atuavam nesse último porto, vendo diminuir seu diferencial, resolveram compensar incrementando a quantidade de escravos adquiridos. Isso seria razoável, a não ser por um pequeno detalhe: enquanto as viagens realizadas para Benguela e Moçambique atingiram altos níveis de lucratividade, quase todas as que se destinaram a Luanda acumularam prejuízos. Um paradoxo?

Em absoluto. A resposta está na coluna cinco, que mostra haver uma relação inversamente proporcional entre as taxas de mortalidade durante a travessia e os lucros auferidos em cada viagem. Em outras palavras, observa-se que quanto maior a mortalidade menor o lucro, e que, pelo contrário, menores "perdas em trânsito" significavam maiores rendimentos finais. Basta ver que, se em todas essas viagens a mortalidade fosse zero, nenhuma expedição, independentemente da elasticidade do diferencial de preços com o qual trabalhasse, redundaria em prejuízo.

Essa demonstração pode parecer óbvia. Entretanto, seu sentido se esclarece quando se considera a parca historiografia sobre o tráfico brasileiro. Por exemplo, creio que Jacob Gorender acerta quando relaciona a alta mortalidade dos escravos a bordo dos negreiros (dez vezes

Tabela 13 – Estimativa do rendimento líquido médio de algumas expedições negreiras cariocas em 1812

Navio	A	B	C	D	E	F	G
Mercúrio	Benguela	404	27:270$000	5,0	3384	39:936$000	+46,4
Feliz Dia	Moçambique	235	12:690$000	5,1	2223	23:192$000	+82,8
S. J. Americano	Benguela	547	36:922$000	5,7	5516	53:664$000	+45,3
Carolina do Sul	Benguela	571	38:542$500	6,1	5536	55:744$000	+44,6
Providente	Moçambique	247	13:338$000	7,3	2229	23:816$000	+78,6
N. S. Conceição	Luanda	478	44:525$700	7,9	4440	45:760$000	+2,8
Canoa	Luanda	534	49:742$100	10,9	4476	49:504$000	-0,5
M. Dafne	Luanda	572	53:281$800	11,5	5506	52:624$000	-1,2
Fiança	Luanda	473	44:059$950	12,5	4414	43:056$000	-2,3
Flor do Mar	Luanda	462	43:035$300	12,6	4404	42:016$000	-2,4
Feliz Indiana	Luanda	462	43:035$300	12,6	4404	42:016$000	-2,4
Guadalupe	Benguela	458	30:915$000	15,9	3385	40:040$000	+29,5
Júlia	Luanda	500	46:575$000	16,0	4420	43:680$000	-6,2
Protector	Luanda	397	36:980$550	38,0	2246	25:584$000	-30,8

A: Porto africano de compra; B: Número de escravos adquiridos; C: Investimento total; D: % de escravos mortos; E: Número de escravos vendidos no Rio de Janeiro; F: Produto da venda; G: Rentabilidade líquida (%)

Fontes: O texto e a *Gazeta do Rio de Janeiro* (Seção de Microfilmes da Biblioteca Nacional)

maior do que a observada entre os homens livres em trânsito, segundo ele), com o próprio cálculo econômico do empresário traficante. A origem da alta letalidade "[...] deve ser buscada no largo diferencial entre o seu [do escravo] preço de compra na África e o preço de venda no Brasil" (Gorender, 1978, p.140).

Seu argumento é esclarecedor, na medida em que descarta uma suposta e ilógica "perversidade inata" do empresário para com sua mercadoria. Em outras palavras, a mortalidade escrava fazia parte de uma forma específica de cálculo econômico, baseada no aumento da rentabilidade por meio da multiplicação da diferença de preços de compra e venda. Isso, por causa da limitação física dos barcos, implicava certo risco de perda. Entretanto, Gorender vai além e afirma que "[...] o aumento do número de escravos transportados traria tão-somente o acréscimo do preço de compra do estoque global de negros e mais a elevação não muito considerável nos gastos com sua manutenção. Em tais circunstâncias, *valia a pena arriscar*" (Gorender, 1978, p.140 – grifos meus).

Pois bem. Todos os traficantes arriscavam? Se a resposta for afirmativa, qual o limite desse risco? Quem arriscava e quando se arriscava mais? Tome-se a última etapa do tráfico. Sabe-se que em 1827-1830 o volume de importações carioca disparou. Como o mesmo se deu em relação aos preços (a cotação dos homens adultos africanos no mercado carioca passou de 153$000 réis em 1825-1827 para 365$000 réis em 1830),[36] é de se presumir que o diferencial entre compra e venda fosse substancialmente maior no intervalo 1827-1830 em comparação com o período 1822-1826. Tendo em vista esse suposto, montei a Tabela 14, tomando as saídas provenientes de portos do Índico e do Atlântico para o Rio de Janeiro, e comparei, por região de embarque, o volume exportado, a lotação média das naus e as taxas de mortalidade registradas nos dois intervalos.[37]

---

36 Ver o Apêndice 5.

37 Levei em consideração apenas aqueles portos sobre os quais houvesse dados sobre exportações e importações em todos os anos do intervalo 1822-1830.

Os números resultantes mostram que os traficantes buscavam aproveitar a conjuntura ascendente de 1827-1830 aumentando o volume das exportações de escravos (coluna B), e o logravam mediante o incremento do número de expedições (coluna A). O tráfico afro--oriental indica, além disso, que tal movimento podia dar-se não apenas pelo aumento do número de expedições, mas também por sua combinação com o incremento da média de escravos transportados (coluna D). Contudo, ao contrário do que alguns esperariam, as taxas de mortalidade (coluna C) ou diminuíram ou bem, para o caso congo--angolano, permaneceram estáveis (à custa, nesse caso, da diminuição da lotação por navio). Assim, do ponto de vista do cálculo empresarial de aproveitamento das conjunturas de alta, a redução das "perdas em trânsito" ou sua manutenção à custa de uma menor lotação podia aumentar a lucratividade das empreitadas. Arriscar não era, pois, arriscar no escuro, e o traficante buscava manter um equilíbrio entre o total de cativos adquiridos e os índices de mortalidade a bordo.

Tabela 14 – Variação das taxas de mortalidade no tráfico para o porto do Rio de Janeiro, 1822-1830

Região de origem	1822-26				1827-30			
	A	B	C	D	A	B	C	D
Congo-angolana	185	86.042	54	465	269	106.280	54	395
África Oriental	59	31.241	151	530	80	46.471	119	581

A: Número de saídas de navios; B: Número de escravos exportados; C: Taxa de mortalidade (por mil); D: Média de escravos por navio
Fontes: Apêndices 7, 8, 9 e 10

Creio poder agora afirmar que a chave para a compreensão da rentabilidade negreira estava no equilíbrio entre o investimento inicial em bens para o escambo (que determinaria o volume da aquisição) e as mercadorias para o abastecimento da escravaria (que determinaria o grosso da mortalidade a bordo). Já se viu que alguns traficantes, como Malheiros e Silva Porto, se equivocaram nesse cálculo, perdendo muitos escravos, o que contribuiu para sua ruína empresarial. A rigor, entretanto, perante essas exigências, os traficantes tradicionalmente estabelecidos no circuito atlântico levavam consideráveis vantagens sobre os de participação eventual. Ao manterem uma relação mais orgânica com os intermediários africanos, os primeiros, por meio dos capitães dos seus navios, podiam obter escravos mais saudáveis e a melhores preços, pelos quais exigiriam maiores preços no mercado carioca. Por outro lado, por disporem de maiores recursos, eles estavam mais aptos tanto a comprar mais cativos quanto a mantê-los. Em todo caso, como forma de diminuir esses últimos gastos e, ao mesmo tempo, a mortalidade da escravaria, recomendavam que a negociação e a travessia se realizassem na maior brevidade de tempo possível. Não surpreende, portanto, que os maiores traficantes operassem, em geral, com as menores taxas de perda do tráfico atlântico.[38]

---

38 Ver o Apêndice 20.

DAS RELAÇÕES DO TRÁFICO COM A SOCIEDADE E A ECONOMIA DO RIO DE JANEIRO

Os traficantes e o mercado do Rio de Janeiro

A análise do comércio de almas tem permitido detectar que da formação escravista do Sul/Sudeste brasileiro partiam as determinações últimas da migração forçada de africanos. Era dali que surgia a demanda detonadora da migração, e era o seu capital comercial que a controlava. Cabe, portanto, procurar definir com maior rigor o *locus* do tráfico atlântico na sociedade e economia coloniais. Não em todo o Sul/Sudeste, que fique claro, mas no seu núcleo mais dinâmico, o Rio de Janeiro, sobretudo na Corte. Analisarei, enfim, a inserção do tráfico no Rio de Janeiro pela sua face empresarial. Isso remeterá ao papel dos traficantes cariocas (em especial o dos grandes traficantes) no seio do mercado e do capital comercial da praça do Rio.

Assim, o que representavam os comerciantes de africanos perante a comunidade mercantil estabelecida no Rio de Janeiro? Qual a sua participação no interior dessa comunidade? Até que ponto os traços e a lógica de acumulação da empresa traficante eram caudatários da própria lógica de atuação do capital comercial carioca? São variados os caminhos que permitem uma aproximação desses problemas. O primeiro deles é o de estimar seu número dentre os diversos mercadores (atacadistas e varejistas) que atuavam na praça mercantil do Rio de Janeiro.

Há, desde 1792, diversas listagens de comerciantes estabelecidos na cidade. Infelizmente, para efeito de cruzamento, embora o códice 242 do Arquivo Nacional cubra as importações de africanos pelo porto carioca entre meados de 1795 e maio de 1811, ele não fornece os nomes dos consignatários dos cativos desembarcados. Os periódicos cariocas, entretanto, oferecem esse tipo de informação para quase todos os negreiros provenientes da África, aportados entre a segunda metade de 1811 e 1830. A listagem nominal de traficantes obtida a partir dessas fontes[1] foi cruzada com as de comerciantes estabelecidos na praça mercantil carioca, constante dos almanaques de 1811, 1816, 1817, 1824 e 1829. Os resultados se encontram na Tabela 15.

Os almanaques urbanos não indicam os nomes de todos os comerciantes que operavam no mercado carioca, mas somente os daqueles que possuíam estabelecimentos mercantis nas principais ruas do centro histórico da cidade. Entre eles estavam, nas palavras de Rui Vieira da Cunha (1957, p.31), tanto os "homens de negócio de loja aberta" (varejistas), quanto os "de sobrado" – atacadistas propriamente ditos. Ao que parece, o Almanaque de 1829 cinge-se fundamentalmente a estes últimos, ou melhor, àqueles localizados nos principais polos mercantis do centro da cidade. De qualquer forma, a Tabela 15 indica que a presença física dos traficantes de africanos flutuava entre um quinto e um terço da comunidade mercantil carioca. Trata-se de cifras expressivas, e que revelam, em particular quando o tráfico tornou-se altamente lucrativo (1829), o envolvimento orgânico do capital comercial do Rio de Janeiro com o comércio de almas.

Qual era a participação do capital traficante no seu *locus* original, o comércio marítimo que tinha o porto carioca como eixo? A Tabela 16 procura dar conta das redes regional e inter-regional que abasteciam o Rio de Janeiro na década de 1810. Elas foram montadas tendo como base as entradas de navios de todos os tipos constantes das "Notícias Marítimas" da *Gazeta do Rio de Janeiro*.[2] Das 1.340 entradas ocorridas

---

1 Ver o Apêndice 26.

2 A análise do movimento global de entradas para os anos de 1812 e 1817 pode ser encontrada em Fragoso e Florentino (1990, p.32ss).

Tabela 15 – Participação (%) dos traficantes de africanos entre os comerciantes estabelecidos na praça mercantil do Rio de Janeiro, 1811-1829

Anos	Número de comerciantes estabelecidos na praça do Rio de Janeiro	Número de traficantes	(%)
1811	202	36	17,8
1816	263	60	22,8
1817	255	65	25,5
1824	292	57	19,5
1829	173	52	30,1

Fontes: Apêndice 26; "Almanaque do Rio de Janeiro para o ano de 1811" (1969, p.208-212); "Almanaque do Rio de Janeiro para o ano de 1817" (1966, p.294-300); "Almanak da Cidade de São Sebastião do Rio de Janeiro para o ano de 1824" (1968, p.197-360); Almanak imperial do comércio e das corporações civis e militares do Império do Brasil (1829, p.159-162).

em 1812 e das 1.384 de 1817, levei em consideração apenas aquelas que registravam o porto de origem da nau, sua carga e o consignatário da mercadoria. Não considerei, portanto, as entradas de navios de guerra e daqueles cujas cargas se destinavam a vários consignatários simultaneamente. Por outro lado, como alguns comerciantes eram responsáveis por várias consignações durante o ano, é natural que o número destas supere o de comerciantes portuários. A partir desses procedimentos dividi as cargas de acordo com a sua destinação (para o mercado externo, para o interno ou para ambos) e observei o peso dos comerciantes-traficantes entre os mercadores responsáveis pelas embarcações.

Abasteciam de alimentos a capitania tanto as próprias zonas fluminenses quanto áreas distantes como o Rio Grande do Sul e Santa Catarina. Quatro entre cada dez navios que aportavam estavam abarrotados de produtos como carne-seca, arroz, trigo, milho, feijão, aguardente e outros, destinados sobretudo ao consumo da cidade, mas também aos setores ligados à agroexportação (Fragoso; Florentino, 1990, p.28-31). Por outra parte, aproximadamente um terço dos comerciantes marítimos ligavam-se ao mercado externo, reexportando especialmente açúcar de áreas como Campos e zonas litorâneas mais próximas da Corte. As entradas de naus com produtos a serem exportados representavam entre um terço e um quarto do movimento global de 1812 e 1817, respectivamente.

Entre 9% e 13% daqueles comerciantes marítimos que atuavam no setor de abastecimento por meio do porto carioca eram traficantes de escravos, estando a eles consignadas de 11% a 14% das entradas – generalizando, pode-se situar em 10% sua participação perante o total de comerciantes, e nos mesmos 10% a proporção de suas consignações diante do total de consignações destinadas ao mercado interno. Naturalmente, muitos dos produtos provenientes de regiões como o Rio Grande do Sul, Santa Catarina, Cabo Frio e Bahia destinavam-se ao abastecimento dos negreiros que constantemente partiam para a África. Entretanto a expressiva participação dos traficantes no setor de abastecimento indica que suas atividades iam além do tráfico.

Tabela 16 – Participação (%) dos traficantes de africanos entre os comerciantes marítimos da praça mercantil do Rio de Janeiro (entradas de naus, 1812 e 1817)

	1812				1817			
	(1)	(2)	(3)	Total	(1)	(2)	(3)	Total
Número de comerciantes	232	186	172	587	240	158	175	573
(%)	40	31	29	100	42	28	30	100
Número de consignações	392	331	310	1033	363	237	313	913
(%)	38	32	30	100	40	26	34	100
Número de traficantes	22	16	7	45	32	18	8	58
(%a)	49	36	15	100	55	31	14	100
(%b)	9	9	9	8	13	11	5	10
Número de consignações	43	37	9	89	51	73	18	142
(%c)	48	42	10	100	36	51	13	100
(%d)	11	11	3	9	14	31	8	16

(1) Número de entradas de naus com bens destinados ao mercado interno (provenientes do Rio Grande do Sul, Santa Catarina, Cabo Frio e Bahia); (2) Número de entradas de naus com bens destinados ao mercado externo (provenientes do Espírito Santo, Norte Fluminense, Itaguaí e Guaratiba); (3) Número de entradas de naus com bens destinados aos mercados interno e externo (provenientes de São Paulo e do Sul Fluminense); (%a) % do número de traficantes perante o total de traficantes; (%b) % do número de traficantes diante do total de comerciantes; (%c) % do número de consignações de traficantes perante o total de consignações de traficantes; (%d) % do número de consignações de traficantes diante do total de consignações.
Fontes: Apêndice 26 e *Gazeta do Rio de Janeiro* para os anos de 1812 e 1817 (Seção de Microfilmes da Biblioteca Nacional).

Observando agora a participação dos traficantes no setor de bens destinados ao mercado exterior detecta-se que, embora seja certo que seu número representasse algo em torno de 10% do total de comerciantes exportadores, por outro lado suas consignações chegavam a representar, em 1817, quase um terço de todas as entradas com produtos para o mercado externo. Tal cifra é um forte indicador de que os traficantes cariocas desempenhavam papel de destaque na intermediação da produção colonial voltada para o exterior.

Todavia, os números apresentados acima devem ser matizados. Tomando-se no ano de 1817 os comerciantes responsáveis por duas ou mais consignações de navios com produtos para abastecimento e para exportação, vê-se que a participação daqueles que estavam estabelecidos na praça do Rio de Janeiro raramente ultrapassava 50%. Por exemplo, dos responsáveis pelas naus que entravam com açúcar proveniente do Norte Fluminense, apenas 27% constavam do almanaque mercantil de 1817; cifra que, em relação aos navios vindos de São Paulo, Santa Catarina, Rio Grande do Sul e Sul Fluminense chegava a, respectivamente, 46%, 44%, 47% e 20%. Apenas nos casos de naus originárias da Bahia e de Pernambuco os consignatários eram majoritariamente da praça carioca, conformando, respectivamente, 56% e 77% (Fragoso; Florentino, 1990, p.81). Contudo, supondo que fosse expressiva a participação no mercado carioca de comerciantes não listados entre os estabelecidos na Corte (que eram, pelos tipos de embarcações, principalmente pequenos empresários dedicados ao pequeno comércio de cabotagem), então o papel dos traficantes perante os seus pares da praça mercantil carioca aumentará, sendo bem maior do que aquele indicado na Tabela 16. De qualquer modo, mesmo que os comerciantes do Rio (incluindo os traficantes) fossem minoritários, suas consignações – e, portanto, a envergadura de sua potencialidade de acumulação – eram majoritárias: para o mesmo ano de 1817, aqueles que possuíam mais de uma consignação eram responsáveis por algo entre 68% e 91% das entradas provenientes de Cabo Frio, Sul Fluminense, Norte Fluminense, Espírito Santo e Rio Grande do Sul (Fragoso; Florentino, 1990, p.28-31).

Em resumo, era importante o envolvimento dos traficantes no intercâmbio de produto para os mercados externo e interno, o que indica a sua atuação em diversas esferas da circulação, e não somente naquela que estava diretamente ligada à compra e venda de africanos. Da mesma forma, assumindo-se que os índices de participação dos traficantes no mercado de abastecimento não eram caudatários somente da necessidade de prover os negreiros, é natural concluir que também nesse circuito endógeno de acumulação se fazia expressiva a figura do comerciante de almas.

Conclusões semelhantes podem ser tiradas das tabelas 17 e 18, sobre a participação dos traficantes no comércio internacional. Em 1817 as consignações em mãos de comerciantes estabelecidos na praça carioca chegavam a 50% das entradas provenientes de Lisboa, 50% daquelas que provinham de portos asiáticos e a algo entre 87% e 100% das que vinham dos domínios lusitanos na África (Fragoso; Florentino, 1990, p.82). Ou seja, era altamente expressiva a participação da comunidade mercantil do Rio no comércio efetuado dentro do império português. Nota-se que Portugal, Grã-Bretanha e Rio da Prata eram os grandes parceiros do comércio marítimo de importação. Diante desse quadro, os traficantes dominavam entre um terço e um quinto do intercâmbio com Portugal, a mesma proporção que se verifica no comércio com os portos asiáticos. Isso sem falar na sua participação nas trocas com os demais países da Europa e Rio da Prata. Não surpreende que, nesse âmbito internacional, Portugal e os portos orientais (Goa e Macau) fossem os grandes centros da ação dos traficantes: era nessas áreas que eles adquiriam grande parte dos gêneros para o escambo africano.

As duas últimas tabelas (16 e 17) e as cifras mencionadas demonstram, em síntese, que o raio de ação da acumulação dos comerciantes cariocas e, dentre eles, os traficantes, ultrapassava em muito o mero espaço regional, assumindo um perfil verdadeiramente internacionalizado. Isso fica mais patente ainda, e se refere mais especificamente aos comerciantes de almas, quando se observam as relações da comunidade mercantil carioca com outras praças do império colonial português, no interior do qual era destacadíssimo o peso dos negociantes do Rio de Janeiro.

Tabela 17 – Participação (%) dos traficantes de africanos entre os comerciantes marítimos da praça mercantil do Rio de Janeiro (entradas de naus do exterior, 1812 e 1817)

País/Região de origem	1812			1817		
	(1)	(2)	(%)	(1)	(2)	(%)
Portugal	39	12	31	61	13	21
Grã-Bretanha	45	1	2	28	1	4
Demais países da Europa	5	1	20	73	2	3
Estados Unidos	8	–	0	19	–	0
Caribe	1	–	0	2	–	0
Rio da Prata	67	9	13	51	3	6
Demais países da América	–	–	–	10	–	0
Portos Orientais(a)	11	3	27	15	3	20

(1) Número de entradas; (2) Número de entradas consignadas a traficantes; (a) inclui as entradas provenientes do Cabo da Boa Esperança
Fontes: Apêndice 26 e *Gazeta do Rio de Janeiro* para os anos de 1812 e 1817 (Seção de Microfilmes da Biblioteca Nacional)

Fortunas cariocas e fortunas traficantes

Poder-se-ia argumentar que esses traficantes eram grandes negociantes metropolitanos que se estabeleceram no Rio com a chegada da Corte. Tal perspectiva nos levaria a tomar o período posterior a 1808 como sendo a época do "enraizamento dos interesses mercantis portugueses", o que passaria pelo deslocamento dos grandes negociantes (e, por certo, dos traficantes) anteriormente estabelecidos na praça carioca em prol do grande capital mercantil proveniente da Metrópole (Dias, 1972).

Não parece ter sido esse o caso do setor negreiro, visto que alguns dos maiores traficantes que atuavam depois de 1808 já eram poderosos homens de negócios e comerciantes de almas durante o século XVIII. A correspondência dos vice-reis revela que a Coroa, através de d. Rodrigo de Souza Coutinho, havia solicitado ao vice-rei, conde de Rezende, o levantamento dos nomes dos homens mais ricos da praça carioca. Seu objetivo era amealhar o capital necessário ao fomento da agricultura. Em resposta, datada de 30 de setembro de 1799, o vice-rei relacionava os 36 maiores cabedais da província, assinalando, muito significativamente, a oposição deles à constituição do referido fundo. Nada menos que sete dessas maiores fortunas aparecem direta ou indiretamente envolvidas com o comércio de almas depois de 1811 (as de Antônio Gomes Barrozo, João Gomes Barrozo, Francisco Pinheiro Guimarães, Elias Antônio Lopes, Francisco Xavier Pires, Amaro Velho da Silva e Manoel Velho da Silva). Cita-se ainda o nome de Brás Carneiro Leão, cujo filho e o neto – respectivamente, Fernando Carneiro Leão e Geraldo Carneiro Belens – atuaram no tráfico com a zona congo-angolana durante a década de 1810.[3]

Este dado, por si só, já demonstra a confluência entre a elite mercantil e o topo da hierarquia traficante. Ele insinua o *locus* socioeconômico do traficante tradicional, daquela minoria de comerciantes de homens que monopolizava o tráfico atlântico: não poderia ser de outra forma, visto ser o comércio negreiro um negócio que, além de arriscado, demandava altíssimo investimento inicial. E o próprio fato de ir contra os desígnios metropolitanos, em um terreno tão sensível quanto o dos rumos da política colonial, demonstra a magnitude do poder dessa elite.

Mas qual o sentido mais profundo, para os traficantes, de fazer parte ativa da elite desse capital comercial? Como, por exemplo, se comportavam os diferentes traficantes diante das flutuações não apenas do tráfico, mas da economia regional como um todo? Como se dava a acumulação primitiva do capital traficante?

Já se comentou o peso dos comerciantes de almas, inclusive no setor marítimo. Apresentei provas que mostram sua continuidade temporal desde o século XVIII. Há, agora, que apreendê-los no mercado, o que necessariamente deverá passar pela apreensão do perfil da hierarquia econômica carioca. Nesta última detectarei o peso do capital comercial em geral, o de sua elite e, posteriormente, o do capital ligado ao comér-

---

3 Apêndice 26; *Correspondência do Vice-Rei para a Corte, de 30/9/1799*, Códice 68, v.15, fl.324 (Arquivo Nacional); e Graças Honoríficas, Latas Verdes, documento 625 (Arquivo Nacional).

cio de homens. Na verdade, alguns traços fundamentais da hierarquia e do perfil estrutural da economia carioca podem ser apreendidos a partir do trabalho de João Fragoso (1992). Contando unicamente com inventários *post-mortem*, da Tabela 18 se infere, por meio do crescente volume de investimentos em prédios urbanos, que a praça do Rio de Janeiro passava por intenso processo de urbanização nas primeiras décadas do século XIX. A natureza mercantil da área é confirmada pelas "Dívidas ativas" que, formadas por contas correntes, letras e créditos pessoais, indicam um mercado em que as trocas se confundiam com o pagamento de juros e com a usura. A ínfima expressão da variável "Moedas" denota a existência de frágil circulação de numerário, o que pode ser confirmado pelo estudo realizado por Johnson (1973). Nota-se que o signo maior de entesouramento, a variável "Joias e metais preciosos", é superior às "Atividades industriais". Esse último aspecto e a frágil circulação monetária remetem a um mercado caracterizado por poucas opções de investimento para aqueles que tivessem qualquer disponibilidade de capitais (Fragoso, 1992; Fragoso; Florentino, 1990).

Tabela 18 – Participação (%) das atividades e bens econômicos nos inventários *post-mortem* da praça mercantil do Rio de Janeiro, 1797-1840

Setor/Atividade	1797-99	1820	1840
Prédios urbanos	24,2	25,8	35,8
Atividades comerciais	7,0	1,5	1,7
Dívidas ativas	16,4	23,4	24,0
Ações e apólices	–	1,1	5,3
Atividades industriais	1,0	1,6	0,0
Bens rurais	15,7	15,9	6,6
Escravos	21,5	11,9	13,9
Joias e metais preciosos	4,0	6,1	1,5
Moedas	4,4	3,4	1,0
Monte bruto	208:262$019	452:794$518	1:355:947$871

Obs.: Foram levantados 39 inventários para o primeiro período, 36 para o segundo e 55 para o último
Fonte: Fragoso (1992, p.255)

Embora se tratasse de uma sociedade fundamentalmente agrária e escravista, os bens rurais (sem considerar os cativos) nunca ultrapassavam 16% dos valores arrolados. Ao mesmo tempo, o capital usurário e mercantil ("Comércio" + "Dívidas ativas") compunha algo ao redor de um quarto das fortunas. Em outras palavras: o que se observa aqui é o predomínio do capital mercantil e de suas formas específicas de acumulação. Tal perfil, ao se reiterar temporalmente, se revela estrutural (Fragoso, 1992).

A Tabela 19 permite analisar a distribuição de riqueza socialmente gerada em meio ao quadro até agora esboçado. Para tanto, tomaram-se os inventariados mais ricos e os mais pobres do Rio de Janeiro, e viu-se ter sido enorme a diferenciação econômica entre os agentes sociais, ainda mais acentuada se lembrarmos que grande parte da população não abria inventários, já que não possuía bens a declarar. De 1790 a 1835, entre 41% e 61% dos agentes detiveram de 3% a 7% da soma dos valores inventariados, e apenas em um intervalo (1790-1822), quando chegavam a quase dois terços dos inventariados, eles controlaram parcelas maiores (15%) da riqueza arrolada. Durante o mesmo período, os membros das faixas de renda mais elevadas flutuaram entre 5% e 14%, concentrando em suas mãos entre 55% e 76% da riqueza. Aceitando-se que a Tabela 19 represente o verdadeiro perfil da distribuição da riqueza, pode-se afirmar que metade dos agentes sociais detinha algo em torno de 6% da riqueza, enquanto os 9% ou 10% mais ricos concentravam em suas mãos dois terços da mesma.

Vejamos, a partir de outros critérios, o nível de concentração da economia. Aceitando-se, como quer Arruda (1980, p.344-348), que o período 1763-1809 tenha sido deflacionário, e que o mil-réis tenha começado a se desvalorizar crescentemente a partir da primeira metade da década de 1810, pode-se, então, utilizar os inventários *post-mortem* de outro modo. Refiro-me à possibilidade de agrupá-los por grandes faixas de fortunas (e não apenas em grandes grupos de indivíduos, como fiz antes), a partir das quais pode-se estimar o nível de concentração da economia carioca e fluminense. Assim, pois, trabalhando com o valor nominal do mil-réis entre 1790 e 1807, detecta-se que aqueles indivíduos agrupados nas três menores faixas de renda (até 2:000$000

Tabela 19 – Distribuição (%) da riqueza entre os mais ricos e os mais pobres
inventariados do Rio de Janeiro (meios urbano e rural), 1790-1835

Anos	Os mais pobres		Os mais ricos		Soma dos montes
	(1)	(2)	(1)	(2)	Brutos (em Reais)
1790-2	60,5	14,6	14,1	62,4	95:432$934
1795-7	54,3	5,0	11,1	75,5	501:273$060
1800-2	56,8	6,0	11,4	73,3	210:655$300
1805-7	41,3	5,4	8,3	55,1	436:562$120
1810-2	50,6	3,3	5,0	64,9	1:113:798$862
1815-7	56,3	6,7	11,6	70,0	1:093:543$396
1820-2	55,6	4,6	7,6	62,2	2:174:480$547
1825-7	46,0	2,7	8,8	75,8	2:290:640$049
1830-2	50,9	4,9	6,8	64,8	3:607:189$907
1834-5	46,6	4,4	9,6	56,6	1:406:139$531

(1): % do número de inventariados; (2): % da riqueza possuída (perante a soma dos montes brutos)
Obs.: Cada intervalo possui, respectivamente, um total de 43, 81, 44, 109, 87, 112, 144, 113, 161 e 73 inventários *post-mortem*.
Fontes: Inventários *post-mortem*, 1790-1835 (Arquivo Nacional)

réis) variaram entre 58% e 7% dos inventariados, concentrando entre 6% e 26% da riqueza. Ao mesmo tempo, os inventariados cujas fortunas somavam acima de 20:000$000 réis variaram entre 2% e 7% e concentraram de um quarto (quando representam a porcentagem mínima) a dois terços dos valores.[4] Passando ao agrupamento das fortunas em grandes faixas deflacionadas diante da libra esterlina, observa-se que, entre 1810 e 1830, as duas menores faixas agrupavam 38% dos valores das fortunas. Ao mesmo tempo, as duas faixas mais altas (maiores de 20.001 libras esterlinas) congregavam de 2% a 8% dos inventariados, e detinham entre 34% e 68% da riqueza.[5]

A Tabela 20 montada por Fragoso unicamente a partir de inventários dessa pequena fração hegemônica mostra o perfil daqueles que, na prática, detinham o verdadeiro controle da economia de então. Eles dominavam de 77% a 95% das dívidas ativas, o que indica um

4 Ver o Apêndice 27.
5 Ver o Apêndice 28.

sistema de créditos altamente monopolizado. Essa elite econômica impulsionava uma economia profundamente marcada por formas mercantis de acumulação, as quais, advirta-se, configuravam os eixos da reprodução econômica.

Tabela 20 – Distribuição (%) da riqueza nos inventários *post-mortem* dos mais ricos inventariados da praça do Rio de Janeiro, 1797-1840

Setor/Atividade	1797-99	1820	1840
Prédios urbanos	45,7	71,2	55,3
Atividades comerciais	99,5	–	–
Dívidas ativas	95,1	77,9	92,0
Ações e apólices	–	92,3	95,5
Atividades industriais	16,6	36,7	–
Bens rurais	47,2	75,2	64,0
Escravos	52,7	44,7	6,6
Joias e metais preciosos	55,1	91,7	69,3
Moedas	70,7	67,2	34,1
Monte bruto	61,4	70,9	67,8
(%) dos inventários	13,8	13,9	9,1

Fonte: Fragoso (1992, p.255)

Por causa da importância política e econômica da Corte, é possível estarmos diante da mais importante fração dominante do país. Sua rede de atuação não se limitava ao Rio de Janeiro e, enquanto empresária, controlava grande parte dos mecanismos de acumulação do Sudeste, com redes que se estendiam desde os confins de Mato Grosso até o Rio Grande do Sul, Santa Catarina, São Paulo, Santos e Minas Gerais. Possuía também grande parte dos prédios urbanos e das unidades agrícolas para exportação do Rio e, dado importantíssimo, depois de fechados (i.e., pagos os credores), seus inventários não revelam passivo perante nenhuma casa comercial estrangeira (Fragoso; Florentino, 1990). Reafirma-se a conclusão antes esboçada: o alto investimento inicial, característico da empresa traficante, permite crer que os comerciantes de almas eram parte integrante e ativa dessa elite: em outras palavras, era por meio do seu capital que se dava a maior parcela da reprodução física do produtor direto – o escravo.

Riva Gorenstein (1978), aprofundando observações de Sérgio Buarque de Hollanda, alerta para o quão simplificados têm sido os modelos que insistem na importância social e econômica – justificada, porém exagerada – da aristocracia agrária. Seu estudo sobre os comerciantes cariocas entre 1808 e 1822 atesta, com extrema sutileza, o papel fundamental dos homens pertencentes às profissões mercantis na economia, política e sociedade da época. Eram os *negociantes de grosso trato*, a maioria deles partícipes da elite indicada na Tabela 20.

João Fragoso, por seu turno, aponta para as raízes estruturais do predomínio das formas mercantis de acumulação. Frágil circulação monetária e grande peso relativo do entesouramento (esterilização temporária de valor) indicam que havia poucas opções de investimento. A monopolização da riqueza, por seu turno, ensejava a emergência de um contexto em que pouquíssimos homens detinham liquidez suficiente para pôr em funcionamento os mecanismos econômicos para além de esferas ultralocalizadas. Daí que a circulação tenha surgido como o grande eixo de acumulação da época. Todos esses fatores seriam traços de um *mercado restrito*, mesmo que (ou porque) na sua base se encontrasse uma economia mercantil cujo agente maior – o escravo – era, ele próprio, uma mercadoria. Levado às últimas consequências, o trabalho de Fragoso aponta para um tipo específico de reprodução econômica composto por dois movimentos sucessivos. Um primeiro, comportando a apropriação do sobretrabalho na esfera da circulação; um segundo, em que grande parte do produto apropriado na circulação se transformaria em atividades produtivas *stricto sensu* (Fragoso, 1992; Fragoso; Florentino, 1993). Em um mecanismo possivelmente comum a todas as economias latino-americanas em que predominavam regimes compulsórios de trabalho (sinônimo de uma frágil divisão social do trabalho), a hegemonia das formas mercantis de reprodução tenderia a reiterar-se continuamente no tempo, pois sempre recriava o mercado restrito.

Desses traços estruturais derivava uma posição privilegiada dos comerciantes coloniais até mesmo no comércio de importação (seja com a Metrópole, seja depois com os centros mais dinâmicos do capitalismo europeu). Por controlarem a liquidez, esses negociantes de grosso trato pugnavam pela venda em bloco de grandes lotes de mercadorias ainda nos portos. A submissão dos pequenos comerciantes e varejistas do centro receptor ou de áreas do interior lhes era fácil, pois os negociantes de grosso trato controlavam o crédito. Da mesma maneira, analisando o caso mexicano, Halperín-Donghi observa que semelhante vantagem surgia quando se tratava de transacionar nos portos com os agentes metropolitanos que, ávidos por fecharem os negócios rapidamente (com o que aumentavam a velocidade de rotação do capital), viam-se diante dos únicos agentes coloniais de quem podiam receber com garantia de liquidez (Halperín-Donghi, 1985, p.37). Tratava-se de uma posição de relativa debilidade dos agentes estrangeiros na consecução das operações, o que necessariamente se refletia no estabelecimento das taxas de juros.

Ora, pelo que se tem observado, o tráfico para o porto do Rio de Janeiro era altamente concentrado, e seu crescimento médio anual foi enorme durante o período em estudo, em particular depois da abertura dos portos. De fato, o comércio de homens era, ao lado dos investimentos em prédios urbanos, da usura e das operações de importação/exportação, uma das mais profícuas inversões no mercado restrito. Daí que a oportunidade aberta pela conjuntura ascendente dos negócios negreiros e a disponibilidade estrutural de capitais o tenham convertido em um dos mais importantes espaços de acumulação do Sudeste brasileiro.

Se o funcionamento do tráfico em moldes monopolísticos se devia, em princípio, ao alto investimento inicial exigido para a formação dos estoques de escambo e manutenção; e se, ademais, tratava-se de uma atividade que envolvia grandes riscos, não era gratuito que o típico comerciante de almas, de participação constante no negócio, fosse, nas palavras de José da Silva Lisboa, um homem de grande fortuna, "cujos investimentos cobrem diversos setores econômicos principalmente o comércio e o crédito" (Lisboa, 1819, p.69).

A Tabela 21 permite ilustrar, por meio de alguns inventários *post-mortem* de traficantes, o perfil das fortunas investidas no comércio negreiro. Temos aqui grandes cabedais de traficantes tradicionais, como João Gomes Barrozo, Elias Antônio Lopes, Francisco José

Guimarães, a baronesa de Macaé (Leonarda Maria Velho da Silva), e de traficantes com participação eventual no comércio de homens. João Gomes Barrozo era o cabeça de uma empresa traficante da qual participavam seus parentes Diogo e Antônio Gomes Barrozo. Grande traficante era também Francisco José Guimarães, que empresarialmente atuava junto a Francisco José Pinheiro Guimarães. Leonarda Maria Velho da Silva era a matriarca de uma família de traficantes que incluía Amaro Velho e Amaro Velho da Silva. Uma de suas filhas estava casada com o também traficante Manoel Guedes Pinto. Essas três empresas estavam entre as dezessete maiores de atuação contínua durante as décadas de 1810 e 1820. Elas foram responsáveis por quase um quinto dos desembarques realizados por esse grupo e por 10% de todas as expedições negreiras montadas entre 1811 e 1830. Elias Antônio Lopes era outro grande traficante, cuja empresa continuou a funcionar mesmo depois de sua morte, financiando quatro expedições entre 1814 e 1816. Sua fase de maior atuação, porém, parece ter sido, como já vimos, durante a primeira década do século. Gertrudes Pedra Leão era esposa de Fernando Carneiro Leão, cuja empresa foi responsável direta por poucas expedições. Tratava-se de um empresário que pertencia àquele grupo de traficantes eventuais, mas que eram fundamentais para o atendimento da demanda por braços. Ele e os inventariados restantes ocupavam, enfim, o espaço flutuante da ação especulativa, característica marcante de mercados pré-industriais.[6]

Os mesmos traços observados com relação à elite carioca em geral estão aqui presentes. Era bastante alta a participação desses traficantes no processo de urbanização da Corte, e parcela substancial das fortunas estava aplicada em prédios urbanos. Também aqui os investimentos em joias e metais preciosos eram maiores do que na variável "Moeda", denotando certa tendência ao entesouramento, além da fragilidade do meio circulante. Por outro lado, a maior parte das fortunas estava alocada em atividades comerciais e creditícias, além de serem expressivos os investimentos no agro fluminense, em ações e em apólices.

---

6 Inventários *post-mortem*, maço 461, números 1592 e 8821; caixa 286, número 191; e maço 462, números 441 e 8848 (Arquivo Nacional).

Tabela 21 – Participação (%) das atividades e bens econômicos nos inventários *post-mortem* de traficantes de africanos estabelecidos na praça mercantil do Rio de Janeiro

Traficantes	(1)	(2)	(3)	(4)	(5)	(6)	(7)	(8)	(9)	(10)	(11)	(12)
José Francisco do Amaral	1812	37,2	8,3	33,4	–	–	8,6	5,0	0,4	0,1	3,1	153:976$390
Elias Antônio Lopes	1815	1,3	37,4	0,9	0,9	–	2,8	4,5	2,5	0,1	9,9	235:908$784
Gertrudes Pedra Leão	1820	–	35,1	1,3	1,3	–	–	4,1	23,0	–	21,5	96:817$346
João Gomes Barrozo	1829	21,5	19,7	5,7	5,7	–	13,3	7,2	2,6	0,7	2,4	926:757$475
Leonarda M. Velho da Silva	1825	18,6	a	a	a	–	33,9	0,9	1,5	–	17,9	285:499$677
Francisco José Guimarães	1838	40,6	–	48,6	1,5	–	–	1,9	1,4	–	6,0	231:070$195
José Ferreira da Rocha	1820	0,3	7,4	60,2	–	–	–	10,6	1,6	2,2	17,7	36:964$141
Manoel José Ribeiro	1831	68,8	–	2,2	–	–	–	3,7	0,1	–	25,4	25:511$160
Antônio José Teixeira	1824	–	–	58,6	–	–	14,3	15,8	1,3	–	10,0	14:091$930
José Lopes Bastos	1830	26,0	–	–	–	–	–	38,9	0,7	–	34,4	6:911$560

(1) Ano; (2) Prédios urbanos; (3) Comércio; (4) Dívidas ativas; (5) Ações e apólices; (6) Atividades industriais; (7) Bens rurais; (8) Escravos; (9) Joias e metais preciosos; (10) Moedas; (11) Outros; e (12) Monte bruto
Fontes: Inventários *post-mortem*, 1790-1835 (Arquivo Nacional)

É sintomático que seja praticamente impossível isolar, nesses inventários, o comércio de africanos de outras atividades mercantis.[7] Isto mostra claramente o caráter organicamente diversificado dos investimentos, mesmo quando alguns setores se destacavam. Na verdade, como já foi insinuado na análise do comércio de cabotagem, os traficantes (sobretudo os grandes) investiam em diversos setores e comandavam redes de créditos que se espalhavam por todo o país e mesmo pelo exterior, com o qual, aliás, nenhum dos inventariados da Tabela 21 registrava qualquer déficit. Se se toma o caso de Elias Antônio Lopes, por exemplo, observa-se que suas faturas e contas de venda a serem cobradas abarcavam desde o próprio Rio de Janeiro até Santa Catarina, Bahia e Pernambuco, no Brasil, passando por grandes centros mercantis internacionais como Lisboa, Porto, Londres, Hamburgo, Amsterdã, Goa, Luanda, Benguela e Moçambique.[8]

Investimentos multifacetados e dispersos por vários setores são signos de uma característica estrutural. Por atuarem em um mercado restrito, com poucas opções, os empresários traficantes, tal como a elite mercantil em geral, procuravam investir diversificadamente não apenas para garantir segurança a suas aplicações (afinal, estamos diante de um mercado instável por definição), como também para auferir as maiores taxas de lucro possíveis. Essa situação era típica dos grandes comerciantes da Europa pré-industrial e de centros mercantis latino--americanos como Buenos Aires e Cidade do México, respectivamente nos séculos XVIII e XIX.[9]

Enquanto membros de elite mercantil do Rio de Janeiro, os grandes traficantes detinham boa parte da liquidez da economia escravista e, desse modo, controlavam a própria reprodução física dos escravos e das relações escravistas de produção. Seu poder é a chave para a com-

---

7 O mesmo se observa em relação aos traficantes franceses (Stein, 1979, p.138) e holandeses (Postma, 1990, p.279-280).

8 Ver a segunda parte de seu inventário no acervo da Junta do Comércio, Arquivo Nacional, caixa 348, pacote 1.

9 Ver Braudel (1985); Socolow (1980, p.387-406); Cardoso (1978), onde se encontram diversos artigos correlatos ao tema.

preensão de um dos sentidos da expressão *comunidade de traficantes*. Nutridos pela existência de um mercado estruturalmente atrofiado, eles criavam laços de dependência de vários tipos, estando sob seu controle boa parte dos negócios dos pequenos comerciantes de almas. Eram eles que, de fato, financiavam e seguravam as expedições. Homens como João Gomes Barrozo, João Martins Lourenço Vianna e José Henrique Pessoa ocupavam cargos de direção em seguradoras como a Providente.[10] Elias Antônio Lopes era credor da mesma companhia e da seguradora Indemnidade, da mesma forma que a baronesa de Macaé e seus parentes possuíam participação nesta última e na Companhia Seguradora Tranquilidade desde pelo menos meados da década de 1810.[11] A ele, aliás, deviam traficantes como Bernardo Luiz de Almeida e Antônio Gonçalves da Luz, ao mesmo tempo que ele próprio era devedor de Amaro Velho da Silva e da casa comercial Carneiro Leão.[12] Outro traficante, João Ignácio Tavares, tinha entre seus credores os também traficantes José Ignácio Vaz Vieira, Manoel Gonçalves de Carvalho, Thomé José Ferreira Tinoco, João Alves da Silva Porto, Francisco José Fernandes Salazar, José Henrique Pessoa e Bernardino Brandão e Castro; ele era ainda credor de Joaquim Antônio Ferreira, Domingos Alves Loureiro, José Luiz Alves e Fernando Joaquim de Mattos.[13] Em resumo, segurando os navios e gêneros para o escambo ou financiando compras, participando de cotas do investimento inicial, abrindo créditos para a importação de têxteis, armas de fogo e pólvora, ou ainda simplesmente emprestando a juros, os grandes traficantes dominavam o mercado em uma proporção bem maior do que a esboçada no Apêndice 4.

---

10 Inventários *post-mortem*, caixa 4172, número 2074; maço 461, números 1592 e 8821 (Arquivo Nacional).

11 Junta do Comércio, Arquivo Nacional, caixa 348, pacote 1 e, para a Viúva Velho, inventário *post-mortem*, maço 383, número 4491.

12 Ver a parte de seu inventário na Junta do Comércio, Arquivo Nacional, caixa 348, pacote 1.

13 Ver o processo de sua falência na Junta do Comércio, Arquivo Nacional, caixa 366, pacote 1.

Os traficantes na economia em movimento

Até aqui, os inventários *post-mortem* têm permitido detectar os traços gerais do perfil das fortunas cariocas e, em particular, aqueles dos traficantes estabelecidos na praça do Rio de Janeiro. Trata-se, pela própria natureza da fonte, de um retrato – e, por isso mesmo, estático – do perfil da distribuição e composição da riqueza quando da morte do agente econômico e social. Falta analisar a riqueza (sobretudo a riqueza envolvida com o tráfico) em movimento, ou seja, em fotogramas que, ao se sucederem, permitam estabelecer continuidades e descontinuidades.

Para tanto, as escrituras públicas das compras e vendas realizadas na praça carioca se constituem em fontes ideais. Não sem problemas, por certo, visto detectarem uma parcela menor do verdadeiro movimento das dívidas (cujos registros se encontravam em livros de contas correntes) e dos escravos. Ainda assim, a Tabela 22 confirma algumas das principais conclusões obtidas por meio dos inventários. Ali se mostra que, praticamente durante todo o período 1798-1835, a compra de bens imobiliários urbanos (terrenos, chácaras e, sobretudo, prédios de vivenda) envolvia a maior parte dos agentes e valores que circulavam no mercado. A preeminência do setor imobiliário urbano indica que a especulação e a vocação rentista se constituíam nos principais eixos da vida econômica.

Havia também o peso secundário, porém expressivo, dos negócios rurais e mesmo do comércio. Entretanto, agregando-se os negócios imobiliários urbanos ao comércio e, ademais, assumindo que o setor rural congregava uma parcela minoritária dos investimentos verdadeiramente produtivos (aqueles que geram valor-trabalho), mais uma vez se está diante de um panorama no qual era flagrante o predomínio das atividades rentistas, especulativas e mercantis, o que por seu turno denota a existência de um mercado restrito com todas as suas consequências.

Uma delas, a forma concentrada por meio da qual a economia se reproduzia, também pode ser aferida por meio das escrituras públicas de compra e venda. Para tanto, construiu-se a Tabela 23, a partir do cruzamento desse tipo de documento com inventários. Mais precisamente, procurou-se obter um perfil socioeconômico do mercado a partir da classificação das operações de compra e venda (número de compradores e respectivos valores das operações) em função das faixas de fortunas indicadas pelos inventários no Apêndice 28.

Considerou-se a participação média de cada bem negociado de acordo com a faixa de fortuna, tendo como pressuposto que um agente econômico não investiria mais da metade de sua fortuna em um único tipo de transação. Por exemplo, a análise dos inventários indicou que entre 1790 e 1830, independentemente da faixa de fortuna, os prédios urbanos correspondiam a cerca de 50% dos montes brutos. A partir desse dado, procurou-se apreender a capacidade de compra de prédios de cada faixa de fortuna em cada um dos anos arrolados. Assim sendo, numa transação imobiliária envolvendo a compra de uma morada de casas na rua Direita em 1815, no valor de, digamos, mil libras esterlinas, somente poderiam aparecer como compradores os indivíduos que possuíssem fortunas de no mínimo 2 mil libras, os quais, portanto, deveriam estar incluídos nas faixas de fortunas superiores a 2 mil libras. Na verdade, com esse procedimento buscou-se medir a capacidade máxima de compra e, por conseguinte, a potencialidade de participação de cada uma das faixas no mercado.

Tabela 22 – Participação (%) dos setores nas compras realizadas no mercado da capitania (depois província) do Rio de Janeiro, 1798-1835

Anos	Negócios rurais		Negócios imobiliários urbanos		Comércio		Outros	
	(1)	(2)	(1)	(2)	(1)	(2)	(1)	(2)
1798	38,1	50,2	38,1	40,4	4,0	2,6	19,8	6,8
1799	33,0	14,7	44,8	49,4	11,8	31,0	10,4	4,9
1800	24,2	31,8	58,6	50,3	8,6	17,1	8,6	0,8
1801	21,0	30,0	63,1	43,4	10,6	23,3	5,3	3,3
1802	36,3	27,8	52,7	49,8	6,6	20,1	4,4	3,3
1803	18,7	10,0	59,9	55,6	13,4	32,7	8,0	1,7
1804	24,0	21,0	46,0	38,9	17,0	33,2	13,0	6,9
1805	32,0	53,7	50,1	33,5	12,8	12,0	5,1	0,8

Continua

Tabela 22 – *Continuação*

Anos	Negócios rurais		Negócios imobiliários urbanos		Comércio		Outros	
	(1)	(2)	(1)	(2)	(1)	(2)	(1)	(2)
1806	29,3	19,4	50,7	41,9	13,9	35,1	6,1	3,6
1807	39,0	20,7	45,3	60,7	9,4	11,4	6,3	7,2
1808	22,6	22,3	57,3	38,0	18,3	39,4	2,4	0,3
1809	18,7	10,1	62,4	71,2	11,8	16,1	7,1	2,6
1810	23,0	7,5	47,9	37,4	21,7	52,8	7,4	2,3
1811	29,9	34,0	42,9	26,0	24,2	37,5	3,0	2,5
1812	21,2	14,0	55,3	47,6	17,7	28,8	5,8	9,6
1813	21,2	14,8	55,9	53,6	17,0	21,0	5,9	10,6
1814	28,5	27,8	54,2	29,9	14,3	31,6	3,0	10,7
1815	19,5	10,9	55,8	44,1	18,2	37,5	6,5	7,5
1816	18,2	9,7	53,2	26,3	20,2	60,5	8,4	3,5
1817	13,2	6,1	64,7	65,5	17,7	22,4	4,4	6,0
1818	19,7	15,4	57,7	53,0	15,0	27,3	7,6	4,3
1819	18,5	9,7	68,5	75,2	8,1	8,4	4,9	6,1
1820	24,1	6,2	56,3	65,0	16,0	25,6	3,6	3,2
1821	–	–	–	–	–	–	–	–
1822	19,2	16,2	61,2	54,6	14,1	26,7	5,5	2,5
1823	28,1	22,7	62,5	71,7	4,2	2,9	5,2	2,7
1824	22,2	16,9	60,6	63,5	10,6	18,1	6,6	1,5
1825	23,2	7,3	58,4	42,4	9,5	34,9	8,9	15,4
1826	21,8	18,3	63,0	61,1	8,8	18,1	6,4	2,5
1827	36,5	46,2	56,2	40,8	7,3	13,0	0,0	0,0
1828	–	–	–	–	–	–	–	–
1829	20,8	14,6	57,0	70,9	11,4	11,4	10,8	3,1
1830	21,3	9,5	53,9	67,7	18,0	20,6	6,8	2,2
1831	9,2	9,7	44,6	45,5	44,6	41,5	1,6	3,3
1832	22,9	15,3	51,7	52,4	20,6	31,2	4,8	1,5
1833	33,1	26,9	48,0	58,0	15,7	13,6	3,2	1,5
1834	31,5	14,9	51,8	57,6	13,6	23,0	10,9	4,2
1835	11,0	6,2	66,6	74,0	13,8	14,8	8,6	5,0

Negócios rurais: inclui benfeitorias, terras, e terras e benfeitorias; Negócios imobiliários urbanos: inclui terrenos, chácaras e prédios; Comércio: inclui negócios mercantis e navios; Outros: inclui dívidas, escravos, fábricas, indeterminados e outros
(1) % das escrituras; (2) % dos valores
Fonte: Apêndice 29

Por outro lado, essa mesma tabela leva em consideração apenas aqueles setores que apareciam com maior frequência no mercado carioca – prédios, navios, terras, benfeitorias agrárias e negócios mercantis.[14] A participação média de todos esses setores nas fortunas registradas nos inventários se dava numa porcentagem média de 35%. Fica clara, de imediato, a existência de um mercado que, apesar de hierarquizado, permitia a participação de camadas de menor renda. Desse modo, as faixas de fortunas com até 2 mil libras, que englobavam em média 75% dos inventariados e apenas 10% dos valores das fortunas,[15] no mercado de compras e vendas aparecem com a sua participação ampliada. Elas correspondiam a 85,5% dos compradores entre 1810 e 1830, intervalo em que eles detinham cerca de 49% dos valores negociados.

Esse quadro se altera, porém, quando se consideram as variações conjunturais desse mesmo mercado. Por exemplo, nos anos de alta (1814 e 1816), as faixas acima de 2 mil libras tendiam a ampliar sua participação não apenas em termos de valor, mas também no que se refere à frequência dos compradores. Se, em termos de valor, sua participação média era de 51% e de 14,5%, em termos da frequência de compradores, durante esses dois anos, tais faixas podiam alcançar, respectivamente, 64% e 20% (para 1814), e 70% e 18% (para 1816). Em contrapartida, os momentos de crise eram aqueles em que a participação desses grupos tendia a se reduzir. Isso é percebido com clareza em 1820, quando os negócios em cuja participação só eram acessíveis aquelas faixas de fortunas acima de 2 mil libras contavam com a presença de 6% dos compradores, com um valor de apenas 25% do total negociado.

Em suma, o ritmo desse mercado era determinado pela atuação das faixas mais abastadas, com o sobretrabalho por elas detido reaparecendo no mercado sob diversas formas. Sabendo-se, como foi

---

14 Ver o Apêndice 28.
15 Ver o Apêndice 28.

Tabela 23 – Concentração (%) da riqueza na província do Rio de Janeiro, 1809-1825 (por faixas de fortunas em libras esterlinas), por valores

Anos	0 a 200 libras		201 a 500 libras		501 a 1.000 libras		1.001 a 2.000 libras		2.001 a 5.000 libras		5001 a 10.000 libras		10.001 a 20.000 libras		mais de 20.001 libras	
	P	V	P	V	P	V	P	V	P	V	P	V	P	V	P	V
1809	23,9	1,8	13,7	3,4	26,3	13,2	12,5	12,4	17,4	32,5	3,7	13,4	–	–	1,2	22,3
1810	28,5	2,5	13,7	3,6	15,9	8,7	26,5	24,6	10,4	24,2	3,1	14,1	–	–	1,0	20,4
1811	13,6	1,0	16,6	3,0	26,1	10,6	9,6	8,2	19,2	28,0	9,7	27,0	4,1	21,3		
1812	15,0	2,1	27,1	10,4	31,3	26,8	14,1	24,6	11,7	36,3						
1813	31,0	9,7	24,5	10,9	19,6	18,1	16,4	30,6	7,4	27,6	0,8	7,4				
1814	27,7	2,6	22,4	6,0	18,1	11,9	13,9	17,3	10,7	22,2	5,3	21,4	2,1	20,1		
1815	24,5	2,1	27,1	8,5	23,1	13,5	13,6	20,3	6,8	16,0	2,7	10,6	1,9	8,4	1,9	19,5
1816	18,0	1,1	13,5	2,2	23,6	7,5	26,9	18,0	6,6	10,3	9,0	29,6	2,2	30,1		
1817	32,7	5,7	17,7	7,9	19,2	15,6	19,4	29,8	7,5	23,5	2,9	17,4				
1818	25,8	3,0	16,6	6,0	21,3	14,9	26,5	38,7	4,4	12,9	3,8	15,2	0,7	8,3		
1819	12,8	1,5	15,0	3,6	26,5	12,8	30,2	29,4	9,0	20,5	6,1	26,2	0,8	6,7		
1820	21,0	2,4	24,0	9,0	21,0	18,0	27,4	45,3	4,8	15,9	1,6	9,3				
1821	–	–	–	–	–	–	–	–	–	–	–	–	–	–	–	–
1822	16,8	1,5	19,2	6,0	26,4	15,5	22,9	29,8	13,2	34,1	2,4	13,5				
1823	26,6	3,7	23,3	8,8	19,9	16,1	22,2	41,4	6,6	24,4	1,1	5,5				
1824	12,3	10,2	22,7	6,2	31,0	17,5	19,5	24,4	8,2	20,1	6,1	30,8				
1825	15,7	11,1	28,2	5,2	22,4	9,5	19,1	16,1	3,3	6,4	10,1	44,3	1,1	17,5		

P: % do número de pessoas
V: % do valor
Fonte: Fragoso e Florentino (1990, p.91)

mostrado, que o capital mercantil era hegemônico, pode-se afirmar que ele também era hegemônico no mercado. É o que demonstra a Tabela 24, que reproduz as profissões dos cinco maiores compradores em cada ano, e suas participações nos valores negociados. Apesar de pouco mais de um terço desses compradores originarem-se de profissões não definidas, mais da metade era constituída por negociantes, que movimentavam cerca de um quinto dos valores transacionados. Esses dados reafirmam a preponderância do capital mercantil no ritmo da vida econômica carioca. Mais ainda, tal preeminência se fazia de forma altamente concentrada, e a inversão do sobretrabalho por ele apropriado no mercado se dava de maneira fundamentalmente rentista.

Mostrarei, daqui por diante, como uma fração desse capital mercantil – aquela investida no tráfico atlântico – se movimentava no mercado carioca, caracterizado pelos traços antes indicados. Para tanto, montei a Tabela 25, que mostra o padrão de atuação (por frequência dos agentes econômicos e pelo valor das transações, ambas de acordo com o setor de mercado) dos traficantes antes, durante e depois de se haverem transformado em comerciantes de africanos. O percurso que levou à sua montagem teve por base o cruzamento dos registros de entradas de negreiros (de onde se capturou o nome do respectivo consignatário) com as escrituras de compra e venda.

Para esboçar a origem do capital traficante acompanhei no mercado um total de 32 compradores antes de seu estabelecimento como comerciantes de africanos. Na verdade, busquei determinar o padrão de acumulação original somente para aqueles comerciantes de almas que iniciaram sua atuação depois de 1817 (inclusive), e que a estenderam até 1829. Optei por esse marco cronológico para obter o maior grau possível de certeza de que as operações que os futuros traficantes realizaram ocorreram de fato antes de sua entrada no comércio de africanos. Naturalmente, como cada um deles pode ter realizado mais de uma operação, o número de transações supera o de agentes compradores.

Tabela 24 – Participação (numérica e em termos de valor em libras esterlinas), por profissão, dos maiores compradores, no meio rural da capitania (depois província) do Rio de Janeiro, 1809-1825

Anos	Comerciantes			Fazendeiros			Outros			Indeterminados			Total		
	A	Pessoas %	Valor %	A	Pessoas %	Valor %	A	Pessoas %	Valor %	A	Pessoas %	Valor %	A	Pessoas %	Valor £
1809	2	28,6	28,9				1	14,3	7,6	4	57,1	20,0	7	100,0	3438,59
1810	2	40,0	24,3				2	40,0	26,6	1	20,0	21,7	5	100,0	1959,94
1811	3	50,0	17,2	1	16,7	23,2	1	16,7	24,0	1	16,7	6,6	6	100,0	15349,33
1812	4	66,7	28,9	1	16,7	10,2	1	16,7	12,7				6	100,0	5016,15
1813	3	60,0	40,7	1	20,0	7,4				1	20,0	14,0	5	100,0	5133,40
1814	3	50,0	55,7	2	33,3	14,2				1	16,7	7,6	6	100,0	13372,11
1815										5	100,0	89,0	5	100,0	3484,37
1816	1	20,0	6,6	1	20,0	12,8	1	20,0	18,3	4	80,0	72,4	5	100,0	4329,60
1817	1	20,0	10,0				3	60,0	39,3	2	40,0	46,8	5	100,0	1313,39
1818	1	20,0	7,1				1	20,0	8,8	1	20,0	7,1	5	100,0	7977,55
1819				1	20,0	24,5				4	80,0	37,6	5	100,0	4356,54
1820	1	20,0	12,3							3	60,0	34,5	5	100,0	872,21
1821													–	–	–
1822	1	20,0	11,0				1	20,0	14,5	3	60,0	34,2	5	100,0	3702,07
1823							3	60,0	45,8	2	40,0	22,2	5	100,0	4936,57
1824													–	–	–
1825				3	60,0	31,6	1	50,0	32,6	2	40,0	28,2	5	100,0	2524,52

A: Número

Fonte: Fragoso e Florentino (1990, p.95)

Tabela 25 – Perfil da atuação no mercado do Rio de Janeiro de comprado-res antes, durante e depois de se tornarem traficantes, em libras esterlinas, 1811-1835

	Número de pessoas	Número de operações	%	Valores	%
1. Antes de se tornarem traficantes (1811-1829)	32	40	100,0	28.332	100,0
Setor imobiliário urbano(a)		24	60,0	10.839	38,3
Navios		12	30,0	8.964	31,6
Setor imobiliário rural(b)		2	5,0	5.139	18,1
Comércio terrestre(c)		2	5.0	3.390	12,0
2. Enquanto traficantes (1811-1830)	15	41	100,0	13.103	100,0
Setor imobiliário urbano(a)		20	48,8	8.299	63,3
Navios		9	22,0	4.192	32,0
Setor imobiliário rural(b)		12	29,2	612	4,7
3. Depois de abandonarem o tráfico (1831-1835)	20	25	100,0	7.080	100,0
Setor imobiliário urbano(a)		12	48,0	4.100	57,9
Navios		12	48,0	2.541	35,9
Setor imobiliário rural(b)		4	4,0	439	6,2

(a) inclui a compra de terrenos, casas de vivenda e chácaras; (b) inclui a compra de terras e sítios; (c) inclui a compra de lojas de atacado e varejo, e mercadorias
Fontes: Escrituras Públicas, 1811-1835 (Arquivo Nacional) e Apêndice 26

Aqui estão incluídos traficantes como José Joaquim da Silva que, em 1825, aparecia pela primeira vez como consignatário de navio negreiro. Antes, em 1817, de acordo com as escrituras, ele comprara por 99$000 réis um armazém de molhados, além de casas em 1822 por 800$000 réis. Outro exemplo é o de Constantino Dias Pinheiro, cuja carreira de traficante se estendeu de 1823 a 1830, período em que foi responsável pelo recebimento de sete negreiros. Antes, entre 1816 e 1819, Pinheiro aparecia comprando casas, pelas quais pagou, em três transações, um total de 2:900$000 réis.[16]

---

16 Escrituras Públicas de Compra e Venda, Arquivo Nacional, livros 216 (p.43), 225 (p.88b), 214 (p.185a) e 220 (p.79a e 85a).

Cerca de dois terços das compras dos futuros traficantes se davam no mercado imobiliário urbano, onde se investiu quase 40% dos valores arrolados. O segundo principal setor de acumulação inicial do tráfico era constituído pelo próprio comércio marítimo, que centralizava cerca de um terço das operações e dos valores arrolados. Havia, por fim, os setores de investimento representados pelo agro e pela esfera terrestre de circulação de mercadorias. Em realidade, quando generalizado, esse perfil de acumulação original se adapta perfeitamente ao perfil estrutural do mercado carioca. Assim, pois, agregando-se os setores, vê-se que, consoante a hegemonia do capital mercantil na reprodução econômica geral, 95% das operações de compra dos futuros traficantes, e mais de 80% dos recursos envolvidos, estavam direta ou indiretamente ligados a atividades mercantis (navios e comércio terrestre), especulativas ou rentistas (setor imobiliário urbano). Tal como no mercado global, assiste-se aqui ao predomínio da acumulação baseada na aquisição de bens imobiliários citadinos, da mesma forma que, em razão da natureza marítima do comércio negreiro, parte expressiva dos futuros comerciantes de almas atuava no comércio de cabotagem. Em síntese, tem-se um panorama onde parte do sobretrabalho apropriado pela esfera da circulação retornava concretamente à vida econômica, viabilizando a reprodução física do produtor direto – o cativo.

Acompanhando outros quinze traficantes no mercado comprador do Rio de Janeiro, concluí que, ao mesmo tempo em que atuavam na própria reprodução dos negócios negreiros, eles não só procuravam diversificar seus investimentos, como o faziam de acordo com os padrões do mercado mais amplo. Por exemplo, enquanto organizava quatro expedições negreiras à África, entre 1825 e 1829, Joaquim Antônio Alves investia na aquisição de uma chácara em 1825 (10:000$000 réis) e em terras um ano depois (400$000 réis). Do mesmo modo, a empresa traficante da família Teixeira de Macedo, responsável pela entrada de dezoito negreiros no porto do Rio entre 1812 e 1826, durante o mesmo intervalo investiu cerca de 12:000$000 réis (valor nominal) em casas, terrenos, chácaras e terras.[17] Desse modo, como era de se esperar, era expressiva a re-inversão dos lucros do tráfico no próprio tráfico: o item compra de navios representa cerca de um terço das aquisições dos traficantes, índice que, se tomado como indicador da reprodução dos negócios negreiros, deveria ser bem maior, pois se levaria em consideração o investimento para a formação dos produtos do escambo. De qualquer modo, era alta a parcela dos valores investidos na aquisição de bens relativos ao mercado imobiliário urbano, e muito pequenas aquelas inversões direcionadas à aquisição de terras e demais bens rurais. Mas, o que importa aqui é a manutenção, também com relação aos lucros negreiros, do padrão geral de investimentos desse mercado: a busca da própria esfera de circulação e de atividades especulativas e rentistas como veículos de escoamento dos dividendos negreiros.

Este padrão se manteve após o término oficial do tráfico em 1830, numa prova cabal da permanência de uma forma específica de cálculo macroeconômico que encontrava no empresário negreiro um exemplo típico, pois ela estava presente na acumulação original e durante a vigência do comércio negreiro, e se estendia aos primeiros anos da etapa posterior ao seu fim oficial. O padrão de compras de vinte ex-traficantes depois de 1830 mostra a manutenção da lógica de investimentos diversificados, mas com preeminência do mercado imobiliário urbano. Em última instância, pode-se concluir que um negócio que teve sua viabilização inicial a partir dos recursos aufe-ridos com esse setor de mercado a ele retornava.

Contudo, há que matizar alguns aspectos. De início, com o fim do tráfico legal muitos traficantes se desfizeram de seus navios, como, por exemplo, Lourenço Antônio do Rego, que em 1831 vendeu sua nau Independente, e em 1834 o Brilhante. O mesmo ocorreu com Antônio Pedrozo de Albuquerque, que em 1834 se desfez do Flor de Etiópia.[18] Outros, porém, não apenas mantiveram seus capitais

---

17 Escrituras Públicas de Compra e Venda, Arquivo Nacional, livros 205 (p.100), 211 (p.1 e 119a), 215 (p.169), 218 (p.80b), 219 (p.140b), 227 (p.114), 229 (p.117) e 230 (p.78a).

18 Escrituras Públicas de Compra e Venda, Arquivo Nacional, 236 (p.137b), 238 (p.9) e livro 240 (p.13b).

investidos em navios, como também ampliaram suas compras. Daí os altos índices de aquisições de naus realizadas por ex-traficantes constantes da Tabela 25. Nesse caso certamente estava José Bernardino de Sá, que em 1833 adquiriu o Ligeiro, em 1834 o Bonfim e, em 1835, as naus Continente, Emília e Robusto.[19] Sua atuação pode ser explicada pelo fato de Sá haver sido um dos poucos traficantes que comprovadamente permaneceram no comércio negreiro ilegal depois de 1830. Assim, em 1833 e em 1834 ele já era conhecido como o mais rico e "notório" contrabandista de almas e, por volta de 1839, seus agentes estavam estabelecidos em diversos "barracões" ao sul do Equador, realizando o escambo com mercadorias portuguesas e inglesas. Embora a pressão inglesa o tenha obrigado a trocar Luanda por Ambriz como ponto de atuação na África, seu prestígio não declinou. Prova-o o fato de que, logo depois de retornar a Portugal, em 1851, José Bernardino de Sá tornou-se o barão da Vila Nova do Minho (Karasch, 1967, p.15-16).

Todavia, o dado mais importante é que a Tabela 25 mostra a permanência, depois de 1830, do tipo de acumulação baseada na compra de imóveis urbanos. Perpetuava-se, portanto, o caráter rentista da acumulação que se dava em meio ao mercado carioca, exemplificado pela atuação de homens que dele se nutriram para amealhar os cabedais iniciais para atuarem como traficantes, e que a ele retornaram quando da proibição do mercado negreiro.

Tráfico e poder

A noção comunidade de traficantes, algumas vezes por mim utilizada, tem ainda um outro sentido além da mera associação de comerciantes de almas. Além de comporem redes econômicas, as relações entre os traficantes se estendiam ao campo pessoal e afetivo, traços que mais uma vez revelam o peso da estrutura não capitalista.

---

19 Escrituras Públicas de Compra e Venda, Arquivo Nacional, livro 237 (p.208b) e 240 (p.20b, 131a, 135b e 136).

De início, a gestão dos negócios tinha muito de familiar. Participavam do tráfico, dentre outras, as famílias Gomes Barrozo (João Gomes Barrozo, Antônio Gomes Barrozo e Diogo Gomes Barrozo), Ferreira (Joaquim Antônio Ferreira e João Antônio Ferreira), Rocha (Francisco José da Rocha e Joaquim José da Rocha Sobrinho), Pereira de Almeida (Joaquim Pereira de Almeida, João Rodrigues Pereira de Almeida e José Rodrigues Pereira de Almeida) e Velho da Silva (Amaro Velho da Silva e Leonarda Maria Velho da Silva). Das 279 empresas (com nomes explicitados), responsáveis por 1.181 expedições entre 1811 e 1830, catorze eram constituídas por sócios aparentados. Embora essa cifra não pareça expressiva, seu sentido maior se esclarece quando consideramos que, daquelas dezesseis maiores empresas, responsáveis por quase metade das viagens à África, nada menos do que oito eram constituídas por parentes. Na verdade, das 559 expedições montadas por essa verdadeira elite traficante, os grupos empresariais familiares foram responsáveis por 324 (60%).[20] Como forma de atender às altas exigências do investimento inicial para o tráfico, de não dispersar as fortunas e, por fim, de responder a um mercado onde as operações se baseavam sobretudo na confiança mútua, as grandes empresas eram geridas por parentes – irmãos e sobrinhos como os Gomes Barrozo, pai, mãe e filho como os Velho da Silva. Nesse pequeno círculo, também o matrimônio funcionava como mecanismo concentrador de recursos, fundindo grandes fortunas traficantes, como no caso de Manoel Guedes Pinto, casado com uma das filhas da matriarca dos Velho da Silva, e de Alexandre José Fróes, genro de Custódio de Souza Guimarães.[21]

Em resumo, a estrutura personalizada dos negócios negreiros, pelo menos aqueles de maior envergadura, os fazia repousar mais na confiança mútua do que na impessoalidade racional capitalista, criando fortes vínculos entre os traficantes. Entretanto, encontram-se tais vínculos mesmo entre os grandes e os pequenos comerciantes de

---

20 Ver o Apêndice 30.
21 Ver os inventários *post-mortem* de João Gomes Barrozo (maço 461, números 1592 e 8821) e de Leonarda Maria Velho da Silva (maço 383, número 4491), AN; e também o Apêndice 22.

africanos, como o demonstra a enfática declaração testamentária de
Francisco José Gomes, pequeno traficante morto em 1820. Na hora
da morte ele se dirigiu ao traficante e comendador José Joaquim de
Siqueira ("meu grande benfeitor", afirmava) rogando-lhe que não
desamparasse a sua família.[22]

Não investindo somente no comércio de homens e, ao mesmo
tempo, atuando em meio a uma sociedade marcada por frágil divisão
social do trabalho, o empresário traficante ampliava seu raio de ação
e sua fortuna não apenas mediante alianças matrimoniais e afetivas.
Ele estava, ainda, profundamente ligado ao Estado, ocupando postos
de grande destaque, a partir dos quais podia consolidar seu prestígio
entre a alta burocracia e alcançar privilégios tais como arrematações
de impostos e sesmarias. Sua enorme capacidade de acumulação,
combinada com a intimidade com o poder (sobretudo por meio
do pertencimento à Ordem de Cristo, da família real), permitiam
ao traficante não somente a obtenção das melhores oportunidades
econômicas, como também enfrentar a questão-chave da época, o
problema das pressões britânicas pelo fim do tráfico.

Alguns exemplos. João Rodrigues Pereira de Almeida era, desde a
primeira década do século XIX, deputado da Real Junta do Comércio,
e recebeu, em maio de 1810, a comenda da Ordem de Cristo.[23] José
Luís Alves, por seu turno, era procurador do Senado da Câmara do
Rio de Janeiro, e recebeu o hábito da Ordem de Cristo em setembro
de 1808, juntamente com o também traficante Joaquim Ribeiro
de Almeida, tenente-coronel agregado ao primeiro regimento de
infantaria da cidade do Rio de Janeiro.[24] O caso da família Gomes
Barrozo é, nesse aspecto, exemplar. Assim, pois, João Gomes Barrozo
recebeu o hábito da Ordem de Cristo em maio de 1808 (um ano antes
de Diogo Gomes Barrozo) e, ao falecer, em 1829, era comendador. O
coronel Antônio Gomes Barrozo tornou-se comendador da mesma

22 Inventário *post-mortem* de Francisco José Gomes, caixa 476, número 9150
(Arquivo Nacional).
23 Graças Honoríficas, Latas Verdes, documento 857 (Arquivo Nacional).
24 Graças Honoríficas, Latas Verdes, documentos 1175 e 977 (Arquivo Nacional).

Ordem em outubro de 1810 e, posteriormente, seu filho recebeu de d. João VI a Alcaiaderia-Mor da Vila de Itaguaí.[25] Geraldo Carneiro Belens, neto por parte materna de Braz Carneiro Leão, foi agraciado com o hábito e, logo depois, com a comenda da Ordem de Cristo. Nas justificativas, afirma-se que tal graça era fruto do reconhecimento, da parte de Sua Alteza Real, por haver Belens "concorrido com um mais extraordinário número de ações para o Banco do Brasil", além de ser "a Casa de Carneiro, Viúva e Filhos uma das que mais se tem distinguido" no comércio colonial.[26]

Outro exemplo é o de Amaro Velho da Silva que, na década de 1820, era viador de Sua Majestade, alcaide-mor e senhor donatário da Vila Nova de São José, comendador da Ordem de Cristo e da de Nossa Senhora da Conceição, além de ser deputado da Junta do Comércio. Todas as suas irmãs eram casadas com comendadores, conselheiros e desembargadores do Paço, sendo sua mãe, além de baronesa de Macaé, "dama de Sua Majestade a Imperatriz".[27] Manoel Gonçalves de Carvalho, por sua vez, obteve o hábito da Ordem de Cristo em setembro de 1810. Antes, quando solicitava tal honraria, ele afirmava ter concorrido para as "urgências do Estado", como grande negociante que era,

> prestando-se com o que foi possível para a nau Rainha no tempo do Conde de Arcádia, como também para o estabelecimento da Real Fábrica de Pólvora e do Banco Nacional. Sendo [além disso] um daqueles que tem feito exportar mais navios de sua consignação e interesse para Portugal, e o primeiro que daqui mandou navio para a América inglesa, facilitando desse modo o comércio de que tem feito mais interesse à Real Fazenda, em razão dos direitos que tem resultado destas especulações mercantis.[28]

---

25 Graças Honoríficas, Latas Verdes, documentos 777, 317 e 98; ver também o inventário de João Gomes Barrozo, maço 461, números 1592 e 8821 (Arquivo Nacional).
26 Graças Honoríficas, Latas Verdes, documento 625 (Arquivo Nacional).
27 Ver no AN o inventário de Leonarda Maria Velho da Silva, maço 383, número 4491.
28 Graças Honoríficas, Latas Verdes, documento 1464 (Arquivo Nacional).

Por fim, há o caso bem documentado de Elias Antônio Lopes. Natural da cidade do Porto, chegou ao Rio de Janeiro possivelmente no último quarto do século XVIII. Era negociante quando, em 1790, recebeu do Conde de Rezende a patente de capitão, passando a gozar "de todas as honras, privilégios, liberdades, isenções e franquezas" próprias do desempenho do posto.[29] Em 1808, já um grande traficante, doou aos Bragança recém-chegados sua chácara de São Cristóvão (hoje o Museu Nacional). Daí por diante, a intimidade desfrutada com o poder dará início à sua idade de ouro (Cunha, 1957, p.9ss). Reconhecendo o mimo, d. João, em virtude do "notório desinteresse e demonstração de fiel vassalagem, que vem de tributar a minha Real Pessoa Elias Antônio Lopes, Negociante da Praça desta capital no oferecimento que me fêz de um seu prédio situado em São Cristóvão, de distinto e reconhecido valor, em benefício de minha Real Coroa", decide outorgar-lhe a comenda da Ordem de Cristo, além da propriedade do ofício de tabelião escrivão da Câmara e Almotaçaria da Vila de Parati (apud Cunha, 1957, p.11-22). No mesmo ano de 1808 d. João cedeu-lhe o lugar de deputado da Real Junta do Comércio. Em 1809 Elias recebeu do príncipe regente o hábito da Ordem de Cristo, em 1810 foi sagrado cavaleiro da Casa Real, além de ter sido agraciado com a perpetuidade da Alcaiaderia-Mor e do Senhorio da Vila de São José del Rei, na comarca do Rio de Janeiro. As benesses continuaram em 1810 quando, contra o parecer da Junta do Comércio, d. João nomeou-o corretor e provedor da Casa de Seguros da praça da Corte (de cujo exercício ficou isento da terça da renda devida à Junta do Comércio em 1812), e conselheiro em 1811 (Cunha, 1957, p.11-13). Não é de espantar, pois, que em seu inventário se encontrem registrados diversos empréstimos à Coroa, sugestivamente marcados com a observação "não cobrar", e arrolados no item "contas perdidas".

A reboque desse enfronhamento com o poder, aumentavam as transações de Elias com o Estado. Assim, ele se tornou acionista do Banco do Brasil (com ações que valiam um conto e duzentos mil réis), e entre 1810 e 1814 colecionou um sem-número de arremata-

---

29 Ordens Régias, cl. 86, livro 40, fls. 63 verso (Arquivo Nacional).

ções de impostos: era arrematador de 1,5% do contrato dos dízimos da capitania do Rio Grande e São Pedro do Sul (juntamente com os traficantes Miguel Ferreira Gomes, Antônio Gomes Barrozo e Francisco Xavier Pires), de metade do contrato da dízima da Chancelaria da Corte, do contrato dos dízimos da Ilha de Santa Catarina e sua vizinhança, dois quintos do contrato dos dízimos de São João Marcos e freguesias anexas (que antes estivera em mãos do também traficante Joaquim José Pereira de Faro), de 1/25 do contrato dos dízimos de São Gonçalo (cujo titular era o traficante João Inácio Tavares), de dois nonos do contrato do subsídio literário e real da carne da Corte e de dois nonos do contrato do equivalente do tabaco e subsídio pequeno (Cunha, 1957, p.14ss).

Conclusões

É possível que o esforço de que é resultado o trabalho que se encerra caiba num único verbo: singularizar. Singularizar um fluxo migratório cuja natureza profunda não pode ser reduzida ao adjetivo "compulsório". À demanda voraz por braços sucedia uma oferta elástica na esfera africana. E isso não como consequência de atavismos de qualquer natureza, mas sim pelo que a produção de homens significava política e economicamente para a África: a cristalização e/ou o incremento da diferenciação social e, imersa nesse contexto, a expansão das relações escravistas. Afinal, lembrando Max Weber (1977, p.131) – mas, ao mesmo tempo, redefinindo-o – pode-se afirmar que na escravidão mercantil o recrutamento era politicamente condicionado.

Singularizar um negócio, tanto em termos de sua dinâmica de funcionamento quanto como atividade intrinsecamente colonial. Viu-se, pois, que o comércio atlântico de almas constituía uma empresa afro-americana, já que, do ponto de vista formal, seu funcionamento global só pode ser compreendido quando se leva em conta as características específicas de cada uma das etapas da longa cadeia que se estendia desde o interior africano até os mercados regionais no Brasil. Por exemplo, não há como separar as estratégias no cuidado da "carga" humana durante a travessia oceânica e as formas assumidas pela produção social do cativo nas florestas e savanas africanas, nem estas formas da extensão do mercado brasileiro de braços.

Se se passa para uma visão mais globalizante, é inevitável questionar-se a visão reducionista de Wallerstein (1980), por exemplo. Por certo assistia-se a uma economia do Atlântico Sul integrada à "economia-mundo", mas apresentando especificidades. Assim, durante os anos de 1797, 1800, 1802, 1805 e 1807, por exemplo, o valor do tráfico, medido pelos preços dos africanos entre 12 e 55 anos, correspondia a uma média de 31% de todas as importações provenientes de Portugal através do Rio. Em 1810 ele chegava a ser duas vezes maior do que essas importações. Entretanto, isoladamente, mantimentos, metais preciosos, lanifícios, produtos da Ásia, metais, drogas e outros jamais superaram os valores das importações de africanos durante esses anos. Os valores dos manufaturados eram maiores do que os do tráfico em 1797, 1800 e 1802, mas em 1805, 1807 e 1810 o comércio negreiro era bem superior. Por outro lado, nesses mesmos anos, a comparação dos valores do tráfico com o das exportações de açúcar revela terem sido estas últimas maiores apenas em 1805 e 1808 (em 5% e 17%, respectivamente). Em 1797, 1800 e 1802 o tráfico era superior em 33%, 67% e 10%, e em 1810 superava em seis vezes o valor do açúcar exportado (Arruda, 1980, p.161 e 301).

Crise metropolitana à parte, dessas cifras derivam contundentes conclusões. Em primeiro lugar, além de ser mais importante que as exportações, é possível que o comércio de almas estivesse praticamente no mesmo patamar das importações de manufaturados no conjunto das compras coloniais. Assim, tão intensa quanto a ligação com a Europa era a que se estabelecia com os portos africanos. Sugere-se aqui uma clara redefinição da própria inserção da economia colonial no interior do mercado-mundo. Ela deixava de se mover unicamente em um circuito marcado pela dicotomia capitalismo/não capitalismo, e passava a movimentar-se em uma esfera caracterizada por economias e sociedades arcaicas em ambas as margens do Atlântico Sul.

Ora, se antes provei que o tráfico era controlado pelo capital mercantil carioca desde pelo menos a primeira metade do século XVIII; e se, além disso, tratava-se de um dos mais lucrativos setores do comércio colonial (20% em média), creio poder agora extrair conclusões de três ordens. A primeira é que, ao falar de traficantes, se está perante a própria elite empresarial da colônia. Por outro lado, se o comércio de almas possuía uma dinâmica específica e era controlado internamente, é natural que ele permitisse a essa "periferia" um imenso grau de adaptação às diversas conjunturas internacionais, de tal modo que, até certo ponto, a esfera Sul-Sul do mercado atlântico fosse marcada por um alto grau de autonomia. Por fim, não custa lembrar que, em si mesmo, o tráfico era importante por viabilizar a reprodução física da mão de obra e, pois, da relação social básica. Mas se o apreendermos enquanto um negócio em meio a outros, capaz de crescer nas fases B do mercado internacional, a conclusão natural é a de que o principal negócio da economia colonial não era tanto a venda de produtos tropicais, mas sim a constante reprodução de uma dupla diferenciação social: a primeira, óbvia, entre senhores e escravos; e a segunda que, tendo por meio os escravos, promovia a diferenciação entre os próprios homens livres.[1]

Os processos de reprodução empresarial, o perfil do mercado de homens, a lógica de atuação e o lugar social dos mercadores de almas (a elite do capital mercantil) revelam a profunda inserção da empresa traficante na sociedade e economia colonial. Tratava-se, enfim, do mais importante setor de acumulação endógeno à colônia. Na verdade, o peso econômico do tráfico e de seus agentes pode ajudar a explicar como, apesar das pressões da mais poderosa economia da época, foi possível ao comércio de almas subsistir oficialmente até 1830, e de maneira ilegal até meados do século XIX. Afinal, não bastava que o fluxo exterior de braços fosse imprescindível para a manutenção da economia. Era necessário (desde 1810, mas sobretudo depois da independência) que seus agentes viabilizadores demonstrassem força política e econômica não apenas para desafiar as determinações de um império onde o sol nunca se punha, mas também para arcar com os vultosos prejuízos resultantes da ação da armada britânica.

---

1 É de Finley (1991, p.84-85) a ideia segundo a qual uma sociedade escravista se define enquanto tal em função do trabalho escravo reproduzir uma elite, isto é, promovendo a hierarquização entre os próprios homens livres.

Todo esse esforço de singularização baseou-se no manejo de milhares de documentos. Se o que agora se encerra servir para, ao menos, oferecer subsídios confiáveis à compreensão da estranha história de produzir, comprar e vender homens, estarei plenamente satisfeito. De qualquer modo, no que se refere a esse tema, talvez mais do que sobre qualquer outro, a porta sempre estará aberta.

Apêndices

Apêndice 1 – Distribuição (%) da posse de escravos por faixas de fortunas (em mil-réis), Rio de Janeiro, 1790-1835

Anos	Faixas de fortunas														
	1-500			501-1000			1001-2000			2001-5000			5001-10000		
	(A)	(B)	(C)	(A)	(B)	(C)	(A)	(B)	(C)	(A)	(B)	(C)	(A)	(B)	(C)
1790-2	4,6	25,0	7,3	–	35,0	26,6	2,3	15,0	14,2	–	10,0	13,6	–	12,5	18,7
1795-7	7,4	21,9	7,1	–	23,3	11,9	1,2	9,6	8,5	–	27,4	29,2	–	6,8	5,5
1800-2	6,8	27,5	9,3	–	27,5	15,4	–	12,5	14,3	2,3	15,0	34,5	–	5,0	13,3
1805-7	4,5	15,8	5,2	2,7	20,8	12,7	–	21,8	18,9	–	20,8	25,6	–	11,9	17,3
1810-2	4,6	14,1	3,3	3,5	14,1	6,6	3,5	19,7	12,4	2,3	23,9	16,2	–	12,7	19,3
1815-7	5,4	12,4	2,8	0,9	13,3	3,9	–	15,2	7,6	–	19,0	11,9	–	13,3	13,3
1820-2	4,9	8,5	1,6	3,5	11,6	3,0	1,4	17,8	7,4	–	26,4	16,9	0,7	10,1	7,2
1825-7	2,7	7,8	1,4	1,8	12,7	2,9	1,8	13,7	6,1	2,7	20,6	12,5	0,9	20,6	17,0
1830-2	0,6	4,0	0,5	0,6	6,7	1,2	1,9	12,7	3,7	3,2	24,7	11,3	0,6	18,7	16,3
1834-5	2,6	3,2	0,5	4,2	1,6	0,7	2,6	20,6	4,9	4,2	12,7	6,1	–	22,2	23,1

(continuação)

Anos	Faixas de fortunas												Total de inventários	Total de escravos
	10001-20000			20001-50000			50001-200000			mais de 200000				
	(A)	(B)	(C)	(A)	(B)	(C)	(A)	(B)	(C)	(A)	(B)	(C)		
1790-2	–	–	–	–	2,5	19,5	–	–	–	–	–	–	43	492
1795-7	1,2	4,1	12,0	–	1,4	2,0	–	5,5	23,9	–	–	–	81	968
1800-2	–	5,0	3,7	–	5,0	6,4	–	2,5	3,2	–	–	–	44	377
1805-7	–	3,0	5,7	–	5,0	12,6	–	1,0	2,1	–	–	–	109	996
1810-2	1,2	4,2	15,8	–	9,9	13,8	–	4,2	7,0	–	1,4	16,9	87	783
1815-7	–	14,3	10,5	–	11,4	41,8	–	–	–	–	1,0	8,2	112	1657
1820-2	–	7,0	14,3	–	10,1	22,5	–	7,0	14,2	–	1,6	12,8	144	1933
1825-7	–	8,8	4,6	–	5,9	10,7	–	7,8	25,9	–	2,0	19,0	113	1470
1830-2	–	12,7	17,1	–	13,3	28,2	–	6,0	16,2	–	0,7	6,4	161	2016
1834-5	–	12,7	19,7	–	15,9	19,7	–	9,5	13,1	–	1,6	12,2	73	756

(A) % de inventários sem escravos da faixa perante o total de inventários do intervalo; (B) % de inventários com escravos da faixa diante do total de inventários com escravos do intervalo; (C) % de escravos.

Fontes: Inventários *post-mortem* (1790-1835), Arquivo Nacional.

Apêndice 2 – Estrutura de posse dos escravos (por % de proprietários e de escravos) no meio rural, Rio de Janeiro, 1790-1835

Anos	Faixas de tamanho de plantel														Número de proprietários	Número de escravos
	1 a 4		5 a 9		10 a 19		20 a 49		mais de 50		50 a 149		mais de 150			
	(A)	(B)	(A)	(B)	(A)	(B)	(A)	(B)	(A)	(B)	(A)	(B)	(A)	(B)		
1790-2	17,9	2,8	35,7	19,4	28,6	25,8	10,7	19,4	7,1	32,6	7,1	32,6	–	–	28	387
1795-7	10,3	1,5	28,2	10,2	38,5	32,5	15,4	23,2	7,6	32,6	7,6	32,6	–	–	39	688
1800-2	42,3	13,9	23,1	13,9	11,5	16,8	23,1	55,4	–	–	–	–	–	–	26	274
1805-7	20,4	4,3	32,7	17,4	30,6	33,7	14,3	32,4	2,0	12,2	2,0	12,2	–	–	49	627
1810-2	20,5	3,1	23,1	9,0	30,8	23,3	20,5	35,7	5,1	28,9	5,1	28,9	–	–	39	686
1815-7	17,0	2,4	25,5	8,5	29,9	18,6	19,1	27,8	8,5	42,7	6,4	25,4	2,1	17,3	47	1010
1820-2	13,2	1,6	30,2	8,0	21,0	12,0	16,9	19,2	18,7	59,2	18,7	59,2	–	–	53	1280
1825-7	12,5	1,2	37,5	8,9	15,6	7,9	21,9	19,2	12,5	62,8	6,3	21,6	6,3	41,2	32	925
1830-2	22,8	2,7	19,3	6,5	19,3	12,3	24,6	32,0	14,0	46,5	14,0	46,5	–	–	57	1297
1834-5	22,2	3,2	22,2	6,6	22,2	14,7	22,2	32,3	11,1	43,2	11,1	43,2	–	–	18	347

(A): % do total de proprietários; (B): % do total de escravos.
Fontes: Inventários *post-mortem* (1790-1835), Arquivo Nacional.

Apêndice 3 – Volume de entradas de navios negreiros provenientes da África no porto do Rio de Janeiro, 1796-1830

Ano	Número de entradas	Índices efetivos (1796-1830 = 100)	Índices ajustados
1796	26	58	16,8
1797	23	51	17,6
1798	16	36	18,5
1799	19	42	19,5
1800	22	49	20,4
1801	19	42	21,5
1802	24	54	22,5
1803	20	45	23,7
1804	20	45	24,8
1805	22	49	26,1
1806	21	47	27,4
1807	23	51	28,8
1808	23	51	30,2
1809	30	67	31,7
1810	42	94	33,3
1811	57a	127	35,0
1812	52	116	36,7
1813	43	96	38,5
1814	38	85	40,5
1815	33	74	42,5
1816	45	101	44,6
1817	44	98	46,8
1818	60	134	49,2
1819	51	114	51,6
1820	50	112	54,2
1821	51	114	56,9
1822	57	127	59,8
1823	44	98	62,8
1824	58	130	65,9
1825	60	134	69,2
1826	81	181	72,7
1827	74	166	76,3
1828	114	255	80,1
1829	121	271	84,1
1830	80	179	88,4

a. Entradas estimadas (ver as explicações do próprio texto para se inteirar sobre o método utilizado).

Fontes: Códice 242, no Arquivo Nacional; e, na Seção de Microfilmes da Biblioteca Nacional, os seguintes periódicos: Gazeta do Rio de Janeiro (para o período entre 1/7/1811 e 31/12/1822), Espelho (de 1/10/1821 a 31/6/1823), Volantim (de 1/9/1822 a 31/10/1822), Diário do Governo (de 2/1/1823 a 20/5/1824), Diário do Rio de Janeiro (de 2/12/1825 a 2/12/1827), Jornal do Commércio (2/10/1827 a 30/6/1830) e Diário Fluminense (de 21/5/1824 a 31/12/1830).

Apêndice 4 – Concentração das entradas de negreiros provenientes da África no porto do Rio de Janeiro, 1811-1830

Número de empresas	Número de entradas	Total de entradas
1	82	82
1	50	50
1	47	47
2	45	90
1	42	42
1	40	40
1	35	35
1	34	34
2	27	54
1	23	23
1	22	22
4	18	72
1	17	17
1	16	16
2	15	30
2	13	26
1	12	12
2	11	22
2	10	20
2	9	18
2	8	16
1	7	7
7	6	42
6	5	30
13	4	52
19	3	57
28	2	56
80	1	80
186		1092

Obs.1: Juntei em uma só empresa os traficantes aparentados; concluí que se tratavam de parentes por meio da análise dos sobrenomes dos consignatários, dos nomes dos navios e dos capitães, e da atuação em portos africanos.

Obs. 2: Não estão incluídas nesta tabela as expedições negreiras consignadas a mestres de navios, as consignadas a mais de um sócio e, naturalmente, aquelas cujos registros não indicam os nomes dos consignatários.

Fontes: Os periódicos citados no Apêndice 3.

Apêndice 5 – Preços, em mil-réis, dos escravos africanos e crioulos adultos (12-55 anos), por sexo, no meio rural do Rio de Janeiro, 1790-1830

Anos	Africanos			Crioulos		
	Homens	Mulheres	(1)	Homens	Mulheres	(1)
1790-2	71 (49)	63 (49)	11,3	68 (20)	57 (20)	16,2
1795-7	77 (177)	67 (87)	13,0	96 (70)	80 (61)	16,7
1800-2	91 (58)	79 (29)	13,2	94 (19)	93 (25)	1,1
1805-7	93 (132)	85 (89)	8,6	106 (52)	85 (59)	19,8
1810-2	111 (288)	83 (85)	25,2	106 (44)	91 (26)	14,2
1815-7	99 (213)	85 (97)	14,1	122 (80)	95 (69)	22,1
1820-2	141 (257)	126 (93)	10,6	156 (84)	139 (51)	10,9
1825-7	153 (222)	139 (106)	9,2	181 (61)	155 (63)	14,4
1830	365 (199)	333 (87)	8,8	436 (61)	360 (56)	17,4

(1) Diferença percentual entre os preços dos homens e os das mulheres.
Obs.1: Os números entre parênteses logo após os preços indicam a quantidade de escravos da qual se compõe a amostragem.
Obs. 2: Os preços não estão deflacionados.
Fontes: Inventários *post-mortem* (1790-1835), Arquivo Nacional.

Apêndice 6 – Distribuição, por idade e sexo, dos escravos africanos exportados por via terrestre e marítima a partir do Valongo e do porto da cidade do Rio de Janeiro, 1822-1833

Faixa etária	Número de homens	%	Número de mulheres	%	Taxa de masculinidade	Total de escravos	%
0/4	–		–		–	–	
5/9	10		6		62,5	16	
10/14	47		17		73,3	64	
Infantes	57	19,1	23	24,5	71,3	80	20,4
15/19	69		21		76,7	90	
20/24	73		21		77,7	94	
25/29	42		15		73,7	57	
30/34	30		8		78,9	38	
35/39	9		2		81,8	11	
40/44	15		3		83,3	18	
45/49	3		–		100,0	3	
Adultos	241	80,6	70	74,5	77,5	311	79,1
50/54	–		–		–	–	
55/59	–		–		–	–	
60/64	1		1		50,0	2	
65/69	–		–		–	–	
+70	–		–		–	–	
Idosos	1	0,3	1	1,1	50,0	2	0,5
Total	299	100,0	94	100,0	76,1	393	100,0

Fonte: Códice 425, Arquivo Nacional.

Apêndice 7 – Número de registros de entradas de negreiros no porto do Rio de Janeiro com indicação de quantidade de escravos exportados pela África e/ou importados pelo porto do Rio de Janeiro, 1811-1830

Região de embarque/ Porto	1811	1812	1821	1822	1823
África Ocidental	7/6	2/2	–	–	–
Costa da Mina	1/1	1/1	–	–	–
Rio dos Camarões	1/1	–	–	–	–
Ilha do Príncipe	1/1	–	–	–	–
Ilha de São Tomé	2/1	1/1	–	–	–
Calabar 2/2	–	–	–	–	–
África Central Atlântica	19/17	25/22	9/3	40/22	28/26
Loango	–	1/1	–	–	–
Molembo	–	–	–	–	–
Cacongo	–	–	–	–	–
Cabinda	6/4	8/7	1/0	14/4	6b/6b
Rio Zaire	2/2	1/1	–	1/0	–
Ambriz	–	1/1	1/1	–	3/3
Luanda	7/7	9/8	5/2	17/13	14/13
Benguela	4/4	5/4	2/1	8/5	5/4
África Oriental	–	4/4	3/0	12/7	16/16
Ilha de Moçambique	–	3/3	2/0	6/2	8/8
Quilimane	–	–	1/0	6/5	8/8
Inhambane	–	1/1	–	–	–
Lourenço Marques	–	–	–	–	–
Mocambo	–	–	–	–	–
Total	26/23	31/28	12/3	52/29	44/42

Obs.: O número antes da barra indica as entradas com cifra exportada determinada, e o posterior, as com cifras de importações.
a. inclui um navio proveniente da "Costa Leste Ocidental"; b. inclui um navio vítima de saque; c. inclui dois navios vítimas de saques; d. inclui um navio vítima de naufrágio; e. inclui três navios vítimas de saques; f. inclui um navio vindo da "África".
Fontes: As mesmas do Apêndice 3.

(continuação)

1824	1825	1826	1827	1828	1829	1830	Total
–	–	–	–	–	–	–	9/8
–	–	–	–	–	–	–	2/2
–	–	–	–	–	–	–	1/1
–	–	–	–	–	–	–	1/1
–	–	–	–	–	–	–	3/2
–	–	–	–	–	–	–	2/2
46/40	41/36	68/64	66/61	91/84	93/85	55a/51	581/511
–	–	–	–	–	–	–	1/1
–	2/2	1/1	5b/5b	6b/4b	10/7	2/2	26/21
–	–	–	–	–	1/1	1/1	2/2
11/10	6b/3	15/15	19b/16	27e/26e	37c/32c	15/12	165/135
–	1/1	4/4	2/1	7b/4b	4/4	3/3	25/20
8/6	6/5	18/14	16/15	10b/9b	10/10	7e/7e	80/70
18/15	18/17	19/19	12/12	27/27	20/20	16/16	182/169
9/9	8b/8b	11/11	12/12	14/14	11/11	10/10	99/93
12/12	15/14	12/11	8/8	22/20	28/28	25/24	157/144
4/4	3d/6	6/5	5/5	12/11	14/14	11/10	77/68
8/8	8/8	6/6	2/2	8/7	8/8	8/8	63/60
–	–	–	1/1	2/2	–	4/4	8/8
–	–	–	–	–	6/6	2/2	8/8
–	1/0	–	–	–	–	–	1/0
58/52	56/50	80/75	74/69	113/104	122f/113	80/75	748/663

Apêndice 8 – Número de escravos exportados pela África em registros de negreiros com esse tipo de indicação, 1811-1830

Região de embarque/Porto	1811	1812	1821	1822	1823	1824	1825	1826	1827	1828	1829	1830	Total
África Ocidental	2017	380	–	–	–	–	–	–	–	–	–	–	2397
	(1798)	(380)	(–)	(–)	(–)	(–)	(–)	(–)	(–)	(–)	(–)	(–)	(2178)
Costa da Mina	198	140	–	–	–	–	–	–	–	–	–	–	338
	(198)	(140)	(–)	(–)	(–)	(–)	(–)	(–)	(–)	(–)	(–)	(–)	(338)
R. Camarões	503	–	–	–	–	–	–	–	–	–	–	–	503
	(503)	(–)	(–)	(–)	(–)	(–)	(–)	(–)	(–)	(–)	(–)	(–)	(503)
I. do Príncipe	212	–	–	–	–	–	–	–	–	–	–	–	212
	(212)	(–)	(–)	(–)	(–)	(–)	(–)	(–)	(–)	(–)	(–)	(–)	(212)
I. São Tomé	329	240	–	–	–	–	–	–	–	–	–	–	569
	(110)	(240)	(–)	(–)	(–)	(–)	(–)	(–)	(–)	(–)	(–)	(–)	(350)
Calabar	775	–	–	–	–	–	–	–	–	–	–	–	775
	(775)	(–)	(–)	(–)	(–)	(–)	(–)	(–)	(–)	(–)	(–)	(–)	(775)

(continuação)

África Central Atlântica	9158 (8560)	10411 (9310)	4055 (390)	18566 (11101)	13146 (12061)	20718 (18499)	20478 (17195)	29332 (27660)	25999 (23927)	36261 (34066)	34978 (32870)	20497a (19474)	243599 (215113)
Loango	– (–)	497 (497)	– (–)	– (–)	– (–)	– (–)	– (–)	– (–)	– (–)	– (–)	– (–)	– (–)	497 (497)
Molembo	– (–)	– (–)	– (–)	– (–)	– (–)	– (–)	628 (628)	299 (299)	11711 (995)	1365e (825e)	1965 (1493)	466 (466)	5894 (4706)
Cacongo	– (–)	– (–)	– (–)	– (–)	– (–)	– (–)	– (–)	– (–)	– (–)	– (–)	528 (528)	65 (65)	593 (593)
Cabinda	2477 (1879)	2723 (2169)	562 (–)	6585 (1795)	2572b (2572b)	6002 (5394)	4087c (1773)	6590 (6107)	8031d (6937)	11547f (11312f)	14281o (12645o)	5625 (4681)	71082 (57264)
Rio Zaire	1080 (1080)	305 (305)	– (–)	114	– (–)	– (–)	400 (400)	1220 (1220)	621 (195)	2226g (1397g)	1321 (1321)	1088 (1088)	8375 (7006)
Ambriz	– (–)	481 (481)	449 (–)	– (–)	1511 (1511)	3494 (2694)	3190 (2516)	7415 (6226)	5275 (4899)	4008h (3417)	3655 (3655)	1670i (1670i)	31148 (27069)
Luanda	3270 (3270)	4378 (3878)	2145 (–)	8600 (7051)	6735 (6110)	7446 (6635)	8262 (7967)	8995 (8995)	5859 (5859)	11913 (11913)	8781 (8781)	7588 (7588)	83972 (78047)
Benguela	2331 (2331)	2027 (1980)	899 (390)	3267 (2255)	2328 (1868)	3776 (3776)	3911j (3911j)	4813 (4813)	5042 (5042)	5202 (5202)	4447 (4447)	3916 (3916)	41959 (39931)

(continuação)

Região de embarque/ Porto	1811	1812	1821	1822	1823	1824	1825	1826	1827	1828	1829	1830	Total
África Oriental	–	968	1234	5831	8292	6345	7439	6997	4718	12998	16313	13777	84912
	(–)	(968)	(–)	(3484)	(8292)	(6345)	(7347)	(6440)	(4718)	(12049)	(16313)	(13391)	(79347)
I. Moçambique	–	721	788	3029	4558	2577	3292m	3832	3188	7399	8938	6462	44784
	(–)	(721)	(–)	(1118)	(4558)	(2577)	(3292m)	(3275)	(3188)	(6999)	(8938)	(6076)	(40742)
Quilimane	–	–	446	2802	3734	3768	4055	3165	865	4370	4056	4095	31356
	(–)	(–)	(–)	(2366)	(3734)	(3768)	(4055)	(3165)	(865)	(3821)	(4056)	(4095)	(29925)
Inhambane	–	247	–	–	–	–	–	–	665	1229	–	2102	4243
	(–)	(247)	(–)	(–)	(–)	(–)	(–)	(–)	(665)	(1229)	(–)	(2102)	(4243)
L. Marques	–	–	–	–	–	–	–	–	–	–	3319	1118	4437
	(–)	(–)	(–)	(–)	(–)	(–)	(–)	(–)	(–)	(–)	(3319)	(1118)	(4437)
Mocambo	–	–	–	–	–	–	92	–	–	–	–	–	92
	(–)	(–)	(–)	(–)	(–)	(–)		(–)	(–)	(–)	(–)	(–)	(–)
Total	11175	11759	5289	24397	21438	27063	27917	36329	30717	49259	51441n	34274	330908
	(10358)	(10658)	(390)	(14585)	(20353)	(24844)	(24542)	(34100)	(28645)	(46115)	(49183)	(32865)	(296638)

Obs.: As cifras entre parênteses indicam as exportações somente dos navios que, ao entrarem no Rio de Janeiro, também possuíam registros acerca do número de escravos desembarcados provenientes do porto/região em questão.
a. inclui 79 escravos da "Costa Leste Ocidental"; b. inclui 173 escravos de navio saqueado; c. inclui 1.338 escravos de três navios saqueados; d. inclui 498 escravos de navio saqueado; e. inclui 1.588 escravos de três navios saqueados; f. inclui 1.225 escravos de três navios saqueados; g. inclui 125 escravos de navio saqueado; h. inclui 80 escravos de navio saqueado; i. inclui 267 escravos de três navios saqueados; j. inclui 99 escravos de navio saqueado; l. inclui 213 escravos de navio saqueado; m. inclui 138 escravos resgatados de navio negreiro naufragado; n. inclui 150 escravos da "África"; o. inclui 458 escravos de dois navios saqueados.
Fontes: As mesmas do Apêndice 3.

Apêndice 9 – Número de escravos africanos importados pelo Rio de Janeiro em registros de negreiros com esse tipo de indicação, 1811-1830

Região de embarque/Porto	1811	1812	1821	1822	1823	1824	1825	1826	1827	1828	1829	1830	Total
África Ocidental	1382	356	–	–	–	–	–	–	–	–	–	–	1738
	(1382)	(356)	(–)	(–)	(–)	(–)	(–)	(–)	(–)	(–)	(–)	(–)	(1738)
Costa da Mina	186	134	–	–	–	–	–	–	–	–	–	–	320
	(186)	(134)	(–)	(–)	(–)	(–)	(–)	(–)	(–)	(–)	(–)	(–)	(320)
R. Camarões	410	–	–	–	–	–	–	–	–	–	–	–	410
	(410)	(–)	(–)	(–)	(–)	(–)	(–)	(–)	(–)	(–)	(–)	(–)	(410)
I. do Príncipe	162	–	–	–	–	–	–	–	–	–	–	–	162
	(162)	(–)	(–)	(–)	(–)	(–)	(–)	(–)	(–)	(–)	(–)	(–)	(162)
I. São Tomé	107	222	–	–	–	–	–	–	–	–	–	–	329
	(107)	(222)	(–)	(–)	(–)	(–)	(–)	(–)	(–)	(–)	(–)	(–)	(329)
Calabar	517	–	–	–	–	–	–	–	–	–	–	–	517
	(517)	(–)	(–)	(–)	(–)	(–)	(–)	(–)	(–)	(–)	(–)	(–)	(517)

(continuação)

Região de embarque/ Porto	1811	1812	1821	1822	1823	1824	1825	1826	1827	1828	1829	1830	Total
África Central Atlântica	7915 (7915)	8529 (8529)	1272 (240)	9958 (9958)	11542 (11542)	17530 (17530)	16290 (16290)	27049 (26529)	22802 (22802)	30874 (30874)	30583 (30583)	18014 (18014)	202358 (200806)
Loango	– (–)	492 (492)	–	–	–	–	– (–)	– (–)	– (–)	– (–)	– (–)	– (–)	492 (492)
Molembo	– (–)	– (–)	–	– (–)	– (–)	– (–)	607 (607)	297 (297)	995 (995)	655 (655)	1304 (1304)	443 (443)	4301 (4301)
Cacongo	– (–)	– (–)	–	– (–)	–	– (–)	– (–)	– (–)	– (–)	– (–)	500 (500)	65 (65)	565 (565)
Cabinda	1753 (1753)	2127 (2127)	– (–)	1753 (1753)	2589 (2589)	5288 (5288)	1761 (1761)	6549 (6029)	6705 (6705)	9671 (9671)	11779 (11779)	4485 (4485)	54460 (53940)
Rio Zaire	1072 (1072)	303 (303)	–	– (–)	– (–)	– (–)	384 (384)	1210 (1210)	193 (193)	1231 (1231)	1276 (1276)	1068 (1068)	6737 (6737)
Ambriz	– (–)	476 (476)	–	–	1471 (1471)	2572 (2572)	2495 (2495)	6162 (6162)	4753 (4753)	3183 (3183)	3491 (3491)	1354 (1354)	25957 (25957)
Luanda	2876 (2876)	3310 (3310)	1032 (0)	6006 (6006)	5676 (5676)	6114 (6114)	7552 (7552)	8429 (8429)	5464 (5464)	11151 (11151)	8181 (8181)	6954 (6954)	72682 (71650)
Benguela	2214 (2214)	1821 (1821)	240 (240)	2199 (2199)	1806 (1806)	3356 (3356)	3491 (3491)	4402 (4402)	4692 (4692)	4983 (4983)	4115 (4115)	3645 (3645)	36964 (36964)

(continuação)

Região de embarque/Porto	1811	1812	1821	1822	1823	1824	1825	1826	1827	1828	1829	1830	Total
África Oriental	–	783	–	2770	7328	4984	6221	5850	4214	10815	14300	11611	68846
	(–)	(783)	(–)	(2770)	(7328)	(4984)	(6221)	(5850)	(4214)	(10815)	(14300)	(11611)	(68846)
I. Moçambique	–	554	–	757	4090	2228	2938a	3112	2715	6159	7669	4874	35096
	(–)	(554)	(–)	(757)	(4090)	(2228)	(2938a)	(3112)	(2715)	(6159)	(7669)	(4874)	(35096)
Quilimane	–	–	–	2013	3238	2756	3283	2738	842	3447	3428	3700	25445
	(–)	(–)	(–)	(2013)	(3238)	(2756)	(3283)	(2738)	(842)	(3447)	(3428)	(3700)	(25445)
Inhambane	–	229	–	–	–	–	–	–	657	1209	–	2018	4113
	(–)	(229)	(–)	–	–	(–)	(–)	(–)	(657)	(1209)	(–)	(2018)	(4113)
L. Marques	–	–	–	–	–	–	–	–	–	–	3173	1019	4192
	(–)	(–)	(–)	(–)	(–)	(–)	(–)	(–)	(–)	(–)	(3173)	(1019)	(4192)
Total	9297	9668	1272	12728	18870	22514	22511	32899	27016	41689	44883	29625	272942
	(9297)	(9668)	(240)	(12728)	(18870)	(22514)	(22511)	(32899)	(27016)	(41689)	(44883)	(29625)	(271390)

Obs.: As cifras entre parênteses indicam as importações somente dos navios que, ao entrarem no porto do Rio de Janeiro, também possuíam registros acerca do número de escravos embarcados no porto/região em questão.

a. inclui 138 escravos resgatados de naufrágio.

Fontes: As mesmas do Apêndice 3.

Apêndice 10 – Mortalidade (por mil) dos escravos africanos desembarcados no Rio de Janeiro, por região africana de embarque, 1811-1812,1821-1830

Região de embarque/Porto	1811	1812	1821	1822	1823	1824	1825	1826	1827	1828	1829	1830	Geral
África Ocidental	6/231	2/63	–	–	–	–	–	–	–	–	–	–	8/202
Costa da Mina	1/61	1/43	–	–	–	–	–	–	–	–	–	–	2/53
Rio Camarões	1/185	–	–	–	–	–	–	–	–	–	–	–	1/185
I. do Príncipe	1/236	–	–	–	–	–	–	–	–	–	–	–	1/236
I. São Tomé	1/27	1/75	–	–	–	–	–	–	–	–	–	–	2/60
Calabar	2/333	–	–	–	–	–	–	–	–	–	–	–	2/333

(continuação)

Região de Embarque/Porto	1811	1812	1821	1822	1823	1824	1825	1826	1827	1828	1829	1830	Geral
África Central Atlântica	17/75	22/84	1/385	22/103	25/51	40/52	35/45	63/41	60/48	78/51	83/57	48/64	494/57
Loango	—	1/10	—	—	—	—	—	—	—	—	—	—	1/10
Molembo	—	—	—	—	—	—	2/33	1/7	4/17	3/58	7/127	2/49	19/64
Cacongo	—	—	—	—	—	—	—	—	—	—	1/53	1/0	2/47
Cabinda	4/67	7/19	—	4/23	5/29	10/20	3/7	14/13	16/33	23/42	30/33	12/42	128/31
Rio Zaire	2/7	1/7	—	—	—	—	1/40	4/8	1/10	3/32	4/34	3/18	19/21
Ambriz	—	1/10	—	—	3/27	6/45	5/8	14/10	15/30	8/47	10/45	4/45	66/29
Luanda	7/121	8/145	—	13/148	13/71	15/79	17/52	19/64	12/67	27/64	20/76	16/84	167/82
Benguela	4/50	4/80	1/385	5/25	4/33	9/58	7/78	11/85	12/69	14/42	11/75	10/69	92/66
África Oriental	—	4/191	—	7/205	16/116	12/215	13/162	11/92	8/107	20/102	28/123	24/133	143/133
I. Moçambique	—	3/232	—	2/323	8/103	4/135	5/118	5/50	5/148	11/120	14/139	10/198	67/139
Quilimane	—	—	—	51149	8/133	8/269	8/190	6/135	2/27	7/99	8/155	8/97	60/150
Inhambane	—	1/73	—	—	—	—	—	—	1/12	2/16	—	4/40	8/31
L. Marques	—	—	—	—	—	—	—	—	—	—	6/44	2/89	8/55

Obs.: Os números antes das barras indicam o número de negreiros com registros sobre a mortalidade escrava; as cifras situadas depois das barras indicam o índice de mortalidade por mil cativos. Naturalmente, não levamos em conta os negreiros saqueados e/ou vítimas de naufrágios.
Fontes: As mesmas do Apêndice 3.

Apêndice 11 – Distribuição (%) das aportagens de navios negreiros provenientes da África no porto do Rio de Janeiro, por meses e estações do ano,
1796-1810

Estação/Mês	Número de negreiros aportados	%
Verão	96	27,4
Dezembro	35	
Janeiro	40	
Fevereiro	21	
Outono	82	23,4
Março	26	
Abril	27	
Maio	29	
Inverno	75	21,4
Junho	19	
Julho	22	
Agosto	34	
Primavera	97	27,8
Setembro	25	
Outubro	30	
Novembro	42	

Fonte: Códice 242, Arquivo Nacional.

Apêndice 12 – Distribuição (%) das aportagens de navios negreiros provenientes da África no porto do Rio de Janeiro, por meses e estações do ano, 1812-1830

Estação/Mês	Número de negreiros aportados	%
Verão	392	33,0
Dezembro	150	
Janeiro	126	
Fevereiro	116	
Outono	353	29,7
Março	128	
Abril	126	
Maio	99	
Inverno	175	14,7
Junho	65	
Julho	48	
Agosto	62	
Primavera	267	22,5
Setembro	85	
Outubro	84	
Novembro	98	
Total	1187	100,0

Fontes: As mesmas do Apêndice 3.

Apêndice 13 – Procedência dos navios negreiros provenientes da África que atracaram no porto do Rio de Janeiro, por região e porto africano de embarque, 1790-1830

Região/Porto de embarque	Entre 25/7/1795 e 18/3/1811		Entre 26/6/1811 e 31/12/1830		Entre 25/7/1795 e 31/12/1830	
	Número	%	Número	%	Número	%
África Ocidental	12	3,2	18	1,5	30	2,9
Costa da Mina	3	25,0	3	16,7	6	20,0
Baía de Benin	–	–	1	5,6	1	3,3
Rio dos Camarões	–	–	5	27,8	5	16,7
Ilha do Príncipe	–	–	1	5,6	1	3,3
Ilha de São Tomé	7	58,0	6	33,3	13	43,3
Calabar	2	17,0	2	11,1	4	13,3
África Central Atlântica	344	92,7	931a	78,6	1275	82,0
Loango	–	–	1	0,1	1	0,1
Molembo	1	0,3	26	2,8	27	2,1
Cacongo	–	–	2	0,2	2	0,2
Cabinda	11	3,2	330	35,5	341	26,8
Rio Zaire	1	0,3	34	3,7	35	2,8
Ambriz	–	–	81	8,7	81	6,4
Luanda	163	47,4	300	32,3	463	36,3
Benguela	168	48,8	156	16,8	324	25,4
África Oriental	15	4,1	235	19,9	250	16,1
Ilha de Moçambique	15	100,0	129	54,9	144	57,6
Quilimane	–	–	89	37,9	89	35,6
Inhambane	–	–	8	3,4	8	3,2
Lourenço Marques	–	–	8	3,4	8	3,2
Mocambo	–	–	1	0,4	1	0,4
Total	371		1185b		1556	

Obs.: Não considerei as duas entradas de negreiros anteriores a 26 de junho de 1811, provenientes de Luanda e Calabar.
a. inclui um navio proveniente da "Costa Leste Ocidental" sem especificação do porto de origem; b. inclui um navio proveniente da "África".
Fontes: As mesmas do Apêndice 3.

Apêndice 14 – Concentração das saídas de cativos da corte para o interior, 1824

Número de empresas	Número de escravos	Total de escravos
1	172	172
1	156	156
1	148	148
1	118	118
1	106	106
1	98	98
1	55	55
1	47	47
1	44	44
1	40	40
1	36	36
1	32	32
1	31	31
1	30	30
1	29	29
1	26	26
2	24	48
2	21	42
1	20	20
1	19	19
2	18	36
2	17	34
1	16	16
1	15	15
3	14	42
4	13	52
2	11	22
4	10	40
5	9	45
4	8	32
7	7	49
5	6	30
5	5	25
17	4	68
23	3	69
48	2	96
126	1	126
281		2094

Fonte: Códice 425, Arquivo Nacional.

Apêndice 15 – Concentração das saídas de cativos da corte para o interior, 1828

Número de empresas	Número de escravos	Total de escravos
1	399	399
1	328	328
2	145	290
1	141	141
1	137	137
1	128	128
1	115	115
1	87	87
1	84	84
1	80	80
1	78	78
1	64	64
1	59	59
1	58	58
1	56	56
1	54	54
3	50	150
1	48	48
1	41	41
2	40	80
1	38	38
1	37	37
2	35	70
1	34	34
1	33	33
2	30	60
2	29	58
3	27	81
1	25	25
1	23	23
1	22	22
2	21	42
7	20	140
1	19	19
3	17	51
2	16	32
2	14	28
5	13	65
8	12	96
2	11	22
4	10	40
3	9	27
4	8	32
9	7	63
8	6	48
12	5	60
9	4	36
18	3	54
45	2	90
104	1	104
288		4007

Fonte: Códice 425, Arquivo Nacional.

Apêndice 16 – Negreiros provenientes da África com destino ao porto do Rio de Janeiro, atacados por piratas durante a década de 1820

Ano	Navio (procedência)	Consignatário	(1)	(2)	(3)	(4)
1823	Grão Penedo (Cabinda)	José Joaquim Guimarães		260	0	173
1825	Desunião (Cabinda)	?				256
1825	Ulisses (Cabinda)	João Gomes Barrozo	700			
1825	Amizade (Benguela)	Vários	301	163	39	99
1825	São José (Cabinda)	?	382			382
1827	Audax (Cabinda)	Manoel Guedes Pinto	498			
1828	Tejo (Cabinda)	Joaquim Ferreira dos Santos	424	95	4	325
1828	Poliphemo (Cabinda)	Domingos de Carvalho de Souza	692	131	1	560
1828	Amizade Feliz (Rio Zaire)	José Bernardino de Sá	220	92	3	125

(continuação)

			(1)	(2)	(3)	(4)
1828	Carolina (Ambriz)	João Alves da Silva Porto	300	213	7	80
1828	Nova Santa Rosa (Cabinda)	Diogo Gomes Barrozo	451	111	0	340
1829	? (Cabinda)	José A. Pereira Brandão	498	135	8	355
1830	Providência (Ambriz)	Joaquim Antônio Ferreira	191	116	1	74
1830	Ceres (Ambriz)	Antônio José Meirelles	418	341	16	61
1830	General Rego (Ambriz)	Manoel Guedes Pinto	345	213	0	132

(1) Escravos comprados; (2) Escravos desembarcados; (3) Escravos mortos; (4) Escravos roubados. Fontes: As mesmas do Apêndice 3.

Apêndice 17 – Mortalidade nos navios negreiros provenientes da África que atracaram no porto do Rio de Janeiro, 1795-1830

Região/Porto de embarque	Entre 24/6/1795 e 18/3/1811		Entre 8/11/1821 e 6/9/1830	
	A	B	A	B
África Ocidental	63(7)	2761	–	–
Costa da Mina	28(2)		–	–
Calabar	68(2)		–	–
Ilha de São Tomé	83(3)		–	–
África Central Atlântica	89(330)	155385	55(455)	182204
Cacongo	–		47(2)	
Molembo	–		64(19)	
Cabinda	33(2)		30(117)	
Rio Zaire	184(1)		24(16)	
Ambriz	–		29(65)	
Luanda	103(162)		77(152)	
Benguela	74(165)		67(84)	
África Oriental	234(13)	4079	132(139)	67471
Ilha de Moçambique	234(13)		137(64)	
Quilimane	–		150(60)	
Inhambane	–		28(7)	
Lourenço Marques	–		55(8)	

Obs.: Os números entre parênteses indicam o total de navios com taxas de mortalidade.
A. Taxa de mortalidade (por 1.000); B. Total de escravos desembarcados.
Fontes: As mesmas do Apêndice 3.

Apêndice 18 – Duração média (em dias) da travessia entre a África e o porto do Rio de Janeiro, por região africana de embarque, 1811-1830

Ano	África Ocidental	África Central Atlântica	África Oriental
1811	61(7)	40(19)	–
1812	53(4)	40(43)	74(4)
1813	52(2)	40(37)	76(4)
1814	44(5)	39(28)	67(4)
1815	–	37(28)	74(4)
1816	43(1)	39(39)	70(5)
1817	–	36(40)	71(4)
1818	–	37(49)	70(11)
1819	–	38(42)	57(9)
1820	–	38(31)	62(19)
1821	–	37(35)	69(16)
1822	–	36(41)	64(15)
1823	–	37(28)	66(16)
1824	–	35(46)	73(12)
1825	–	38(45)	72(16)
1826	–	34(69)	59(13)
1827	–	34(66)	56(8)
1828	–	33(91)	57(22)
1829	–	33(92)	59(27)
1830	–	36(55)	66(25)

Obs.: Os números entre parênteses indicam o total de navios com registros de duração da travessia.
Fontes: As mesmas do Apêndice 3.

Apêndice 19 – Número de traficantes que realizaram apenas uma ou duas viagens da África para o porto do Rio de Janeiro, 1811-1830

Ano	Número de traficantes	Ano	Número de traficantes
1811	5	1821	6
1812	8	1822	4
1813	5	1823	3
1814	2	1824	3
1815	1	1825	7
1816	4	1826	6
1817	1	1827	5
1818	5	1828	11
1819	5	1829	17
1820	1	1830	9
Total			108

Fontes: As mesmas do Apêndice 3.

Apêndice 20 – Índices de mortalidade de cativos entre os dezessete maiores traficantes de escravos africanos para o porto do Rio de Janeiro, 1811-1812 e 1821-1830

Traficantes	A	B	C	D	E
Família Ferreira	82	63	27383	55	162
João Gomes Vale	50	15	7468	76	191
Família Rocha	47	21	9139	39	415
Família Gomes Barrozo	45	16	6761	27	132
Família Pinheiro Guimarães	45	15	7084	101	54
Família Ferreira dos Santos	42	33	15606	58	21
Miguel Ferreira Gomes	40	33	15565	53	–
Família Vieira	35	10	3782	32	243
Família Silva Porto	34	24	10960	45	104
Manoel Guedes Pinto	27	17	8374	28	70
Lourenço Antônio do Rego	27	26	11514	34	–
Família Pereira de Almeida	23	16	8875	7	119
Francisco José dos Santos	22	13	7593	12	62
Família Velho	18	1	767	5	–
Manoel Gonçalves de Carvalho	18	2	1081	–	269
Antonio José Meirelles	18	17	6751	18	32
Família Teixeira de Macedo	18	5	2385	123	–
Total	591	327	150788	51	118

A: Número de entradas de negreiros entre 1811 e 1830; B: Número de entradas com registros de mortalidade; C: Total de escravos adquiridos pelos negreiros com registros de mortalidade; D: Mortalidade (por mil) em negreiros provenientes da África Central Atlântica; E: Mortalidade (por mil) em negreiros provenientes da África Oriental Atlântica.
Fontes: As mesmas do Apêndice 3.

Apêndice 21 – Áreas e portos de atuação (pelo número de viagens) dos dezessete maiores traficantes de escravos africanos para o porto do Rio de Janeiro, 1811-1830

Traficante	África Ocidental Atlântica						Total
	Molembo	Cabinda	Rio Zaire	Ambriz	Luanda	Benguela	
Família Ferreira	–	6	1	14	12	48	80
João Gomes Vale	–	7	–	–	37	4	48
Família Rocha	–	18	3	1	3	21	46
Família Gomes Barrozo	1	34	1	3	–	–	39
Família Pinheiro Guimarães	–	5	2	1	34	1	43
Família Ferreira dos Santos	–	4	–	3	27	7	41
Miguel Ferreira Gomes	–	9	–	4	19	8	40
Família Vieira	–	18	2	1	–	1	22
Família Silva Porto	1	1	2	4	3	–	11
Manoel Guedes Pinto	–	10	–	9	1	2	22
Lourenço Antônio do Rego	–	12	–	6	3	6	27
Família Pereira de Almeida	–	5	2	–	–	–	7
Francisco José dos Santos	–	8	1	–	–	1	10
Família Velho	–	13	–	–	4	1	18
Manoel Gonçalves de Carvalho	–	13	1	–	1	–	15
Antonio José Meirelles	5	4	–	7	–	–	16
Família Teixeira de Macedo	–	–	–	–	14	4	18

(continuação)

Traficante	África Oriental					Total Geral
	Ilha de Moçambique	Quilimane	Inhambane	Lourenço Marques	Total	
Família Ferreira	2	–	–	–	2	82
João Gomes Vale	2	–	–	–	2	50
Família Rocha	–	1	–	–	1	47
Família Gomes Barrozo	6	–	–	–	6	45
Família Pinheiro Guimarães	–	2	–	–	2	45
Família Ferreira dos Santos	–	–	–	1	1	42
Miguel Ferreira Gomes	–	–	–	–	–	40
Família Vieira	–	13	–	–	13	35
Família Silva Porto	8	8	1	4	21	34a
Manoel Guedes Pinto	3	2	–	–	5	27
Lourenço Antônio do Rego	–	–	–	–	–	27
Família Pereira de Almeida	9	6	–	–	15	18b
Francisco José dos Santos	7	1	4	–	12	22
Família Velho	–	–	–	–	–	18
Manoel Gonçalves de Carvalho	1	2	–	–	3	18
Antonio José Meirelles	2	–	–	–	2	18
Família Teixeira de Macedo	1	–	–	–	–	18

a. inclui uma viagem sem especificação do local de embarque dos escravos e outra para a África Ocidental (Rio dos Camarões); b. inclui uma viagem para a África Ocidental (Ilha de São Tomé).

Fontes: As mesmas do Apêndice 3.

Apêndice 22 – Escritura de fretamento do navio Esgueira, que faz
Custódio de Souza Guimarães a seu genro Alexandre José Fróes, 11
de abril de 1818

"*Saibam quantos este público Instrumento de Escritura de fretamento
virem que no ano de Nascimento de Nosso Senhor Jesus Cristo de mil oito
centos e dezoito aos onze de abril nesta cidade do Rio de Janeiro no meu
escritório perante mim tabelião apareceram como Outorgante Custódio
de Souza Guimarães, e como Outorgado Alexandre José Fróes, ambos
negociantes desta praça reconhecidos de mim tabelião, e das testemunhas
adiante nomeadas e assinadas perante as quais me apresentaram o bilhete
seguinte:*

*Custódio de Souza Guimarães e Companhia faz Escritura de Fre-
tamento do Brique Esgueira a Alexandre José Fróes em dez de abril de
mil oito centos e dezoito. Dizendo-me o Outorgante perante as mesmas
testemunhas que sendo Senhor, e possuidor de três quartas partes do
Navio Esgueira sito neste porto e Procurador bastante do interessado na
quarta parte Francisco Carlos da Costa Lara, morador em Moçambique, vinha justo e contratado para ter carregamento certo ao dito navio
de o fretar em seu nome e do outro interessado ao Outorgado seu genro
Alexandre José Fróes, como de fato o freta pela presente Escritura para ir
a Moçambique carregar de escravos pagando-lhe o preço de 35$000 réis
por cada um que conduzir vivo ao porto desta cidade na forma do estilo
com os mais carregadores, fazendo ele fretador seu genro a carregação
destes escravos, ou toda de sua conta, ou de conta de outras pessoas que
ele lá quiser admitir a carregar por isso que lhe fica livre fazer todo o
carregamento, por si, ou por quem ele quiser, contanto que ele Outorgado
seja quem fique responsável pelos fretes estipulados a cada um escravo que
chegar vivo a este porto, e logo no ato de os receber, ou oito dias depois
ou mais tarde, ficando os seus bens hipotecados geral e especialmente a
dita solução de tais fretes, e contanto que os escravos que assim carregar
lá em Moçambique não excedam ao número daqueles da arqueação do
dito Navio, e que se obriga ele proprietário por si, e seu constituinte
a dar o mesmo Navio pronto, estanque, bem aparelhado, e fornecido
de mantimentos, e aguada suficiente à condução dos escravos de sorte*

que não periguem pela falta de mantimento ou água, correndo por sua conta satisfazer ao valor daqueles que morrem por míngua destas coisas devendo o Brique estar pronto a sair daqui até aos últimos dias do mês de maio deste corrente ano; e que mais se obriga a custear, e aprontá-lo em Moçambique onde se há de demorar para receber os escravos somente por três meses depois que ali der fundo, com mais quinze dias, findos os quais, e não fazendo o Outorgado ou por si, ou por outrens a carregação, pagará por cada um dia que demais forem demorar o Navio naquele porto para receber os escravos, com mil réis de frete, e sendo a demora causada por falta de aprestos, ou custeio do mesmo Navio também ele Outorgante em seu nome ou de seu interessado se obriga em reciprocidade do ajuste acima de correr o risco aos escravos que estiverem a bordo pagando o valor daqueles que morrerem no tempo da demora causada pela falta de aprontamento do Navio [ilegível] por conta dele Outorgante, e de seu interessado a [ilegível], quer forçadas quer voluntárias, e as despesas delas, e querendo-lhe por isso algum dinheiro para o custeio aqui do mesmo Navio se tinha junto a quantia de seis contos de réis, ao pagamento dos quais no caso, que por algum princípio, ou motivo não vá o Navio desde já, sem que esta especial hipoteca, derroque a geral, que lhe fez de todos os mais bens que lhes pertencem, que também ficam hipotecados; e que a ser-lhe necessária em Moçambique qualquer quantia para o custeio do navio lá, ele Outorgado seu genro o adiantará por conta dos ditos fretes de escravos, e de baixo da mesma hipoteca acima estipulada, sem que receba prêmio algum, ou juros das ditas quantias com que suprir; e que no caso de qualquer deles contratantes se arrepender deste contrato, e que pela sua parte o não queira cumprir o que não é de esperar, estipulam [ilegível] que pagará aquele que se arrepender em pena de contravenção e por indenização de prejuízos a quantia de quatro contos de réis para o outro que o mantiver, estipulando de mais a mais hipoteca geral, e especial de todos os seus bens, e do mesmo Navio para pagamento desta pena convencional.

E pelo Outorgado Alexandre José Fróes me foi dito que aceitava este contrato na forma, e com as condições, e estipulações nele declaradas por estas pelo modo em que se ajustaram; e que principiando já de sua parte a cumpri-lo oferecia os seis contos de réis para o custeamento, e aparelhamento do mesmo Navio aqui, os quais foram contados em minha presença em moeda corrente de que dou fé os quais recebe o mesmo Outorgante Custódio José, digo, Custódio de Souza Guimarães de que dou fé, o qual disse que por si e em nome de seu constituinte dava plena e geral quitação da dita quantia de seis contos de réis para nunca mais os exigir em Juízo nem fora dele, revalidando a hipoteca especial sobre o dito Navio e qual em todos os seus bens, para solução desta quantia de seis contos de réis no caso de não ir o Navio fazer a viagem para que é fretado; e por parte de Alexandre José Fróes me foi dito, que aceitava a quitação geral, e a hipoteca para o caso declarado obrigando-se a cumprir com o que fosse preciso em Moçambique para o custeio sem levar prêmio algum, dos seis contos aqui adiantados e com o que mais suprir em Moçambique por conta dos fretes. Em fé de que assim o disseram cumprir e guardar suas condições na parte que a cada um toca que acertaram, e assinaram com as testemunhas presentes João Carlos Pereira do Lago e Francisco Ferreira de Paiva. Eu José Antônio dos Santos escrevi. Ass. Custódio de Souza Guimarães, Alexandre José Fróes, João Carlos Pereira do Lago, Francisco Ferreira de Paiva."

Fontes: Escrituras Públicas, Primeiro Ofício de Notas, número 217, B 155, 156, Arquivo Nacional.

Apêndice 23 – Carta de ordens do traficante luandense Joaquim Ribeiro de Brito ao seu agente estacionado no Rio Zaire, dezembro de 1823

"Luanda, 4 de dezembro de 1823
Sai um hoje com o favor de Deus na minha escuna Flor do Bungo, de
que um é mestre e caixa, levando na mesma a equipagem que se verifica
pelos documentos inclusos que a um entrego, dirigindo-se um para o porto
do Rio Zaire de endireitura na referida escuna; chegando ali a salvamento,
comprará os escravos que lhe forem possíveis, em conseqüência da fartura
de fazendas que lhe entrego na quantia de onze contos de réis, e que carre-
guei na minha conta, sendo [os escravos] bons e nada de barbados, negras
[ilegível] e molequinhos; e assim peças de índias, molecões e moleconas,
a fim de que toda a brevidade que puder ter em finalizar esta negociação
deixo a seu arbítrio, conservando-se a boa harmonia e ordem entre V. M.
e a equipagem, por ser de V. M. grande conhecimento; e também haver
cuidado sobre o tratamento dos escravos, pois leva mantimentos suficientes
para o sustento dos mesmos e equipagem, pondo sempre vigia dos tempos
e não confiar às pessoas que não são capazes; e logo que tenha comprado
(ou antes de comprar) passará a segurá-los, cumprindo assim a minha
ordem, para efeito do que lhe encarrego, e confiar-lhe os meus interesses,
usando também com os mesmos escravos alguma caridade.
No caso que lhe venha faltar algum mantimento, V. M. mandará a
Cabinda, para ver se ali há alguma embarcação de pessoa conhecida,
pedindo-lhe emprestado o preciso, e me avisará para poder mandar sa-
tisfazer. Veja se pode obter dos pretos Coimbra e Puctá o meu pagamento
que os ditos me devem. V. M. fará toda a diligência de me dar notícias por
todas as embarcações que para aqui vierem, ou para Cabinda, que pode
ser que venham mais depressa, do estado de sua negociação para eu saber.
Recomendo mais a V. M. que se não eleve nas peças de índias na
compra, por seguinte mais caros, mas comprar molecões, moleconas e
moleques de 6 palmos passantes, e algumas negras que sejam vistosas,
moças, pois é a gente que eu quero.
Deus Nosso Senhor o leve a salvamento e equipagem, e o traga com
feliz viagem para este e o queira por muitos anos, de vosso atencioso e
venerador Joaquim Ribeiro de Brito."

Fonte: Real Junta do Comércio, caixa 433, pacote 2, Arquivo Nacional.

Apêndice 24 – Carta de Francisco de Queiroz Monteiro Regadas, de Luanda, para Antônio Alves da Silva, de Cabinda, de outubro de 1820

"Luanda, 23 de dezembro de 1820.

Prezadíssimo amigo. Recebi com grande satisfação a muito apreciável de V. M. de 12 de outubro, a qual me encheo de prazer pela certeza de estar recolhido nesse porto a salvamento e com saúde. Estimo muito a sua feliz viagem e muito mais, pela insuficiência dos mantimentos que levava o navio, isso hé que hé mão certa de dono para meter mantimentos à proporção da viagem, e mesmo do navio Mariana Daphne não se deveria esperar viagem mais comprida. Estimo igualmente que já tivesse vendido a sua gente, sentindo somente a morte de dois em terra, e a moléstia de outros dois, e estimarei que tenha recebido felizmente as que lhe mandei pela sumaca Bella Americana, resultado do dinheiro que deixou na minha mão, tanto de sua conta como de conta alheia. Estimarei vê-lo quanto antes, porém para V. M. fazer negócio sufrível, devia trazer a terça parte do importe que trouxer em fazenda, pois aqui nada se vende ao dinheiro; este gênero está todo na Junta da Real Fazenda; e quem dá o troco de escravos duas partes em fazendas e huma em dinheiro, compra sofrivelmente, e dinheiro só, escolhe a gente e poem-lhe o preço, que inda hé menor. Os escravos têm abaixado há pouco tempo a esta parte, dez mil réis para mais, em cabeça. Fazenda de Bengala de Malabar nada tem subido de preço, antes parece-me terá descido algum tostão. Agoarde dessa [ilegível], mas já se vende a 85 mil réis, serafinas, 5$000-16$000; armas portuguesas há falta; vinho há muito; baêta surtida não dá prejuízo; prezunto e paio há muito; chita azul de ramagem há falta; lenços azuis de Bengala e [ilegível] suponho não deixarão prejuízo; finalmente algumas miudezas mais, próprias da extração do paíz; mas sobretudo o essencial hé o certo, porque V. M. bem sabe que nesta terra há faltas repentinamente e repentinamente há abundância [de escravos].

De acordo que traria as minhas encomendas e as de meu primo João. Inda não chegou a João Lopes: me procura sempre Embarcações podres [...] Fiz presentes as suas lembranças dos amigos. Por todo o mês de janeiro espero o navio Protector, e tomara a V. M. cá também, para dar mais hum [ilegível] nos leitões, que há muitos gordos, pois há cinco meses que se tem deixado descançar e engordar. Desejo-lhe saúde e felicidades, para me dar [ilegível] *do meu serviço, pois sou de V. M. Patrício muito amigo e muito obrigado*

   Francisco de Queiroz Monteiro Regadas."

Fonte: Junta do Comércio, caixa 398, pacote 1, Arquivo Nacional.

Apêndice 25.1 – Frequência de inventários *post-mortem* do Rio de Janeiro, existentes no acervo do Arquivo Nacional, 1790-1835

Período	Com escravos		Sem escravos		Incompletos		Total de inventários
	Rural	Urbano	Rural	Urbano	Rural	Urbano	
1790-2	27	12	0	3	0	0	43a
1795-7	38	36	1	7	1	3	87a
1800-2	25	15	2	2	1	1	47a
1805-7	49	51	2	8	3	2	115
1810-2	39	39	4	9	5	5	101
1815-7	46	58	1	7	7	4	124a
1820-2	50	79	4	11	6	9	162b
1825-7	31	69	6	5	7	8	128c
1830-2	57	100	1	9	8	8	183
1834-5	19	47	3	7	3	1	80
Total	381	506	24	68	41	41	1070

Obs.: Foram levantados todos os inventários dos anos terminados em 0, 1, 2, 5, 6 e 7 (além do ano de 1789, que foi agregado ao de 1790) entre 1790 e 1830.
(a) inclui um inventário com escravos no campo e na cidade; (b) inclui três inventários com escravos no campo e na cidade; (c) inclui dois inventários com escravos no campo e na cidade.
Fonte: Arquivo Nacional.

Apêndice 25.2 – Frequência do número de escravos (por registro de sexo, naturalidade e idade) nos inventários *post-mortem* do Rio de Janeiro indicados no apêndice 25.1

Período	Com registro de sexo				Com registro de naturalidade				Com registro de idade				Total			
	Rural		Urbano		Rural		Urbano		Rural		Urbano		Rural		Urbano	
	A	B	A	B	A	B	A	B	A	B	A	B	A	B	A	B
1790-2	27	378	13	105	27	347	13	105	27	237	12	89	28	387	13	105
1795-7	39	688	36	276	39	676	36	255	39	586	33	232	39	688	37	287
1800-2	26	274	16	106	26	263	16	104	26	208	15	101	26	274	16	106
1805-7	49	627	51	357	49	615	51	357	49	543	47	303	49	627	51	357
1810-2	39	685	39	241	39	677	39	237	39	543	39	235	39	686	39	245
1815-7	46	1001	58	555	45	925	58	515	44	684	55	352	47	1010	59	561
1820-2	52	1271	81	645	48	962	81	640	44	793	79	609	52	1271	82	678
1825-7	31	921	68	488	31	820	68	488	31	702	68	483	32	925	70	521
1830-2	57	1297	100	777	57	1261	100	777	57	1259	100	737	57	1297	100	777
1834-5	17	345	44	407	17	332	44	388	17	316	43	339	18	347	46	421
Total	383	7487	506	3957	378	6878	506	3866	373	5871	491	3480	387	7512	513	4058

A: Número de plantéis; B: Número de escravos.
Fonte: Arquivo Nacional.

Apêndice 26 – Listagem dos traficantes de escravos entre a África e o porto do Rio de Janeiro, atuantes entre 1811 e 1830

ADOLFO, Joaquim Luiz Carlos; ALBUQUERQUE, Antônio Poderozo de; ALCÂNTARA, Marcelino José; ALMEIDA, Bernardo Luiz de; ALMEIDA, João Rodrigues Pereira de; ALMEIDA, Joaquim Ribeiro de; ALMEIDA, Joaquim Rodrigues Pereira de; ALMEIDA, José Rodrigues Pereira de; ALVES, Antônio Ferreira; ALVES, Domingos Fernandez; ALVES, Joaquim Antônio; ALVES, José Luiz; ALVES, José; AMARAL, José Francisco do; ANDRADE, João Pereira de; ANDRADE, José Ferreira de; ARAÚJO, José Botelho de Siqueira; AZEVEDO, Antônio José Alves de; AZEVEDO, Manoel Joaquim de; BARBOSA, Antônio José da Costa; BARBOSA, Francisco José Fernandes; BARBOSA, Joaquim José Fernandes; BARBOSA, Luiz Antônio Fernandes; BARREIRO, Vicente Rodrigues; BARROS, João de Santiago; BARROZO, Antônio Gomes; BARROZO, Diogo Gomes; BARROZO, João Gomes; BASTOS, José Domingos; BATALHA, Luiz Antônio; BATISTA, Manoel Simões; BELENS, Geraldo Carneiro; BERNARDES, Francisco José; BERNARDES, Pedro José; BRACELETE, Antônio José da Costa; BRAGA, João Barbosa; BRAGA, José Antônio Marques; BRAGA, Manoel dos Santos; BRANDÃO, José Alexandre Pereira; BRITO, José Antônio Alves de; CALDEIRA, Antônio da Silva; CAMIZÃO, Lourenço Justiniano Pereira; CARDOSO, João José; CARVALHO, Bento José de; CARVALHO, Manoel Gonçalves de; CARVALHO, Manoel Teixeira de; CASTRO, Antônio José de; CASTRO, Bernardino Brandão e; COELHO, Manoel Antônio; CORREA, Antônio Dias; CORREA, Manoel dos Passos; CORREA, Manoel Sabino; COSTA, Joaquim de Mattos; COSTA, Manoel Antônio da; COSTA, Rafael José da; CRUZ, João Alves da; CRUZ, Luiz José da; CUNHA, Felipe Ribeiro da; CUNHA, Geraldo José da; DIAS, José Lourenço; DOMINGUES, José; DUARTE, João Ferreira; FARIA, José Justino Pereira de; FARIA, Thomé Ribeiro de; FARIA, Joaquim Francisco de; FARINHA, Joaquim Pires; FERNANDES, Francisco Antônio; FERREIRA, João Antônio; FERREIRA, Joaquim Antônio;

FERREIRA, Luiz Carlos Domingos; FERREIRA, Manoel José Gomes; FERREIRA, Manoel José Gonçalvez; FERREIRA, Manoel; FLORIM, José Ignácio da Costa; GOMES, Antônio Joaquim de Lemos; GOMES, Feliciano Alexandrino; GOMES, José Ludgero; GOMES, Miguel Ferreira; GONÇALVES, Ignácio; GONÇALVES, Manoel José; GUERRA, Antônio Tavares; GUIMARÃES, Constantino Dias Pinheiro; GUIMARÃES, Custódio de Souza; GUIMARÃES, Francisco José Gomes; GUIMARÃES, Francisco José Pinheiro; GUIMARÃES, Francisco José; GUIMARÃES, Francisco Luiz da Costa; GUIMARÃES, João Alves de Souza; GUIMARÃES, João Manoel da Silva; GUIMARÃES, João Ribeiro da Silva; GUIMARÃES, Joaquim José Cardoso; GUIMARÃES, José Antônio da Costa; GUIMARÃES, José Antônio de Castro; GUIMARÃES, José Antônio Ferreira; GUIMARÃES, José Joaquim; GUIMARÃES, Manoel José Ribeiro; GUIMARÃES, Manoel Pinheiro; HENRIQUES, João Militão; JACIOSA, Joaquim Antônio; JESUS, Anna Emerenciana de; LEÃO, Fernando Carneiro; LEITE, Francisco de Bessa; LEITE, João Ferreira; LESSA, Bernardo Francisco; LIMA, Francisco Xavier Pereira; LOBO, José Geraldo Soares; LOPES, Elias Antônio; LOPES, Manoel Domingues; LOUREIRO, Domingos Gomes Duarte; LOUREIRO, João Gomes Duarte; LOUREIRO, Thomaz; LUZ, Antônio da; LUZ, Antônio Teixeira Pinto da; LUZ, José João da; MACEDO, Diogo Teixeira de; MACEDO, Domingos Teixeira de; MACEDO, João Joaquim Teixeira de; MACEDO, Joaquim Teixeira de; MAGALHÃES, Zeferino José Pinto de; MALE, José Joaquim; MALHEIROS, Francisco Antônio; MARTINS, Diogo Cândido; MARTINS, João Rodrigues; MATTOS, Fernando Joaquim de; MATTOS, Silvério José de; MEDEIROS, Antônio José de; MEIRELLES, Antônio José; MELLO, Duarte José de; MELO, João José; MELO, José Antônio Vieira de; MESQUITA, Francisco Pereira; MIDOSI, Guilherme; MOREIRA, João Batista; MOREIRA, Joaquim Dias; MOTA, Fructuoso Luiz da; MOTA, José Luiz da; MOURÃO, Joaquim Martins; NEPOMUCENO, Simplício da Silva; NETO, João Gomes; NEVES, Manoel José das; OLIVEIRA, Bento Alves de; OLIVEIRA, Manoel Francisco de; PAIANE, Diogo;

PEDROZA, Antônio José; PEREIRA, João; PESSOA, José Henrique; PIENTZENAUT, Firmino José Antônio; PINTO, Antônio Clemente; PINTO, Antônio José Moreira; PINTO, Joaquim Babo; PINTO, Manoel Guedes; PORTO, Antônio Alves da Silva; PORTO, João Alves da Silva; PORTUGAL, José Antônio Marques; PUPE, Manoel Gomes; RAMOS, Custódio Francisco; REGO, Lourenço Antônio do; RIBAS, João Rodrigues; RIBEIRO, José de Carvalho; ROCHA, Antônio Ferreira da; ROCHA, Francisco José da; ROCHA, Joaquim Ferreira da; ROCHA, Joaquim José da; ROCHA, José Francisco Ferreira da; RODRIGUES, Francisco José; RODRIGUES, José Ventura; SÁ, José Bernardino de; SÁ, Manoel Teixeira da Costa e; SALAZAR, Francisco José Fernandes; SANTOS, Félix José dos; SANTOS, Francisco José dos; SANTOS, João Ferreira dos; SANTOS, Joaquim Antônio dos; SANTOS, Joaquim Ferreira dos; SANTOS, José Francisco dos; SANTOS, Manoel Cardoso dos; SILVA, Amaro Velho da; SILVA, Antônio José de Oliveira e; SILVA, Francisco Correia da; SILVA, Francisco José Gonçalves da; SILVA, João Antônio de Oliveira e; SILVA, João Soares de Oliveira; SILVA, José Antônio de Oliveira e; SILVA, José Bernardes da; SILVA, José Gomes de Oliveira e; SILVA, José Ignácio da; SILVA, José Joaquim da; SILVA, José Jorge da; SILVA, José Pinto Ribeiro da; SILVA, Leonarda Maria Velho da (baronesa de Macaé); SIQUEIRA, Joaquim José de; SIRNE, Manoel Joaquim Mendes de Vasconcelos; SOARES, José Nogueira; SOARES, Manoel José da Costa; SOBRINHO, Joaquim José da Rocha; SOUZA, Carlos Adolpho de; SOUZA, Domingos de Carvalho e; SOUZA, Jorge José de; SOUZA, José Rabelo de; SOUZA, Luiz Ignácio; SOUZA, Manoel Pereira de; TAVARES, Ignácio João; TEIXEIRA, Gregório José; TINOCO, Thomé José Ferreira; VALE, João Gomes; VELHO, Amaro; VIANA, Bernardo Lourenço; VIANA, Francisco Vicente Ferreira; VIANA, João Domingues de Araújo; VIANA, João Martins Lourenço; VIANA, João Martins; VIANA, José Domingues; VIANA, Manoel Gonçalves; VIDAL, João Alberto de Almeida; VIDAL, José Pereira; VIEIRA, João Baptista Luiz; VIEIRA, José Ignácio Vaz.

Fontes: As mesmas do Apêndice 3.

Apêndice 27 – Distribuição (%) da riqueza, em mil-réis, entre os inventariados do Rio de Janeiro (meios rural e urbano), 1790-1830

Faixas de fortunas

Anos	1-500		501-1000		1001-2000		2001-5000		5001-10000	
	(1)	(2)	(1)	(2)	(1)	(2)	(1)	(2)	(1)	(2)
1790-2	27,9	3,5	32,6	11,1	16,3	11,4	9,3	11,6	11,6	35,8
1795-7	27,2	1,2	21,0	2,5	9,9	2,3	24,7	11,5	6,2	6,9
1800-2	31,8	2,2	25,0	3,9	11,4	3,4	15,9	12,2	4,5	5,1
1805-7	19,3	1,4	22,0	4,0	20,2	6,4	19,3	14,8	11,0	18,2
1810-2	16,1	0,4	14,9	0,9	19,5	2,1	21,8	5,4	10,3	5,9
1815-7	17,0	0,5	13,4	1,0	14,3	2,5	17,9	5,4	12,5	8,9
1820-2	12,5	0,2	13,9	0,6	17,3	1,7	23,6	4,9	9,7	4,7
1825-7	9,7	0,2	13,3	0,5	14,2	1,0	21,2	3,4	19,5	6,7
1830-2	4,3	0,1	6,8	0,2	13,7	0,9	26,1	3,8	18,0	5,8
1834-5	5,5	0,1	5,5	0,2	20,5	1,5	15,0	2,6	19,2	7,6

(continuação)

Anos	Faixas de fortunas								Total de inventários	Somas dos montes brutos (em Real)
	10001-20000		20001-50000		50001-200000		mais de 2000000			
	(1)	(2)	(1)	(2)	(1)	(2)	(1)	(2)		
1790-2	–	–	2,3	26,6	–	–	–	–	43	95:432$934
1795-7	4,9	11,1	1,2	4,5	4,9	60,0	–	–	81	501:273$060
1800-2	4,5	10,7	4,5	28,5	2,3	34,1	–	–	44	210:655$300
1805-7	2,8	8,3	4,6	30,6	0,8	16,3	–	–	109	436:562$120
1810-2	4,6	5,0	8,1	15,4	3,5	29,2	1,2	35,7	87	1:113:798$862
1815-7	13,4	20,7	10,7	37,2	–	–	0,9	23,8	112	1:093:543$396
1820-2	6,3	5,8	9,0	19,8	6,3	34,0	1,4	28,3	144	2:174:480$547
1825-7	8,0	5,3	5,3	7,1	7,1	42,3	1,8	33,5	113	2:290:640$049
1830-2	11,8	7,4	12,4	17,1	5,6	22,3	1,2	42,4	161	3:607:189$907
1834-5	11,0	7,7	13,7	23,7	8,2	26,3	1,4	30,3	73	1:406:139$531

(1) do número de inventários; (2) da soma dos montes brutos.
Fontes: Inventários post-mortem (1790-1835), Arquivo Nacional.

Apêndice 28 – Distribuição (%) da riqueza, em libras esterlinas, entre os inventariados do Rio de Janeiro (meios rural e urbano), 1810-1830

Anos	Faixas de fortunas																	
	1-200		201-500		501-1000		1001-2000		2001-5000		5001-10000		10001-20000		20001-50000		mais de 50000	
	(1)	(2)	(1)	(2)	(1)	(2)	(1)	(2)	(1)	(2)	(1)	(2)	(1)	(2)	(1)	(2)	(1)	(2)
1810	16,6	0,3	34,4	3,0	19,6	4,0	5,6	2,1	8,4	6,7	11,1	24,0	–	–	5,6	60,0	–	–
1815	39,4	1,2	15,1	1,2	12,0	2,4	9,0	4,1	15,1	20,0	6,0	13,6	–	–	3,0	57,5	–	–
1820	30,0	1,1	18,3	1,6	18,3	4,1	8,3	4,0	9,5	8,9	8,3	18,7	5,0	27,9	–	–	1,7	33,7
1825	15,0	0,4	22,5	1,7	20,0	2,8	17,5	4,6	10,0	5,8	5,0	6,2	2,5	10,6	5,0	35,2	2,5	32,7
1830	18,4	1,0	28,2	3,1	20,8	5,0	16,0	8,2	8,5	9,6	4,9	12,2	1,2	8,1	–	–	1,2	52,8

(1) % do número de inventários; (2) % da soma dos montes brutos.
Fonte: Fragoso, João L. R. e Florentino, Manolo G. Mercado e formas de acumulação: Os comerciantes de grosso trato da praça do Rio de Janeiro, c.1 790-c.1830. Rio de Janeiro, PNPE/Ipea, 1990, p.85-86.

Apêndice 29 – Participação (%) dos setores nas compras realizadas no mercado do Rio de Janeiro, 1798-1835

Anos	Terras		Terras e benfeitoria		Benfeitorias		Escravos		Fábricas	
	(1)	(2)	(1)	(2)	(1)	(2)	(1)	(2)	(1)	(2)
1798a	33,3	47,3	0,0	0,0	4,8	2,9	9,5	3,0	0,0	0,0
1799a	23,5	7,5	7,1	6,7	2,4	0,5	7,1	1,3	0,0	0,0
1800a	13,8	4,7	5,2	25,6	5,2	1,5	3,4	0,2	0,0	0,0
1801	10,5	1,4	10,5	28,6	0,0	0,0	0,0	0,0	0,0	0,0
1802	22,0	5,8	7,7	19,6	6,6	2,4	2,2	0,4	0,0	0,0
1803a	12,0	6,6	6,7	3,4	0,0	0,0	4,0	0,6	0,0	0,0
1804	14,0	4,5	7,0	16,0	3,0	0,5	7,0	1,6	0,0	0,0
1805	21,8	7,2	5,1	45,5	5,1	1,0	5,1	0,8	0,0	0,0
1806	23,1	17,4	6,2	2,0	0,0	0,0	1,5	0,3	0,0	0,0
1807	29,6	7,7	7,8	12,4	1,6	0,6	4,7	1,6	1,6	5,6
1808	11,0	6,5	4,9	13,2	6,1	2,6	1,2	0,1	0,0	0,0
1809	8,2	3,2	7,0	6,1	3,5	0,8	1,2	0,3	0,0	0,0
1810	9,9	1,5	10,9	5,8	2,2	0,2	3,3	0,4	0,0	0,0
1811	15,7	22,4	7,1	9,9	7,1	1,7	0,0	0,0	1,5	0,7
1812	8,2	4,6	5,9	6,0	7,1	3,4	3,5	1,7	0,0	0,0
1813	11,0	6,7	6,8	6,3	3,4	1,8	0,8	0,1	1,7	5,7
1814	12,2	4,2	7,1	21,5	9,2	2,1	1,0	0,3	2,0	4,2
1815	10,4	3,0	3,9	6,5	5,2	1,4	1,3	0,3	2,6	0,5
1816	9,6	2,3	4,3	5,5	4,3	1,9	0,0	0,0	0,0	0,0
1817	5,9	2,4	2,9	2,6	4,4	1,1	1,5	0,3	0,0	0,0

(continuação)

Anos	Terras		Terras e benfeitoria		Benfeitorias		Escravos		Fábricas	
	(1)	(2)	(1)	(2)	(1)	(2)	(1)	(2)	(1)	(2)
1818	8,7	5,5	4,7	6,8	6,3	3,1	4,7	2,0	0,0	0,0
1819	12,6	5,1	3,7	3,1	2,2	1,5	1,4	0,3	0,7	0,1
1820	17,7	5,1	3,2	0,4	3,2	0,7	1,6	0,2	0,0	0,0
1821b	–	–	–	–	–	–	–	–	–	–
1822	15,2	11,7	1,2	0,4	3,5	4,1	0,0	0,0	0,0	0,0
1823	19,8	18,9	1,0	0,2	7,3	3,6	2,1	0,2	0,0	0,0
1824	9,5	7,6	5,3	5,2	7,4	4,1	1,0	0,4	1,0	0,3
1825	13,8	3,1	6,3	2,9	3,1	1,3	1,0	0,6	1,0	0,7
1826	16,3	14,0	3,3	3,8	2,2	0,5	0,0	0,0	0,0	0,0
1827	9,7	6,5	7,3	24,0	19,5	15,7	0,0	0,0	0,0	0,0
1828b	–	–	–	–	–	–	–	–	–	–
1829	9,5	4,5	6,6	7,0	4,7	3,1	1,9	1,7	0,0	0,0
1830	9,4	1,8	4,2	3,4	7,7	4,3	0,8	1,7	0,8	0,1
1831	0,0	0,0	4,6	8,3	4,6	1,4	0,0	0,0	0,0	0,0
1832	8,0	0,8	8,0	13,5	6,9	1,0	2,3	1,0	0,0	0,0
1833	23,6	9,6	7,9	17,2	1,6	0,1	1,6	0,2	0,0	0,0
1834	10,2	3,4	9,3	11,0	4,2	0,6	0,0	0,0	0,0	0,0
1835	4,6	1,6	3,7	2,8	2,7	1,8	0,9	0,1	0,0	0,0

(continuação)

Anos	Negócios mercantis		Terrenos		Navios		Chácaras		Prédios	
	(1)	(2)	(1)	(2)	(1)	(2)	(1)	(2)	(1)	(2)
1798a	4,8	2,6	0,0	0,0	0,0	0,0	0,0	0,0	38,1	40,4
1799a	0,0	0,0	2,4	0,4	11,8	31,0	7,1	12,9	35,3	36,1
1800a	1,7	5,9	13,8	1,8	6,9	11,2	3,4	28,5	41,4	20,0
1801	5,3	10,9	5,3	1,0	5,3	12,4	2,6	1,2	55,2	41,2
1802	1,1	6,5	0,0	0,0	5,5	13,6	0,0	0,0	52,7	49,8
1803a	6,7	19,7	0,0	0,0	6,7	13,0	6,7	8,9	53,2	46,7
1804	7,0	9,6	0,0	0,0	10,0	23,6	1,0	0,2	45,0	38,7
1805	6,4	4,4	0,0	0,0	6,4	7,6	1,3	2,2	48,8	31,3
1806	7,7	27,8	0,0	0,0	6,2	7,3	1,5	0,3	49,2	41,6
1807	4,7	8,1	0,0	0,0	4,7	3,3	6,3	22,5	39,0	38,2
1808	1,2	2,3	4,9	1,0	17,1	37,1	9,8	8,9	42,6	28,1
1809	2,4	0,9	3,5	2,3	9,4	15,2	11,8	16,2	47,1	52,7
1810	5,4	11,5	9,8	3,3	16,3	41,3	3,3	0,4	34,8	33,7
1811	7,1	16,0	5,7	1,9	17,1	21,5	2,9	2,1	34,3	22,0
1812	5,9	3,1	13,0	7,5	11,8	25,7	3,5	1,7	38,8	38,4
1813	8,5	14,6	15,3	6,8	8,5	6,4	2,5	0,1	38,1	46,7
1814	6,1	19,8	12,2	4,1	8,2	11,8	4,1	0,3	37,9	25,5
1815	9,1	32,7	12,9	3,8	9,1	4,8	2,6	0,3	40,3	40,0
1816	13,8	45,7	18,1	7,1	6,4	14,8	3,2	4,9	31,9	14,3
1817	7,4	7,7	23,5	25,8	10,3	14,7	1,5	0,3	39,7	39,4

(continuação)

Anos	Negócios mercantis		Terrenos		Navios		Chácaras		Prédios	
	(1)	(2)	(1)	(2)	(1)	(2)	(1)	(2)	(1)	(2)
1818	8,7	16,5	15,0	7,0	6,3	10,8	1,5	2,0	41,2	44,0
1819	2,9	3,2	17,1	11,5	5,2	5,2	3,7	0,3	47,7	63,4
1820	4,8	16,2	11,2	8,1	11,2	9,4	1,6	0,2	43,5	56,7
1821b	–	–	–	–	–	–	–	–	–	–
1822	9,4	18,8	11,8	5,8	4,7	7,9	4,7	7,2	44,7	41,6
1823	2,1	2,0	12,5	7,7	2,1	0,9	2,1	0,2	47,9	63,8
1824	6,3	12,9	12,7	6,6	4,3	5,2	0,0	0,4	47,9	56,5
1825	8,5	34,5	10,6	1,9	1,0	0,4	4,2	0,6	43,6	39,9
1826	5,4	11,5	8,7	2,4	5,4	6,6	6,5	13,7	47,8	45,0
1827	0,0	0,0	9,7	2,6	7,3	13,0	2,4	1,2	44,0	37,0
1828b	–	–	–	–	–	–	–	–	–	–
1829	0,9	1,9	6,6	6,3	10,5	9,5	5,7	8,9	44,7	55,7
1830	4,3	7,7	12,0	3,6	13,7	12,9	3,4	1,6	38,5	62,5
1831	15,4	13,2	0,0	0,0	29,2	28,3	3,1	1,7	41,5	43,8
1832	10,3	25,2	3,4	0,2	10,3	6,0	2,3	16,0	46,0	36,2
1833	6,3	5,5	7,9	7,0	9,4	8,1	3,9	11,0	36,2	40,0
1834	3,4	8,8	5,9	0,6	10,2	14,2	5,2	7,0	40,7	50,0
1835	2,7	7,8	12,0	7,0	11,1	7,0	4,6	8,6	50,0	58,4

(continuação)

Anos	Outros		Indeterminados		Dívidas		Número de escrituras	Total (em Real)
	(1)	(2)	(1)	(2)	(1)	(2)		
1798a	9,5	3,8	0,0	0,0	0,0	0,0	21	9:374$030
1799a	3,5	3,6	0,0	0,0	0,0	0,0	85	68:290$031
1800a	5,2	0,6	0,0	0,0	0,0	0,0	58	97:157$650
1801	5,3	3,3	0,0	0,0	0,0	0,0	38	64:025$955
1802	2,2	1,9	0,0	0,0	0,0	0,0	91	98:639$802
1803a	4,0	1,1	0,0	0,0	0,0	0,0	75	83:279$324
1804	6,0	5,3	0,0	0,0	0,0	0,0	100	107:770$720
1805	0,0	0,0	0,0	0,0	0,0	0,0	78	123:672$380
1806	4,6	3,3	0,0	0,0	0,0	0,0	65	60:541$647
1807	0,0	0,0	0,0	0,0	0,0	0,0	64	108:479$710
1808	0,0	0,0	1,2	0,2	0,0	0,0	82	125:846$690
1809	4,7	1,5	1,2	0,8	0,0	0,0	85	114:148$590
1810	4,3	1,3	0,0	0,0	0,0	0,0	92	92:691$403
1811	1,5	1,8	0,0	0,0	0,0	0,0	70	167:120$980
1812	1,2	0,4	1,2	2,7	0,0	0,0	85	92:547$197
1813	1,7	2,0	1,7	0,6	0,0	0,0	118	82:815$398
1814	0,0	0,0	0,0	0,0	0,0	0,0	98	118:684$750
1815	2,5	2,5	0,0	0,0	0,0	0,0	77	111:265$690
1816	8,5	3,5	0,0	0,0	0,0	0,0	94	150:518$060
1817	2,9	0,5	0,0	0,0	0,0	0,0	68	65:189$200
1818	1,5	1,1	0,7	0,5	0,0	0,0	126	155:775$030
1819	2,2	0,8	0,0	0,0	0,0	0,0	134	160:006$200

(continuação)

Anos	Outros		Indeterminados		Dívidas		Número de escrituras	Total (em Real)
	(1)	(2)	(1)	(2)	(1)	(2)		
1820	1,6	2,3	0,0	0,0	0,0	0,0	62	62:870$980
1821b	–	–	–	–	–	–	–	
1822	4,7	2,5	0,0	0,0	0,0	0,0	85	90:258$540
1823	0,0	0,0	0,0	0,0	3,1	1,3	96	60:491$600
1824	3,2	0,6	1,1	0,6	0,0	0,0	94	108:770$650
1825	6,3	3,7	0,0	0,0	0,0	0,0	94	138:468$540
1826	4,3	2,4	0,0	0,0	0,0	0,0	92	117:396$580
1827	0,0	0,0	0,0	0,0	0,0	0,0	41	51:442$000
1828b	–	–	–	–	–	–	–	
1829	8,6	1,3	0,0	0,0	0,0	0,0	105	203:618$270
1830	5,1	0,4	0,0	0,0	0,0	0,0	117	347:887$420
1831	1,5	3,4	0,0	0,0	0,0	0,0	65	145:442$780
1832	2,3	0,5	0,0	0,0	0,0	0,0	87	275:746$030
1833	1,6	1,2	0,0	0,0	0,0	0,0	127	222:092$940
1834	9,3	2,5	0,8	0,7	0,8	0,6	118	210:521$820
1835	6,5	4,2	0,0	0,0	0,9	3,4	108	231:780$106

a. Levantamento incompleto; b. Documentação perdida; (1) % das escrituras; (2) % dos valores.

Fontes: Escrituras Públicas de Compra e Venda (1798-1835), Primeiro Ofício de Notas, Arquivo Nacional.

Apêndice 30 – Perfil de viagens dos dezessete maiores traficantes de escravos da África para o porto do Rio de Janeiro, 1811-1830

Traficante	1811	1812	1813	1814	1815	1816	1817	1818	1819	1820	1821
Família Ferreira	–	1	1	1	1	2	2	1	2	2	2
João Gomes Vale	–	7	4	3	4	4	5	3	–	1	4
Família Rocha	1	1	2	4	2	3	2	3	3	3	2
Família Gomes Barrozo	1	2	2	3	1	2	4	3	2	3	1
Família Pinheiro Guimarães	4	5	4	3	5	3	4	2	2	2	2
Família Ferreira dos Santos	–	–	–	–	–	–	–	–	1	2	3
Miguel Ferreira Gomes	–	–	–	1	–	–	1	–	3	1	1
Família Vieira	–	1	1	1	2	4	2	5	1	2	4
Família Silva Porto	–	–	–	1	–	–	–	2	1	1	1
Manoel Guedes Pinto	–	–	–	–	–	–	–	–	–	–	1
Lourenço Antônio do Rego	–	–	–	–	–	–	–	–	–	–	–
Família Pereira de Almeida	2	2	1	1	–	–	1	–	1	–	1
Francisco José dos Santos	–	–	–	–	–	–	–	–	3	1	1
Família Velho	–	1	3	2	2	3	2	2	1	–	1
Manoel Gonçalves de Carvalho	–	1	1	–	–	–	2	3	3	1	3
Antonio José Meirelles	–	–	–	–	–	–	–	–	–	–	–
Família Teixeira de Macedo	–	1	1	1	1	1	1	1	1	2	2
Total	8	22	20	21	18	22	26	25	25	22	29

(continuação)

Traficante	1822	1823	1824	1825	1826	1827	1828	1828	1830	Total
Família Ferreira	4	3	4	4	6	14	15	7	10	82
João Gomes Vale	5	5	3	2	–	–	–	–	–	50
Família Rocha	2	1	2	2	4	4	3	3	–	47
Família Gomes Barrozo	2	1	2	2	3	3	4	3	1	45
Família Pinheiro Guimarães	1	1	1	–	–	2	–	2	2	45
Família Ferreira dos Santos	2	–	4	3	6	5	6	8	2	42
Miguel Ferreira Gomes	–	4	2	4	4	3	7	3	6	40
Família Vieira	3	1	1	1	3	1	–	1	1	35
Família Silva Porto	1	1	2	3	3	–	6	6	6	34
Manoel Guedes Pinto	4	4	–	2	2	4	3	3	2	27
Lourenço António do Rego	–	1	4	4	5	2	3	6	2	27
Família Pereira de Almeida	–	–	1	1	2	2	3	3	2	23
Francisco José dos Santos	3	2	1	–	1	2	4	3	1	22
Família Velho	1	–	–	–	–	–	–	–	–	18
Manoel Gonçalves de Carvalho	1	–	1	2	–	–	–	–	–	18
Antonio José Meirelles	–	–	1	1	4	4	3	3	2	18
Família Teixeira de Macedo	3	–	1	1	1	–	–	–	–	18
Total	32	24	30	32	44	46	57	51	37	591

Fontes: As mesmas do Apêndice 3.

Apêndice 31 – Distribuição (%) dos cativos unidos por laços de parentesco de primeiro grau sancionados, meios rural e urbano do Rio de Janeiro, 1790-1835

Período	Meio rural			Meio urbano		
	Número de famílias	Número de parentes	% de parentes	Número de famílias	Número de parentes	% de parentes
1790-2	35	86	22,8	11	29	27,9
1795-7	81	198	28,8	25	72	26,4
1800-2	30	100	36,5	3	9	8,7
1805-7	62	152	24,3	18	43	12,1
1810-2	62	161	23,5	11	27	11,5
1815-7	97	243	24,3	25	60	10,9
1820-2	119	308	24,3	39	95	15,0
1825-7	98	271	29,4	43	92	19,0
1830-2	103	263	20,3	38	87	11,4
1834-5	17	47	13,6	22	59	14,6

Fontes: Inventários post-mortem (1790-1835), Arquivo Nacional.

Apêndice 32 – Flutuações (%) das razões e taxas (%) de masculinidade dos escravos, meios rural e urbano do Rio de Janeiro, 1790-1835

Período	Meio rural		Meio urbano	
	Razão de masculinidade	Taxa de Masculinidade	Razão de masculinidade	Taxa de masculinidade
1790-2	142	59	169	63
1795-7	145	59	182	64
1800-2	147	59	136	58
1805-7	145	59	177	64
1810-2	228	70	154	61
1815-7	171	63	285	74
1820-2	180	64	191	66
1825-7	143	59	176	64
1830-2	172	63	178	64
1834-5	141	59	179	64

Fontes: Inventários post-mortem (1790-1835), Arquivo Nacional.

Apêndice 33 – Participação dos escravos enfermos perante o total de escravos (por sexo) no meio rural do Rio de Janeiro, 1790-1835

Período	% geral de enfermos	Número de homens	% de enfermos	Número de mulheres	% de enfermas
1790-2	4,5	222	5,0	156	3,8
1795-7	19,6	407	22,3	281	15,7
1800-2	19,3	161	19,3	113	19,5
1805-7	20,9	371	21,8	256	19,5
1810-2	24,8	476	25,0	209	24,4
1815-7	18,9	632	18,5	369	19,5
1820-2	12,4	817	14,2	454	9,0
1825-7	14,2	542	15,3	379	12,7
1830-2	16,3	820	17,6	477	14,3
1834-5	17,1	202	18,8	143	14,7
Total	16,7	4650	17,9	2837	14,9

Fontes: Inventários post-mortem (1790-1835), Arquivo Nacional.

Apêndice 34 – Distribuição dos tipos de morbidades de escravos no meio rural do Rio de Janeiro, 1790-1835

Tipos de morbidade	Número de casos	%
Traumática	255	20,3
Infectocontagiosa	218	17,4
Disfunção	151	12,0
Má-formação	67	5,3
Psíquica	51	4,1
Reumática	47	3,7
Carencial	23	1,8
Tumoral	4	0,3
Indeterminada	266	21,2
Outra	171	13,6
Total	1254	100,0

Fontes: Inventários *post-mortem* (1790-1835), Arquivo Nacional.

Apêndice 35 – Flutuações das razões e taxas (%) de africanidade e masculinidade (por naturalidade) entre os escravos nos meios rural e urbano do Rio de Janeiro, 1790-1835

Período	Meio rural								Meio urbano							
	(1)	(2)	(3)	(4)	(5)	(6)	(7)	(8)	(1)	(2)	(3)	(4)	(5)	(6)	(7)	(8)
1790-2	27	120	55	347	155	61	119	54	13	163	62	105	242	71	111	53
1795-7	39	118	54	676	191	66	111	53	36	180	64	255	264	73	112	53
1800-2	26	85	46	263	188	65	115	54	16	126	56	104	190	66	92	48
1805-7	49	98	49	615	169	63	125	56	51	193	66	357	231	70	110	53
1810-2	39	248	71	677	333	77	109	52	39	374	79	237	183	65	85	46
1815-7	45	121	55	925	243	71	114	53	58	319	76	515	351	78	141	59
1820-2	50	144	59	962	259	72	119	54	81	404	80	640	225	69	112	53
1825-7	31	116	54	820	227	69	91	48	68	374	79	488	210	68	94	49
1830-2	57	141	59	1261	224	69	122	55	100	382	79	771	213	68	95	49
1834-5	17	96	49	332	176	64	111	53	44	300	75	358	227	69	87	47

(1): Número de plantéis; (2): Razão de africanidade; (3): Taxa de africanidade; (4): Número de escravos com registro de naturalidade e sexo; (5): Razão de masculinidade entre os africanos; (6): Taxa de masculinidade entre os africanos; (7): Razão de masculinidade entre os crioulos; (8): Taxa de masculinidade entre os crioulos.

Fontes: Inventários post-mortem (1790-1835), Arquivo Nacional.

Referências bibliográficas

Fontes primárias manuscritas

Arquivo Nacional (Rio de Janeiro)

Códice 61, Provedoria da Fazenda.

Códice 68, Correspondência do Vice-reinado para a Corte. Códice 86, Arquivo do Desembargo do Paço, Ordens Régias.

Códice 242, Provedoria da Fazenda, termos de contagem de escravos vindos da costa da África.

Códice 425, Registro da Polícia de Saída de Escravos.

Escrituras públicas de compra e venda (1798-1835), Primeiro Ofício de Notas.

Graças honoríficas (Latas Verdes).

Inventários *post-mortem* de 1789-92, 1795-7, 1800-2, 1805-7, 1810-2, 1815-7, 1820-2,1825-7,1830-2 e 1834-5.

Inventário *post-mortem* de Leonarda Maria Velho da Silva, caixa 383, número 4491.

Inventário *post-mortem* de João Gomes Barrozo, maço 461, números 1592 e 8821.

Inventário *post-mortem* de Antônio José Teixeira, maço 1730, número 3830.

Inventário *post-mortem* de Francisco José Guimarães, caixa 286, número 191.

Junta do Comércio, Administração de Bens de Falecidos, caixas 343 (pacote 1), 346 (pacote 1), 347 (pacote 3), 348 (pacote 1), 356 (pacote 2) e 358 (pacotes 1 e 2).

Junta do Comércio, Correspondências e Consultas, caixa 361 (pacote 3).

Junta do Comércio, Falências Comerciais, caixa 366 (pacotes 1 e 2).

Junta do Comércio, Navegação, caixas 369 (pacote 3), 370 (pacote 1), 372 (pacotes 2 e 3), 374 (pacotes 1 e 2),375 (pacote 2),376 (pacote 1) e 445 (pacote 1).

Junta do Comércio, Comerciantes, caixas 377 (pacote 1) e 378 (pacote 3).

Junta do Comércio, Empregados, caixas 387 (pacote 2) e 388 (pacotes 1 e 2).

Junta do Comércio, Receita e despesa da Junta, caixa 398 (pacote 1).

Junta do Comércio, Consulados comerciais (portarias e circulares recebidas), caixas 419 (pacote 1) e 420 (pacote 1).

Junta do Comércio, Processos contra companhias de seguros, caixas 429 (pacote 1), 430 (pacote 1), 431 (pacote 1), 433 (pacotes 1 e 2) e 434 (pacote 3).

Junta do Comércio, Importação e Exportação, caixas 448 (pacote 1) e 449 (pacote 1).

Junta do Comércio, Processo de falência de João Alves da Silva Porto, maço 657, número 9222; maço 2332, número 591; maço 701, número 10990 e maço 2314, número 1059.

Seção de Manuscritos da Biblioteca Nacional (Rio de Janeiro)

Ofício de Manoel de Almeida e Vasconcelos ao Conde de Rezende (...), 1-32, 34, 39, número 1.

Autor Anônimo. *Instruções em que se mostra a formalidade do comércio do Reyno de Angola e Benguella, e o quanto tinha florescido desde o seu princípio athé o anno de 1760 em que principiou a sua ruína* (...), I 4455-94.

Regimento novo dos governadores de Benguela, registrado no Livro Primeiro das Patentes, Provimentos e mais Ordens (...), I-12,3,31, número 210.

Representação dos proprietários, consignatários, e armadores de resgate de escravos, dirigida a s. a. r., Rio de Janeiro, 1811, II-34, 26,19.

ROFFE, João Sebastião. *Descripção da negociação que os franceses faziam em Moçambique, Ilha de Oyobo e Querimba, com a compra de escravatura* (...), 1,13,1,47.

Fontes primárias impressas

Revistas

ALMANAK da cidade de São Sebastião do Rio de Janeiro para o ano de 1824. *Separata da Revista do Instituto Histórico e Geográfico Brasileiro*, n.278, p.197-360, jan.-mar. 1968.

ALMANAQUE do Rio de Janeiro para o ano de 1811. *Revista do Instituto Histórico e Geográfico Brasileiro*, n.282, p.208-12, jan.-mar. 1969.

ALMANAQUE do Rio de Janeiro para o ano de 1817. *Revista do Instituto Histórico e Geográfico Brasileiro*, n.270, p.294-300, jan.-mar. 1966.

NUNES, Antônio Duarte. Almanak histórico da cidade de São Sebastião do Rio de Janeiro para o ano de 1799. *Revista do Instituto Histórico e Geográfico Brasileiro*, n.267, p.93-214, abr.-jun. 1966.

_____. Almanak histórico da cidade de São Sebastião do Rio de Janeiro para o ano de 1792. *Revista do Instituto Histórico e Geográfico Brasileiro*, n.266, p.159-290, jan.-mar. 1965a.

_____. Almanak histórico da cidade de São Sebastião do Rio de Janeiro para o ano de 1794. *Revista do Instituto Histórico e Geográfico Brasileiro*, n.266, p. 281-4, jan.-mar. 1965b.

_____. Memórias públicas e econômicas da cidade de São Sebastião do Rio de Janeiro para o uso do Vice-rei Luiz de Vasconcellos por observação curiosa dos annos de 1779 até o de 1789. *Revista do Instituto Histórico e Geográfico Brasileiro*, n.48, 1884.

Jornais (Seção de Microfilmes da Biblioteca Nacional, Rio de Janeiro)

Diário Fluminense (21/5/1824 a 31/12/1830).

Diário do Governo (2/1/1823 a 20/5/1824).

Diário do Rio de Janeiro (2/12/1825 a 2/12/1827).

Espelho (1/10/1821 a 31/6/1823).

Gazeta do Rio de Janeiro (1/7/1811 a 31/12/1822).

Jornal do Commércio (2/10/1827 a 30/6/1830).

Volantim (1/9/1822 a 31/10/1822).

Livros

ALMANAK imperial do comércio e das corporações civis e militares do Império do Brasil. Rio de Janeiro: Plancher-Seignot, 1829.

BENEZET, Anthony. *Some Historical Account of Guinea*. Londres: Frank Cass, 1968.

DEBRET, Jean-Baptiste. *Viagem histórica e pitoresca ao Brasil*. São Paulo: Martins Fontes/EDUSP, 1972.

DEFOE, Daniel. *Histórias de piratas*. Madri: Nostromo, 1978.

INSTITUTO BRASILEIRO DE GEOGRAFIA E ESTATÍSTICA. *Estatísticas históricas do Brasil*. Rio de Janeiro: IBGE, 1986. v.3

LISBOA, José da Silva. *Princípios de direito mercantil e leis da Marinha.* Lisboa: Impressão Régia, 1819.

NEVES, José Accursio das. *Considerações políticas e commerciais sobre os descobrimentos e possessões dos portugueses na África e Ásia.* Lisboa: Impressão Régia, 1830.

NORRIS, R. *Memoirs of the Reign of Bossa Ahádee, King of Dahomy, an Inland Country of Guiney, to Which are Added the Author's Journey to Abomey, the Capital, and a Short Account of the African Slave Trade.* Londres: Frank Cass, 1968.

PEREIRA, Duarte P. Esmeraldo de situ orbis. In: PERES, Damião (Comp.). *Os mais antigos roteiros da Guiné.* Lisboa: Academia Portuguesa de História, 1952.

PINTO, Antônio Pereira. *Apontamentos para o Direito Internacional; ou coleção completa dos tratados celebrados pelo Brasil com diferentes nações estrangeiras.* Rio de Janeiro: F. L. Pinto e Cia. Livreiros/Editores, 1864. v.1.

PITA, Sebastião da Rocha. *História da América portuguesa.* Belo Horizonte: Itatiaia; São Paulo: Edusp, 1976.

REGIMENTO do auditório eclesiástico do arcebispado da Bahia. Coimbra: Oficina do Real Colégio das Artes da Companhia de Jesus, 1720.

SANTOS, Joaquim Felício dos. *Memórias do distrito diamantino.* Petrópolis: Vozes/Instituto Nacional do Livro, 1978.

Fontes secundárias

África

AGIRI, B. Slavery in Yoruba Society in the 19th Century. In: LOVEJOY, Paul E. (Org.). *The Ideology of Slavery in Africa.* Beverly Hills: Londres: Sage, 1981. p.123-48.

ALAGOA, E. J. The Development of Institutions in the State of the Eastern Niger Delta. *The Journal of African History,* n.12, p.269-78, 1971.

AZARYA, V. *Aristocrats Facing Change:* the Fulbe in Guinea, Nigeria and Camerun. Chicago: University of Chicago Press, 1978.

BENOT, Yves. *As ideologias das independências africanas.* Lisboa: Sá da Costa, 1981.

BIRMINGHAM, David. Central Africa from Camerun to the Zambezi, c.1050-c.1600. In: *The Cambridge History of Africa.* 1977a. v.3. p.519-66.

_____. Central Africa from Camerun to the Zambezi, c.1600- c.1790. In: *The Cambridge History of Africa*. 1977b. v.4. p.325-83.

_____. *Trade and Conflict in Angola*. Oxford: Clarendon Press, 1966.

_____. *The Portuguese Conquest of Angola*. Londres: IRR/Oxford University Press, 1965.

BONE, Nazi. *Histoire synthétique de l'Afrique résistente:* les réactions des peuples africains face aux influences extérieures. Paris: Présence Africaine, 1971.

CISSOKO, Sekené M. *Tombuctou et l'empire songhay*. Dakar: Abidjan: Nouvelles Éditions Africaines, 1975.

COOPER, Frederick. The Problem of Slavery in African Studies. *The Journal of African History*, v.20, n.1, p.103-25, 1979.

CURTIN, Philip D. et al. *African History*. Boston: Toronto: Little Brown, 1978.

_____. *Economic Change in Precolonial Africa:* Senegambia in the Era of the Slave Trade. Madison: Wisconsin University Press, 1975.

DICKSON, Kwamina. *A Historical Geography of Ghana*. Londres: Cambridge University Press, 1969.

DIENG, A. A. Classes sociales et mode de production esclavagiste en Afrique de l'Ouest. In: *Cahier du Centre d'Études et Recherches Marxistes*. Paris: CERM, 1974.

FAGE, J. D. Upper and Lower Guinea. In: *The Cambridge History of Africa*, 1977. v.3. p.463-518.

_____. *History of West Africa*. Londres: Cambridge University Press, 1959.

FLORENTINO, Manolo G. *La trata atlántica de esclavos y las sociedades agrarias del África Occidental*. México DF, 1985. Dissertação de mestrado inédita. Centro de Estudios de Asia y África, El Colegio de México.

GOODY, Jack. Slavery in Time and Space. In: WATSON, James (Ed.). *Asian & African Systems of Slavery*. Los Angeles: University of California Press, 1980. p.16-42.

GRAY, Richard. Introduction. In: *The Cambridge History of Africa*. 1977. v. 4. p.1-13.

HOPKINS, Anthony G. *An Economic History of West Africa*. Londres: Longman, 1973.

KI-ZERBO, Joseph. *História da África negra*. Lisboa: Publicações Europa-América, [s.d.]. 2 v.

KOPYTOFF, Igor; MIERS, Suzanne (Eds.). *Slavery in Africa:* Historical and Anthropological Perspectives. Madison: University of Wisconsin Press, 1977.

LOVEJOY, Paul E. *Transformation in Slavery:* a History of Slavery in Africa. Londres: Cambridge University Press, 1983.

_____. Slavery in the Context of Ideology. In: _____. (Org.). *The Ideology of Slavery in Africa.* Beverly Hills: Londres: Sage, 1981. p.2-38.

MANNING, Patrick. *Slavery and African Life.* Cambridge: Cambridge University Press, 1990.

MARTIN, Gaston. *Histoire de l'esclavage dans les colonies françaises.* Paris: PUF, 1948.

MEILLASSOUX, Claude. *L'anthropologie de l'esclavage.* Paris: PUF, 1985.

_____ (Org.). *L'esclavage en Afrique précoloniale.* Paris: F. Maspero, 1975.

OLIVER, R.; ATMORE, A. *The African Middle Ages.* Londres: Cambridge University Press, 1981.

_____.; FAGE, J. D. *Breve história d'África.* Barcelona: Ediciones 62, 1965.

REIS, João José. Notas sobre a escravidão na África pré-colonial. *Estudos Afro-Asiáticos,* 1987. n.14. p.5-21.

RICHARDS, W. A. The Impact of Firearms into West Africa in the Eighteenth Century. *The Journal of African History,* v.21, n.1, p.43-59, 1980.

RODNEY, Walter. *A History of the Upper Guinea Coast:* 1545-1800. Nova York: Monthly Review Press, 1980.

SENEGAL. Ministério da Cultura e da Comunicação. *Projeto do memorial e da preservação de Gorée.* Dakar: 1990.

SILVA, Alberto da Costa e. *A enxada e a lança.* Rio de Janeiro: Nova Fronteira; São Paulo: Edusp, 1992.

SMITH, R. S. *Warfare and Diplomacy in Pre-Colonial West Africa.* Londres: Methuen, 1976.

WATSON, James (Ed.). *Asian & African Systems of Slavery.* Los Angeles: University of California Press, 1980.

Tráfico de Escravos

ADAMU, Mahadi. The Delivery of Slaves from the Central Sudan to the Bigth of Benin in the Eighteenth and Nineteenth Centuries. In: GEMERY, Henry A.; HOGENDORN, Jan S. (Eds.). *The Uncommon Market:* Essays in the Economic History of the Atlantic Slave Trade. Nova York: Academic Press, 1979. p.163-80.

ALENCASTRO, Luiz Felipe de. *Le commerce des vivants:* traite d'esclaves et "Pax Luzitana" dans l'Atlantique Sud. Paris, 1985-6. Tese de doutoramento inédita. Paris X.

_____. La traite négrière et l'unité nationale brésilienne. *Revue Française d'Histoire d'Outre-Mer,* n.66, p.395-419, 1979.

ANSTEY, Roger. *The Atlantic Slave Trade and British Abolition:* 1769-1810. Londres: Macmillan Press, 1975.

AUSTEN, Ralph A. The Trans-Saharan Slave Trade: a Tentative Census. In: GEMERY, Henry A.; HOGENDORN, Jan S. (Eds.). *The Uncommon Market:* Essays in the Economic History of the Atlantic Slave Trade. Nova York: Academic Press, 1979. p.23-76.

BARKER, A. J. *The African Link:* British Attitudes to Negro in the Era of the Slave Trade (1550-1807). Londres: Frank Cass, 1978.

BETHELL, Leslie. *A abolição do tráfico de escravos no Brasil.* São Paulo: Expressão e Cultura/EDUSP, 1976.

CONRAD, Robert E. *Tumbeiros:* o tráfico de escravos para o Brasil. São Paulo: Brasiliense, 1985.

CURTIN, Philip D. *The Atlantic Slave Trade:* a census. Madison: Wisconsin University Press, 1969.

_____. Epidemiology and the Slave Trade. *Political Science Quarterly,* n.83, p.190-216, 1968.

DAVIDSON, Basil. *Black Mother:* the Years of Trial. Londres: V. Gollancz, 1961.

ELTIS, David. The Nineteenth-Century Transatlantic Slave Trade: an Annual Time Series of Imports into the Americas Broken Down by Region. *Hispanic American Historical Review,* v.67, n.1, p.109-38, 1987a.

_____. *Economic Growth and the Ending of the Transatlantic Slave Trade.* Nova York: Oxford Academic Press, 1987b.

FERREIRA, Roquinaldo A. *Dos sertões ao Atlântico:* tráfico ilegal de escravos e comércio lícito em Angola (1830-1860). Rio de Janeiro, 1996. Dissertação de mestrado inédita. Departamento de História, Universidade Federal do Rio de Janeiro.

GOULART, Maurício. *A escravidão africana no Brasil:* das origens à extinção do tráfico. São Paulo: Alfa-Ômega, 1975.

HEINTZ, Beatrix. Angola nas garras do tráfico de escravos: as guerras angolanas do Ndongo (1611-1630). *Revista Internacional de Estudos Africanos,* n.1, p.11-59, 1984.

KLEIN, Martin; LOVEJOY, Paul E. Slavery in West Africa. In: GEMERY, Henry A.; HOGENDORN, Jan S. (Eds.). *The Uncommon Market:* Essays in the Economic History of the Atlantic Slave Trade. Nova York: Academic Press, 1979. p.181-212.

KLEIN, Herbert S. Economic Aspects of the Eighteenth-Century Atlantic Slave Trade. In: TRACY, James D. (Ed.). *The Rise of Merchant Empires:*

Long-Distance Trade in the Early Modern World (1350-1750). Nova York: Cambridge University Press, 1993. p.287-310.

_____. A demografia do tráfico atlântico de escravos para o Brasil. *Estudos Econômicos*, v.17, n.2, p.129-49, maio-ago. 1987.

_____. Tráfico de escravos. In: IBGE (Instituto Brasileiro de Geografia e Estatística). *Estatísticas históricas do Brasil*. Rio de Janeiro, 1986. p.51-9.

_____.; ENGERMAN, Stanley L. A demografia dos escravos americanos. In: MARCÍLIO, Maria L. (Org.). *População e sociedade*. Petrópolis: Vozes, 1982. p.208-27.

_____. The Portuguese Slave Trade from Angola in the 18th Century. In: _____. *The Middle Passage:* Comparative Studies in the Atlantic Slave Trade. Princeton: Princeton University Press, 1978a. p.23-50.

_____. The Trade in African Slaves to Rio de Janeiro: 1795-1811. In: _____. *The Middle Passage:* Comparative Studies in the Atlantic Slave Trade. Princeton: Princeton University Press, 1978b, p.51-72.

_____. Shipping Patterns and Mortality in the African Slave Trade to Rio de Janeiro: 1825-1830. In: _____. *The Middle Passage:* Comparative Studies in the Atlantic Slave Trade. Princeton: Princeton University Press, 1978c, p.73-94.

_____. The Internal Slave Trade in the 19th Century Brazil. In: _____. *The Middle Passage:* Comparative Studies in the Atlantic Slave Trade. Princeton: Princeton University Press, 1978d. p.95-120.

_____. O tráfico de escravos africanos para o porto do Rio de Janeiro: 1825-30. In: *Anais de história*. Assis: Depto. de História da Faculdade de Filosofia, Ciências e Letras de Assis, 1973. p.85-101.

LOVEJOY, Paul E. The Volume of the Atlantic Slave Trade: a Synthesis. *The Journal of African History*, n.23, p.473-501, 1982.

_____.; HOGENDORN, Jan S. Slave Marketing in West Africa. In: GEMERY, Henry A.; _____. (Eds.). *The Uncommon Market:* Essays in the Economic History of the Atlantic Slave Trade. Nova York: Academic Press, 1979. p.213-35.

MARTIN, Phyllis. M. The Trade of Loango in the Seventeenth and Eighteenth Centuries. In: GRAY, R.; BIRMINGHAM, D. (Eds.). *Pre-Colonial African Trade*. Londres: Oxford University Press, 1970. p.139-61.

MARTIN, V. et al. Kayor et Baol: royaumes sénégalais et traite des esclaves au 18e siècle. *Revue Française d'Histoire d'Outre-Mer*, v.226-227, n.62, p.270-300, 1975.

MILLER, Joseph C. *Way of Death*. Madison: Wisconsin University Press, 1987.

_____. The Paradoxes of Impoverishment in the Atlantic Zone. In: BIR-MINGHAM, David; MARTIN, Phyllis M. (Eds.). *History of Central Africa.* Londres: Nova York: Longman, 1983. p.118-59.

_____. The Significance of Drought, Disease and Famine in the Agriculturally Marginal Zones of Western Central Africa. *The Journal of African History,* n.23, p.17-61, 1982.

_____. Mortality in the Atlantic Slave Trade: Statistical Evidence or Causality. *Journal of Interdisciplinary History,* n.3, p.385-523, 1981.

_____. Some Aspects of the Commercial Organization of Slaving at Luanda, Angola: 1760-1830. In: GEMERY, Henry A.; HOGENDORN, Jan S. (Eds.). *The Uncommon Market:* Essays in the Economic History of the Atlantic Slave Trade. Nova York: Academic Press, 1979. p.77-106.

PANTOJA, Selma A. *Nzinga Mbandi:* comércio e escravidão no litoral angolano no século 17. Rio de Janeiro, 1987. Dissertação de mestrado inédita. Departamento de História, Universidade Federal do Rio Janeiro.

POLANYI, Karl. *Dahomey and the Slave Trade.* Seattle: Londres: University of Washington Press, 1968.

POSTMA, Johannes M. *The Dutch in the Atlantic Slave Trade:* 1600-1815. Nova York: Cambridge University Press, 1990.

SNOWDEN, F. M. Ethiopians and the Graeco-Roman world. In: KILSON, M. L.; ROTBERG, R. I. (Eds.). *The African Diaspora.* Massachusetts: Harvard University Press, 1976. p.11-36.

STEIN, Robert. *The French Slave Trade in the Eighteenth Century:* an Old Regime Business. Madison: The Wisconsin University Press, 1979.

SURET-CANALE, Jean. Contexte et conséquences sociales de la traite africaine. *Présence Africaine,* n.50, p.127-50, 1964.

TAUNAY, Affonso de E. *Subsídios para a história do tráfico africano no Brasil colonial.* Rio de Janeiro: Imprensa Nacional, 1941.

TAVARES, Luis Henrique D. *Comércio proibido de escravos.* São Paulo: Ática, 1988.

VERGER, Pierre. *Fluxo e refluxo do tráfico de escravos entre o golfo do Benin e a Bahia de Todos os Santos:* dos séculos XVII a XIX. São Paulo: Corrupio, 1987.

Brasil

ARAÚJO, Ricardo Benzaquem de. *Guerra e paz:* Casa-grande & Senzala e a obra de Gilberto Freyre nos anos 30. Rio de Janeiro: Editora 34, 1994.

294 MANOLO FLORENTINO

ARRAIS, Nely F.; RIBEIRO, Ana P. Goulart. *Relatório de pesquisa sobre doenças de escravos.* Rio de Janeiro: 1990. Relatório CNPq (inédito).

ARRUDA, José Jobson de A. A produção econômica. In: SILVA, Maria Beatriz Nizza da (Org.). *O império luso-brasileiro:* 1750-1822. Lisboa: Estampa, 1986. p.85-153.

_____. *O Brasil no comércio colonial.* São Paulo: Ática, 1980.

BALHANA, Altiva P. A população. In: SILVA, Maria Beatriz Nizza da (Org.). *O império luso-brasileiro:* 1750-1822. Lisboa: Estampa, 1986. p.19-62.

BARROS, Edval de S. *Escravidão, tráfico atlântico e preços dos escravos:* o caso da província do Rio de Janeiro (1790-1830). Rio de Janeiro: 1990. Relatório CNPq (inédito).

BAUSS, Rudolph W. *Rio de Janeiro:* the Rise of Late Colonial Brazil's Dominant Imperium (1777-1808). Tulaine-Lousiana: Dept. of History/Tulaine University, 1977.

BROWN, Larissa V. *Internal Commerce in a Colonial Economy:* Rio de Janeiro and its Hinterlands (1790-1822). Virginia, 1986. Tese de doutoramento inédita. Department of History, University of Virginia.

BOXER, Charles R. *Salvador de Sá e a luta pelo Brasil e Angola:* 1614-1686. São Paulo: Cia. Editora Nacional/Edusp, 1973.

CARDOSO, Ciro. *Escravo ou camponês? O protocampesinato negro nas Américas.* São Paulo: Brasiliense, 1987.

_____. Sobre os modos de produção coloniais da América. In: SANTIAGO, Théo (Org.). *América colonial:* ensaios. Rio de Janeiro: Pallas, 1975a. p.61-88.

_____. O modo de produção escravista colonial nas Américas. In: SANTIAGO, Théo (Org.). *América colonial:* ensaios. Rio de Janeiro: Pallas, 1975b. p.89-14.

CARDOSO, Fernando Henrique. *Capitalismo e escravidão no Brasil meridional.* Rio de Janeiro: Paz e Terra, 1977.

CARREIRA, Antônio. *A companhia geral do Grão-Pará e Maranhão.* São Paulo: Cia. Editora Nacional/Instituto Nacional do Livro, 1988.

CHALHOUB, Sidney. *Visões da liberdade.* São Paulo: Companhia das Letras, 1990.

CLEVELAND, Donald. *Slavery and Abolition in Campos, Brazil:* 1830-88. 1973. Tese de doutoramento inédita. Cornell University.

CONRAD, Robert E. *Os últimos anos da escravatura no Brasil.* Rio de Janeiro: Civilização Brasileira, 1978.

COSTA, Emília Viotti da. *Da senzala à colônia.* São Paulo: Ciências Humanas, 1982.

COSTA, Iraci dei Nero da. Notas sobre a posse de escravos nos engenhos e engenhocas fluminenses. *Revista do Instituto de Estudos Brasileiros,* n.28, p.111-3, 1980. 1778.

CUNHA, Rui Vieira da. *Para uma biografia de Elias Antônio Lopes.* Rio de Janeiro: Tipografia do Jornal do Comércio, 1957.

DIAS, Maria Odila Silva. A interiorização da metrópole. In: MOTA, Carlos G. (Org.). *1822:* dimensões. São Paulo: Perspectiva, 1972. p.160-84, 1972.

FRAGOSO, João L. R. *Homens de grossa aventura:* acumulação e hierarquia na praça mercantil do Rio de Janeiro (1790-1830). Rio de Janeiro: Arquivo Nacional, 1992. (Prêmio Arquivo Nacional de Pesquisa).

_____. Modelos explicativos da economia escravista no Brasil. In: CARDOSO, Ciro F. S. (Org.). *Escravidão e abolição no Brasil.* Rio de Janeiro: Jorge Zahar, 1988. p.16-46.

_____. *Sistemas agrários de Paraíba do Sul:* 1850-1920. Rio de Janeiro, 1983. Dissertação de mestrado inédita. IFCS, Universidade Federal do Rio de Janeiro.

_____.; FLORENTINO, Manolo G. *O arcaísmo como projeto.* Rio de Janeiro: Sette Letras, 1996.

_____.; _____. Marcelino, filho de Inocência Crioula, neto de Joana Cabinda. *Estudos Econômicos,* v.17, n.2, p.151-73, 1987.

FREYRE, Gilberto. *Casa grande & senzala.* Rio de Janeiro: José Olympio, 1977.

FURTADO, Celso. *Formação econômica do Brasil.* São Paulo: Cia. Editora Nacional, 1967.

GÓES, José Roberto. *O cativeiro imperfeito:* um estudo sobre a escravidão no Rio de Janeiro da primeira metade do século 19. Vitória: Lineart, 1993.

GORENDER, Jacob. *A escravidão reabilitada.* São Paulo: Ática, 1990.

_____. *O escravismo colonial.* São Paulo: Ática, 1978.

GORESTEIN, Riva. *O enraizamento de interesses mercantis portugueses na região Centro-Sul do Brasil* (1808-1822). São Paulo, 1978. Dissertação de mestrado inédita. Departamento de História, Universidade de São Paulo.

GUIMARÃES, Carlos Magno; REIS, Liana Maria. Agricultura em Minas: 1700-50. *Revista do Departamento de História/UFMG,* Belo Horizonte, n.2, p.7-36, 1986.

GUTIERREZ, Horácio. Demografia escrava numa economia não exportadora: Paraná (1800-1830). *Estudos Econômicos,* v.17, n.2, p.297-314, 1987.

IANNI, Octavio. *As metamorfoses do escravo.* São Paulo: HUCITEC, 1988.

JOHNSON, Harold B. A Preliminary Inquiry into Money, Prices and Wages in Rio de Janeiro: 1763-1823. In: ALDEN, Dauril (Ed.). *Colonial Roots of Modern Brazil.* Berkeley: University of California Press, 1973.

KARASCH, Mary C. *Slave Life in Rio de Janeiro:* 1808-50. Princeton: Princeton University Press, 1987.

_____. *The Brazilian Slavers and the Illegal Slave Trade:* 1836-51. Madison, 1967. Dissertação de mestrado inédita. University of Wisconsin.

LARA, Silvia H. *Campos da violência.* Rio de Janeiro: Paz e Terra, 1988.

LENHARO, Alcir. *As tropas da moderação.* São Paulo: Símbolo, 1979.

LIMA, Carlos Alberto Medeiros. *Trabalho, negócios e escravidão:* artífices na cidade do Rio de Janeiro (c.1790-c.1808). Rio de Janeiro, 1993. Dissertação de mestrado inédita Departamento de História, Universidade Federal do Rio de Janeiro.

LOBO, Eulália M. L. *História econômica do Rio de Janeiro.* Rio de Janeiro: IBEMEC, 1978. v.1.

LOCKHART, James; SCHWARTZ, Stuart B. *Early Latin America:* a History of Colonial Spanish America and Brazil. Nova York: Cambridge University Press, 1985.

MANCHESTER, Alan K. *A preeminência inglesa no Brasil.* São Paulo: Brasiliense, 1973.

MARCÍLIO, Maria Luiza. Sistemas demográficos no Brasil do século 19. In: _____. (Org.). *População e sociedade.* Petrópolis: Vozes, 1982. p.193-207.

MATTOSO, Kátia Q. *Ser escravo no Brasil.* São Paulo: Brasiliense, 1982.

MAXWELL, Kenneth. *A devassa da devassa.* Rio de Janeiro: Paz e Terra, 1977.

MELLO, João Manuel Cardoso de. *O capitalismo tardio.* São Paulo: Brasiliense, 1982.

MELLO, Pedro Carvalho de. Estimativa da longevidade de escravos no Brasil na segunda metade do século 19. *Estudos Econômicos,* v.13, n.1, p.172-3, 1983.

MERRICK, Thomas W.; GRAHAM, Douglas H. *População e desenvolvimento econômico no Brasil.* Rio de Janeiro: Zahar, 1981.

MOTA, Carlos Guilherme. *Ideologia da cultura brasileira.* São Paulo: Ática, 1975.

MOTTA, José Flávio. Família escrava: uma incursão pela historiografia. *Revista História, Questões & Debates,* Curitiba, APAH, n.16, p.104-59, 1988.

MOURA, Clóvis. *Rebeliões da senzala.* Rio de Janeiro: Conquista, 1972.

NOVAIS, Fernando A. *Portugal e Brasil na crise do antigo sistema colonial:* 1777-1808. São Paulo: HUCITEC, 1983.

PRADO JR., Caio. *História econômica do Brasil.* São Paulo: Brasiliense, 1978.

_____. *Formação do Brasil contemporâneo.* São Paulo: Brasiliense, 1977.

RAU, Virgínia et al. *Os manuscritos do arquivo da Casa de Cadaval respeitantes ao Brasil.* Coimbra: Universidade de Coimbra, 1955. v.1.

REIS, João J.; SILVA, Eduardo. *Negociação e conflito*. São Paulo: Companhia das Letras, 1989.

RIOS, Ana M. L. *Famílias e transição:* famílias negras em Paraíba do Sul (1872-1920). Niterói, 1990. Dissertação de mestrado, inédita. Departamento de História, UFF.

RODRIGUES, José Honório. *Independência, revolução e contra-revolução*. Rio de Janeiro: Francisco Alves, 1975.

SANTOS, Corsino Medeiros dos. *O Rio de Janeiro e a conjuntura atlântica*. São Paulo: Expressão e Cultura, 1993.

_____. *Relações comerciais do Rio de Janeiro com Lisboa* (1763-1808). Rio de Janeiro: Tempo Brasileiro, 1981.

SCHWARTZ, Stuart B. *Segredos internos*. São Paulo: Companhia das Letras, 1988.

SEYFERTH, Giralda. As ciências sociais no Brasil e a questão racial. In: SILVA, Jaime et al. (Orgs.). *Cativeiro e liberdade*. Rio de Janeiro: UERJ, 1988. p.11-31.

SIMONATO, Andréa J. et al. *Preços dos escravos:* a lógica demográfica da empresa escravista. Rio de Janeiro: UFRJ/Depto. de História (inédito), 1990.

SIMONSEN, Roberto C. *História econômica do Brasil:* 1500-1820. São Paulo: Cia. Editora Nacional, 1978.

SLENES, Robert W. Escravidão e família: padrões de casamento e estabilidade familiar numa comunidade escrava – Campinas, século 19. *Estudos Econômicos*, v.17, n.2, p.217-27, 1987.

_____. Lares negros, olhares brancos: histórias da família escrava no século 19. *Revista Brasileira de História*, v.8, n.16, p.189-203, mar.-ago. 1988.

SODRÉ, Nelson W. *As razões da independência*. Rio de Janeiro: Civilização Brasileira, 1965.

STEIN, Stanley J. Freyre's Brazil Revisited. *Hispanic American Historical Review*, n.41, p.111-3, 1961.

_____. *Vassouras:* a Brazilian Coffee Country (1850-1900). Massachusetts: Harvard University Press, 1957.

Portugal e Américas

BURG, B. R. *Sodomy and the Pirate Tradition*. Nova York; Londres: New York University Press, 1984.

CARDOSO, Ciro; PÉREZ-BRIGNOLI, Héctor. *História econômica da América Latina*. Rio de Janeiro: Graal, 1983.

_____ (Org.). Escravismo e dinâmica populacional nas Américas. *Estudos Econômicos*, v.13, n.1, p.41-53, 1983.

_____ (Org.). *Formación y desarrollo de la burguesía en México*. México DF: Siglo XXI, 1978.

ENGERMAN, Stanley L.; FOGEL, Robert W. *Time on the Cross*. Boston: Toronto: Little, Brown and Co., 1974.

FALCON, Francisco José Calazans. *A época pombalina*. São Paulo: Ática, 1982.

GODINHO, Vitorino Magalhães. *Ensaios II*. Lisboa: Sá da Costa, 1978.

_____. *Estrutura da antiga sociedade portuguesa*. Lisboa: Arcádia, 1975.

_____. *A economia dos descobrimentos henriquinos*. Lisboa: Sá da Costa, 1962.

HALPERÍN-DONGUI, Túlio. *Reforma y disolución de los imperios ibéricos*. Madri: Alianza, 1985.

JAMES, C. L. R. *The Black Jacobins*. Nova York: Vintage Books, 1963.

LIAUTAUD, Jean Casimir. *Teoría y definición de la cultura oprimida a partir del caso haitiano*. México DF, 1977. Tese de doutoramento.

MICHEL, Emílio Cordero. *La revolución haitiana*. Santo Domingo: Nacional, 1968.

SOCOLOW, Susan. Economic Activities of the Porteño Merchants: the Viceregal Period. *Hispanic American Historical Review*, v.60, n.3, p.387-406, 1980.

TANNEMBAUM, Frank. *Slave and Citizen*: the Negro in the Americas. Nova York: Vintage, 1947.

Gerais

BARRETO, Luis Felipe. *Os descobrimentos e a ordem do saber*. Lisboa: Gradiva, 1987.

BERQUÓ, Elza. Fatores estáticos e dinâmicos: mortalidade e fecundidade. In: SANTOS, Jair L. F. et al. (Orgs.). *Dinâmica da população*: teoria, métodos e técnicas de análise. São Paulo: T. A. Queiroz, 1980. p.21-85.

BRAUDEL, Fernand. *Civilização material e capitalismo*: o jogo das trocas. Lisboa: Cosmos, 1985.

DUCHET, Michele. *Anthropologie et histoire au Siècle des Lumières*. Paris: F. Maspéro, 1971.

FINKIELKRAUT, Alain. *A derrota do pensamento*. Rio de Janeiro: 1988.

FINLEY, Moses L. *Escravidão antiga e ideologia moderna*. Rio de Janeiro: Graal, 1991.

KRIEDTE, Peter. *Feudalismo tardio y capitalismo mercantil*. Barcelona: Editorial Crítica, 1985.

LADURIE, Emmanuelle Roy. *Le territoire de l'historien*. Paris: Gallimard, 1976.

MARX, Karl. *O capital*. México DF, Fondo de Cultura Económica, 1975. v.1.

MEILLASSOUX, Claude. *Mujeres, graneros y capitales*. México DF: Siglo XXI, 1982.

POSTHUMUS, W. W. *Inquiry into the Prices in Holland*. Leiden: E. S. Brill, 1943.

REVEL, Jacques; PETER, Jean-Pierre. O corpo: o homem doente e sua história. In: LE GOFF, Jacques; NORA, Pierre (Dirs.). *História:* novos objetos. Rio de Janeiro: Francisco Alves, 1976. p.141-59.

ROMANO, R.; TENENTI, A. *Los fundamentos del mundo moderno*. México DF: Siglo XXI, 1981.

SAUVY, Alfred. *Elementos de demografia*. Rio de Janeiro: Zahar Editores, 1979.

WEBER, Max. *Economía y sociedad*. México DF: Fondo de Cultura Económica, 1977.

Índice remissivo

84-9, 93-105, 109, 112-5, 117-23,
125, 130, 132, 134, 139, 147, 151-
3, 155, 157-64, 166-8, 170-1, 173,
176-9, 181-3, 187-8, 190, 194,
200, 205, 210, 212-7, 222-3, 290;
abolição do,17, 39-41, 45, 54, 68,
291; abordagem demográfica, 13;
carioca, 12-3, 44, 66, 69, 155, 176-
7; comércio de almas, 9, 12, 22-3,
25, 68, 86, 121, 130, 138, 163, 170,
177, 187-8, 194, 222-3; comércio
de homens, 21, 23, 46, 65, 158,
160, 162, 200-1, 217; como um
negócio, 10-3, 21-2, 25, 44, 66,
69, 109, 118, 137, 147, 153, 158-
9, 161, 167, 171-3, 178, 194, 200,
213-4, 216; controle do, 12, 18, 90,
96-7, 110, 117-8, 172, 204; demografia do, 16, 22, 50, 60; e acumulação primitiva de capital, 12, 24,
69, 73-4, 79, 103, 115, 121, 164,
187, 191-2, 194, 198-9, 210, 213-
5, 217, 270; e mão de obra, 11, 13,
39, 57, 63, 72-3, 84, 110, 157, 162,
223; face africana do,13, 69, 69;
fim do, 42, 45-6, 49, 82, 112, 214,
217; flutuações do,13, 17, 26-8,
30, 43, 50, 60-1, 64, 75, 110, 168-
9, 171, 194; fluxo demográfico
do, 13, 22, 73; francês, 13, 68, 84,

173, 177; holandês, 13, 155, 177;
ilegalidade do, 41; inglês, 13, 39,
68, 178; interno africano, 86, 88;;
lógica empresarial do, 10-1, 24,
53-4, 61; lucratividade do, 24, 95,
131, 163, 165, 176-9, 182; monopólio do, 45, 76, 94, 96, 98, 100-1,
117; morte no, 147; norte-ameri-
cano, 125; papel estrutural do 11,
73, 75-6, 104, 161-2;; português,
276; pressão inglesa, 39, 215; proibição do, 65, 157; rentabilidade
do, 18, 69, 106, 109, 153, 164,
166-8, 171-3, 176-8, 180-2; riscos
do, 12, 113, 115, 121, 138, 147-9,
151, 157, 181, 200, 258; roubo no,
49, 147-8, 150-1; valor monetário
do, 16, 56, 110, 148, 164, 172, 196
tratado antitráfico, 41

V

Verger, Pierre, 22, 65, 93, 116-8, 157,
293

W

Weber, Max, 221, 299

Z

Zaire, rio, 84, 115, 126, 234, 237,
240, 243, 246, 249, 251, 255, 260

SOBRE O LIVRO

Formato: 14 x 21 cm

Mancha: 23,7 x 42,5 paicas

Tipologia: Horley Old Style 10,5/14

Papel: Off-white 80 g/m² (miolo)

Cartão Supremo 250 g/m² (capa)

1ª edição: 2015

2ª reimpressão: 2019

EQUIPE DE REALIZAÇÃO

Coordenação Geral
Marcos Keith Takahashi

Preparação de Originais
Luís Brasilino

Revisão de Texto
Ana Paula Hisayama
Alessandro Thomé

Diagramação
Eduardo Seiji Seki

Capa
Augusto Lins Soares

Foto de Capa
Marc Ferrez, c.1885
(acervo Instituto Moreira Salles)